司法警官职业教育优质教材

突发事件处置

TUFA SHIJIAN CHUZHI

（第二版）

主　编◎丛淑萍
撰稿人◎（以撰写学习单元先后为序）
　　丛淑萍　路云平　刘芳芳
　　李因来　丁明强　黄　晓
　　李　娜　董烈菊　曹立营

中国政法大学出版社

2022·北京

司法警官职业教育优质教材
审定委员会

主　　任　　闻　全
副主任　　刘广乾　于连涛　郑　丽
委　　员　　裴绪胜　钟丽华　孙艳华
　　　　　　王　勇　原永红　丛淑萍
　　　　　　尹　辉　修　杰　曹延美
　　　　　　刘岭岭

编写说明

"十三五"以来,我国高等职业教育进入了一个以综合改革、质量提升为特征的新阶段。为贯彻落实《国务院关于加快发展现代职业教育的决定》(国发〔2014〕19号),教育部先后颁布了一系列文件,为我国高等职业教育发展提供了新的理念,指明了新的方向。广大高等职业院校加强人才培养体制机制创新,深化产教融合、校企合作,加强专业课程、师资队伍与信息化建设,提高技术技能积累与社会服务能力,拓展国际合作与交流,呈现出蓬勃生机。职业教育集团、混合所有制、现代学徒制等现代职业教育人才培养体制机制相继试点并不断走向成熟。持续深化教育教学改革、深入推进产教融合、培养高素质技术技能人才、提升学校对经济社会发展的贡献度,成为高等职业院校共同的目标。

随着高等职业教育教学改革和国家司法体制改革的深入开展,司法警官职业院校的人才培养体制机制也在发生深刻的变化。为对接监狱、戒毒人民警察招录,培养政治坚定、作风优良、业务过硬、纪律严明的政法行业人才,司法警官职业院校全面贯彻落实党的教育方针,紧跟国家司法体制改革步伐,遵循职业教育发展规律,以立德树人为根本,以提高质量为核心,以专业建设为重点,准确定位办学方向,提高办学实力,为社会平安和法治建设提供坚实的政法行业人才保障。

为实现司法警官职业院校的人才培养目标,凸显人才培养特色,我们组织了一批教学水平高、实践经验丰富的教师与行业专家编写了系列教材。该系列教材立足政法行业人才需求，积极回应国家司法体制改革需求，融入最新的法律规定、教育理念与教学方法，吸取同类教材的优点，力争打造特色鲜明、内容新颖、能学辅教助训的优质品牌。

因水平有限，该系列教材或许有不足之处。我们会在今后的教学实践中不断完善，以期对提高我国司法警官职业院校的教育教学质量，培养优秀政法行业人才起到越来越大的作用。

审定委员会

2017 年 5 月

第二版序言

本教材适应司法职业教育教学改革的需要，采取了"以工作过程为导向，课程内容与职业标准对接、教学过程与生产过程对接"的课程开发理念，以突发事件处置典型工作任务分析为基础，以培养学生过硬的突发事件处置实战能力为目标，我们组织修订了《突发事件处置（第二版）》司法警官职业教育专业核心课程教材。

本教材是着重培养基层社会治理人员应急预案管理、监测预警、现场处置及群众动员等工作能力的一门专业核心技能课程。教材内容共分二编九个学习单元，第一编为突发事件处置总论，学习单元一为突发事件处置理论基础，介绍突发事件的概念、分类、分级以及突发事件处置体制、机制和法制，突发事件应急预案管理工作；学习单元二为突发事件处置基本技能，介绍了突发事件处置过程中常用的六项基本技能，报警与接处警、现场警戒与现场保护、应急疏散与安置、现场救援与救护、调查访问、安全检查等。第二编为突发事件处置分论，共七个学习单元，围绕社会安全、事故灾难、公共卫生、自然灾害四类突发事件，设计了相关的学习任务。本课程教材的选取，突出教材内容的职业性和教学活动的实践性，全面塑造学生的职业精神、职业素养、职业能力和职业形象，为将来从事基层社会治理工作奠定了基础。本教材既可作为高等院校司法警务、刑事执行类相关专业的教材，也可作为在职应急管理人员专业培训用书。

从淑萍同志担任本教材主编，由突发事件处置一线行业专家和山东司法警官职业学院从事该课程建设的教师共同拟纲、集体定纲，集中统稿，然后由主编定稿。

各学习单元撰稿人如下（以撰写学习单元先后为序）：

丛淑萍：学习单元一

路云平、刘芳芳：学习单元二

李因来：学习单元三、学习单元四

丁明强、黄晓：学习单元五

黄晓：学习单元六

李娜：学习单元七

董烈菊、丁明强：学习单元八

曹立菅、路云平：学习单元九

本书在编写过程中，山东司法警官职业学院学术委员会提出了宝贵的指导意见，同时也得到了教务处等相关部门的支持。本书参考、引用了许多专家、学者的有关教材、著作、论文和网络信息资源，有的列于书后参考文献中，有的疏于呈列，恕不能一一注明，谨向原作者表示衷心的谢意！

由于作者水平和实践经验有限，又属一种尝试，书中难免有不妥之处，敬请读者批评指正。

《突发事件处置》编写组
2022 年 3 月 19 日

目 录

第一编　突发事件处置总论

学习单元一　突发事件处置理论基础 ··············· 3
  学习任务一　突发事件处置概述 ··············· 3
  学习任务二　突发事件应急预案管理工作 ··············· 32
  学习任务三　突发事件应急管理组织体系及运行机制 ··············· 53
  学习任务四　突发公共事件应急管理法律制度体系 ··············· 71

学习单元二　突发事件处置基本技能 ··············· 93
  学习任务一　报警与接处警 ··············· 93
  学习任务二　现场警戒与保护 ··············· 102
  学习任务三　应急疏散与安置 ··············· 112
  学习任务四　现场救援与救护 ··············· 122
  学习任务五　调查访问 ··············· 136
  学习任务六　安全检查 ··············· 145

第二编　突发事件处置分论

学习单元三　群体性突发事件处置 ··············· 161
  学习任务一　群体性事件处置概述 ··············· 161
  学习任务二　新闻舆论引导与舆情应对 ··············· 169
  学习任务三　聚众械斗事件处置 ··············· 180
  学习任务四　群体性上访事件处置 ··············· 186

学习单元四　大型社会活动突发事件处置 ································ 194
　　学习任务一　大型社会活动安全管理概述 ························· 194
　　学习任务二　拥挤踩踏事件处置 ····································· 197
　　学习任务三　球迷闹事事件处置 ····································· 205

学习单元五　涉枪涉爆突发事件处置 ·· 210
　　学习任务一　涉枪突发事件处置 ····································· 210
　　学习任务二　涉爆突发事件处置 ····································· 217

学习单元六　交通勤务处置 ·· 230
　　学习任务一　疏导交通堵塞 ·· 230
　　学习任务二　实施交通管制 ·· 236
　　学习任务三　查控嫌疑车辆 ·· 242
　　学习任务四　交通事故现场处置 ····································· 253

学习单元七　火灾突发事件处置 ·· 260
　　学习任务一　火灾隐患排查与处置 ·································· 260
　　学习任务二　火灾现场应急处置 ····································· 270

学习单元八　公共卫生事件处置 ·· 282
　　学习任务一　传染病疫情事件处置 ·································· 282
　　学习任务二　食物安全防控与处置 ·································· 298

学习单元九　自然灾害处置 ·· 304
　　学习任务一　暴雨灾害应急处置 ····································· 304
　　学习任务二　暴雪灾害应急处置 ····································· 312
　　学习任务三　地震灾害应急处置 ····································· 320

附录 ·· 330

参考文献 ·· 331

第一编　突发事件处置总论

学习单元一
突发事件处置理论基础

学习目标

1. 掌握突发事件的概念、特征、分类、分级及处置原则。
2. 熟悉突发事件应急预案分类、编制要求、演练流程。
3. 明确突发事件应急管理组织体系及运行机制。
4. 明确突发事件应急管理法制体系。

学习任务一　突发事件处置概述

案例引入

2020年1月20日中华人民共和国国家卫生健康委员会公告，将新型冠状病毒感染的肺炎纳入《中华人民共和国传染病防治法》规定的乙类传染病，并采取甲类传染病的预防、控制措施，将新型冠状病毒感染的肺炎纳入《中华人民共和国国境卫生检疫法》规定的检疫传染病管理。

病毒突袭而至，面对新型冠状病毒感染的肺炎疫情加快蔓延的严重形势，2020年1月23日凌晨，武汉市新型冠状病毒感染的肺炎疫情防控指挥部发布消息，为全力做好新型冠状病毒感染的肺炎疫情防控工作，有效切断病毒传播途径，坚决遏制疫情蔓延势头，确保人民群众生命安全和身体健康，自2020年1月23日10时起，武汉全市城市公交、地铁、轮渡、长途客运暂停运营；无特殊原因，市民不要离开武汉；机场、火车站离汉通道暂时关闭。

2020年1月25日农历正月初一，中共中央政治局常务委员会召开会议，会议决定，党中央成立应对疫情工作领导小组，在中央政治局常务委员会领导下开展工作；党中央国家卫生健康委员会牵头建立应对新型冠状病毒感染的肺炎疫情联防联控机制，成员单位共32个部门，明确职责，分工协作。全国30个省份启动重大突发公共卫生事件一级响应，一场疫情防控阻击战全面打响……

4　突发事件处置

疫情就是命令，防控就是责任，各级党委和政府按照党中央决策部署，全面动员，全面部署，全面加强联防联控工作，把人民群众生命安全和身体健康放在第一位。从2020年1月20日起在全国范围内实行新型冠状病毒感染的肺炎病例日报告和零报告制度，从2020年1月21日起国家卫生健康委员会每日汇总发布全国各省份确诊病例数据，强化疫情监测报告工作。

各条战线的抗疫勇士临危不惧、视死如归，在困难面前豁得出、关键时刻冲得上，用1个多月的时间初步遏制疫情蔓延势头，用2个月左右的时间将本土每日新增病例控制在个位数以内，用3个月左右的时间取得武汉保卫战、湖北保卫战的决定性成果。中国人民和中华民族以敢于斗争、敢于胜利的大无畏气概，铸就了生命至上、举国同心、舍生忘死、尊重科学、命运与共的伟大抗疫精神，充分展现了中国共产党领导和我国社会主义制度的显著优势，充分展现了中国人民和中华民族的伟大力量，充分展现了中国精神、中国力量、中国担当。

结合引例思考：

1. 什么是突发公共事件？其特征有哪些？
2. 我国对突发公共事件如何分类、分级？
3. 准确把握伟大抗疫精神的精神实质和丰富内涵，锤炼战斗精神，提升胜战本领。

理论导航

突发公共事件处置是国家治理体系和治理能力的重要组成部分，是政府加强社会治理，保护人民生命财产安全，维护国家安全和社会稳定的重要职责。新中国成立后，党和国家始终高度重视突发公共事件处置工作，我国应急管理体系不断调整和完善，应对自然灾害和生产事故灾害的能力不断提高，成功应对了一次又一次重大突发事件，有效化解了一个又一个重大安全风险，创造了许多抢险救灾、应急管理的奇迹，我国应急管理体制机制在实践中充分展现出自己的特色和优势。

一、突发公共事件的概念、特征

（一）突发公共事件的概念

2006年1月，国务院发布的《国家突发公共事件总体应急预案》对突发公共事件的概念进行了权威界定：突发公共事件是指突然发生，造成或者可能造成重大人员伤亡、财产损失、生态环境破坏和严重社会危害，危及公共安全的紧急事件。

(二) 突发公共事件的特征

1. 发生的突然性。突发性是指事件发生突然，短时间内急速爆发是突发公共事件的基本特征。在人类历史上，突发公共事件始终伴随着人类社会的发展，爆发的诱因具有一定的偶然性和不易发现的隐蔽性，发生的时间、地点和方式一般难以预见或准确预测。

2. 发展的不确定性。不确定性是突发公共事件的本质特征。一是发生状态的不确定性。突发公共事件以什么方式出现，在什么时候出现，是人们所不能预料的。根据既有经验和措施往往难以准确地判断、提前预知或识别，处理不当就可能导致事态迅速扩大。由于规律难寻，方式难控，本质难断，致使用常规的办法难以应对。二是事态变化的不确定性。突发公共事件发生之后，许多不确定因素在随时发生变化，其演变过程、影响范围、破坏程度等方面具有高度的不确定性。

突发公共事件发生之后，由于信息不充分和时间紧迫，绝大多数情况的决策属于非程序化决策，应急处置人员与社会公众对形势的判断和具体的行动以及媒体的新闻报道，都会对事态的发展造成影响。特别是在当前全球化和信息化的时代背景下，这种连锁反应带来的直接后果就是突发事件复杂化，受到自然的、人为的、社会的多种因素相互作用，在一定条件下，可能由一起单纯的突发事件诱发演变出一系列新的次生的突发事件。换句话说，其往往会产生相当复杂的变化，存在派生、蔓延、扩展、联动等多种效应，变成一种含有多项内容的综合性社会危机事件。

3. 处置的紧急性。突发公共事件往往是灾难性的，使人们的生活处于不稳定状态，昔日和谐安宁的社会环境遭到了破坏，社会组织的常规工作方式和工作秩序失去了作用，需要采取非常态措施，快速有效地处理与应对，才有可能避免局势进一步恶化。

突发公共事件处置的紧急性要求政府、相关社会组织必须迅速采取措施，使混乱的状况得到解决，公众恐慌的情绪得到平息，社会回归正常稳定的秩序。如果处置不当或不及时，危机会迅速扩大和升级，带来政治、经济和社会危机，造成难以估量的不良后果。

4. 后果的危害性。突发公共事件造成的破坏性是多方面的，这种破坏性不仅体现在人员的伤亡、组织的消失、财产的损失和环境的破坏上，而且还体现在突发事件对社会心理和个人心理所造成的破坏性冲击，人们悲痛、恐慌、焦虑和不安，进而渗透到社会生活的各个层面上，打乱社会秩序的正常运行节奏，造成自然环境、生态环境、生活环境和社会环境被摧残和毁灭。

突发公共事件带来的后果往往是非常严重的，有些破坏产生的影响是暂时性的，随着突发事件处置的结束而逐步消除；有些则是长期的，短则几年，长则几十年。

二、突发公共事件的分类

2006年国务院颁布的《国家突发公共事件总体应急预案》，根据突发公共事件的发生过程、性质和机理，将突发公共事件分为自然灾害、事故灾难、公共卫生事件和社会安全事件四个类别。

（一）自然灾害

自然灾害主要由自然因素造成，主要包括水旱灾害、气象灾害、地震灾害、地质灾害、海洋灾害、生物灾害和森林草原火灾等。

（二）事故灾难

事故灾难主要由人为因素引发，主要包括各类安全事故、交通运输事故、公共设施和设备事故、辐射事故、环境污染和生态破坏事件等。

（三）公共卫生事件

公共卫生事件由自然因素和人为因素共同所致，主要包括传染病疫情、群体性不明原因疾病、食品安全和职业危害、动物疫情以及其他严重影响公众健康和生命安全的事件。

（四）社会安全事件

社会安全事件主要由社会矛盾诱发，主要包括恐怖袭击事件、民族宗教事件、经济安全事件、涉外突发事件和群体性事件等。

三、突发公共事件的分级

（一）分级规定

对各类突发公共事件进行分级，主要是为监测预警、信息报告、分级处置提供依据，突发公共事件的级别决定了哪个层级政府需要应急响应。

根据2006年《国家突发公共事件总体应急预案》，各类突发公共事件按照其性质、严重程度、可控性和影响范围等因素，一般分为四个级别：Ⅰ级（特别重大）、Ⅱ级（重大）、Ⅲ级（较大）和Ⅳ级（一般）。

（二）分级标准

《突发事件应对法》[1]第3条第3款规定，突发事件的分级标准由国务院或者国务院确定的部门制定。在实践中，突发事件的分级标准通常在各类应急预案中规定。《国家突发公共事件总体应急预案》对Ⅰ级（特别重大）、Ⅱ级（重大）突发公共事件进行了分级，对Ⅲ级（较大）和Ⅳ级（一般）突发公共事件的分级由国家突发公共事件专项应急预案或部门应急预案规定。

2010年国务院发布的《特别重大、重大突发公共事件分级标准》如下：

一、自然灾害类

（一）水旱灾害

特别重大水旱灾害包括：

1. 一个流域发生特大洪水，或多个流域同时发生大洪水；

2. 大江大河干流重要河段堤防发生决口；

3. 重点大型水库发生垮坝；

4. 洪水造成铁路繁忙干线、国家高速公路网和主要航道中断，48小时无法恢复通行；

5. 多个省（区、市）发生特大干旱；

6. 多个大城市发生极度干旱。

重大水旱灾害包括：

1. 一个流域或其部分区域发生大洪水；

2. 大江大河干流一般河段及主要支流堤防发生决口或出现重大险情；

---

[1] 即《中华人民共和国突发事件应对法》，为表达方便，本书中涉及的我国法律无特指时，直接使用简称，省去"中华人民共和国"字样。

3. 数省（区、市）多个市（地）发生严重洪涝灾害；

4. 一般大中型水库发生垮坝或出现对下游安全造成直接影响的重大险情；

5. 洪水造成铁路干线、国家高速公路网和航道通行中断，24小时无法恢复通行；

6. 数省（区、市）多个市（地）发生严重干旱，或一省（区、市）发生特大干旱；

7. 多个大城市发生严重干旱，或大中城市发生极度干旱。

（二）气象灾害

特别重大气象灾害包括：

1. 特大暴雨、大雪、龙卷风、沙尘暴、台风等极端天气气候事件影响重要城市和50平方公里以上较大区域，造成30人以上死亡，或5000万元以上经济损失的气象灾害；

2. 1个或多个省（区、市）范围内将出现极端天气气候事件或极强灾害性天气过程，并会造成特大人员伤亡和巨大经济损失的气象灾害；

3. 在其他国家和地区发生的可能对我国经济社会产生重大影响的极端天气气候事件。

重大气象灾害包括：

1. 暴雨、冰雹、龙卷风、大雪、寒潮、沙尘暴、大风和台风等造成10人以上、30人以下死亡，或1000万元以上、5000万元以下经济损失的气象灾害；

2. 对社会、经济及群众生产生活等造成严重影响的高温、热浪、干热风、干旱、大雾、低温、雷电、下击暴流、雪崩等气象灾害；

3. 因各种气象原因，造成机场、港口、国家高速公路网线路连续封闭12小时以上的。

（三）地震灾害

特别重大地震灾害包括：

1. 造成300人以上死亡，直接经济损失占该省（区、市）上年国内生产总值1%以上的地震；

2. 发生在人口较密集地区7.0级以上地震。

重大地震灾害包括：

1. 造成50人以上、300人以下死亡，或造成一定经济损失的地震；

2. 发生在首都圈、长江和珠江三角洲等人口密集地区4.0级以上地震；

3. 发生在国内其他地区（含港澳台地区）5.0 级以上地震；

4. 发生在周边国家 6.5 级以上，其他国家和地区 7.0 级以上地震（无人地区和海域除外）；

5. 国内震级未达到上述标准但造成重大经济损失和人员伤亡损失或严重影响的地震。

（四）地质灾害

特别重大地质灾害包括：

1. 因山体崩塌、滑坡、泥石流、地面塌陷、地裂缝等灾害造成 30 人以上死亡，或直接经济损失 1000 万元以上的地质灾害；

2. 受地质灾害威胁，需转移人数在 1000 人以上，或潜在可能造成的经济损失在 1 亿元以上的灾害险情；

3. 因地质灾害造成大江大河支流被阻断，严重影响群众生命财产安全。

重大地质灾害包括：

1. 因山体崩塌、滑坡、泥石流、地面塌陷、地裂缝等灾害造成 10 人以上、30 人以下死亡，或因灾害造成直接经济损失 500 万元以上、1000 万元以下的地质灾害；

2. 受地质灾害威胁，需转移人数在 500 人以上、1000 人以下，或潜在经济损失 5000 万元以上、1 亿元以下的灾害险情；

3. 造成铁路繁忙干线、国家高速公路网线路、民航和航道中断，或严重威胁群众生命财产安全、有重大社会影响的地质灾害。

（五）海洋灾害

特别重大海洋灾害包括：

1. 风暴潮、巨浪、海啸、赤潮、海冰等造成 30 人以上死亡，或 5000 万元以上经济损失的海洋灾害；

2. 对沿海重要城市或者 50 平方公里以上较大区域经济、社会和群众生产、生活等造成特别严重影响的海洋灾害。

重大海洋灾害包括：

1. 风暴潮、巨浪、海啸、赤潮、海冰等造成 10 人以上、30 人以下死亡，或 1000 万元以上、5000 万元以下经济损失的海洋灾害；

2. 对沿海经济、社会和群众生产、生活等造成严重影响的海洋灾害；

3. 对大型海上工程设施等造成重大损坏，或严重破坏海洋生态环境的海洋灾害。

（六）生物灾害

特别重大生物灾害包括：

在2个以上省（区、市）病虫鼠草等有害生物暴发流行，或新传入我国的有害生物在2个以上省（区、市）内发生，或在1个省（区、市）内2个以上市（地）发生，对农业和林业造成巨大危害的生物灾害。

重大生物灾害包括：

1. 因蝗虫、稻飞虱、水稻螟虫、小麦条锈病、草地螟、草原毛虫、松毛虫、杨树食叶害虫和蛀干类害虫等大面积成灾并造成严重经济损失的生物灾害；

2. 新传入我国的有害生物发生、流行，对农业和林业生产等造成严重威胁的生物灾害。

（七）森林草原火灾

特别重大森林草原火灾包括：

1. 受害森林面积超过1000公顷、火场仍未得到有效控制，或受害草原面积8000公顷以上明火尚未扑灭的火灾；

2. 造成30人以上死亡或造成重大影响和财产损失的森林火灾，造成10人以上死亡，或伤亡20人以上的草原火灾；

3. 距重要军事目标和大型军工、危险化学品生产企业不足1公里的森林草原火灾；

4. 严重威胁或烧毁城镇、居民地、重要设施和原始森林的，或需要国家支援的森林草原火灾。

重大森林草原火灾包括：

1. 连续燃烧超过72小时没有得到控制的森林火灾，或距我国界5公里以内的国外草原燃烧面积蔓延500公里以上，或连续燃烧120小时没有得到控制的草原火灾；

2. 受害森林面积超过300公顷以上、1000公顷以下，或受害草原面积2000公顷以上、8000公顷以下的火灾；

3. 造成10人以上、30人以下死亡的森林火灾，或者造成3人以上、10人以下死亡的草原火灾；

4. 威胁居民地、重要设施和原始森林，或位于省（区、市）交界地区，危险性较大的森林草原火灾；

5. 国外大面积火场距我国界或实际控制线5公里以内，并对我境内森林草原构成较大威胁的火灾。

二、事故灾难类

（一）安全事故

特别重大安全事故包括：

1. 造成30人以上死亡（含失踪），或危及30人以上生命安全，或1亿元以上直接经济损失，或100人以上中毒（重伤），或需要紧急转移安置10万人以上的安全事故；

2. 国内外民用运输航空器在我国境内发生的，或我民用运输航空器在境外发生的坠机、撞机或紧急迫降等情况导致的特别重大飞行事故；

3. 危及30人以上生命安全的水上突发事件，或水上保安事件，或单船10 000吨以上国内外民用运输船舶在我境内发生碰撞、触礁、火灾等对船舶及人员生命安全以及港口设施安全造成严重威胁的水上突发事件；

4. 铁路繁忙干线、国家高速公路网线路遭受破坏，造成行车中断，经抢修48小时内无法恢复通车；

5. 重要港口瘫痪或遭受灾难性损失，长江干线或黑龙江界河航道发生断航24小时以上；

6. 造成区域电网减供负荷达到事故前总负荷的30%以上，或造成重要政治、经济中心城市减供负荷达到事故前总负荷的50%以上；或因重要发电厂、变电站、输变电设备遭受毁灭性破坏或打击，造成区域电网大面积停电，减供负荷达到事故前的20%以上，对区域电网、跨区域电网安全稳定运行构成严重威胁；

7. 多省通信故障或大面积骨干网中断、通信枢纽遭到破坏等造成严重影响的事故；

8. 因自然灾害等不可抗拒的原因导致支付、清算系统国家处理中心发生故障或因人为破坏，造成整个支付、清算系统瘫痪的事故；

9. 城市5万户以上居民供气或供水连续停止48小时以上的事故；

10. 造成特别重大影响或损失的特种设备事故；

11. 大型集会和游园等群体性活动中，因拥挤、踩踏等造成30人以上死亡的事故。

重大安全事故包括：

1. 造成10人以上、30人以下死亡（含失踪），或危及10人以上、30人以下生命安全，或直接经济损失5000万元以上、1亿元以下的事故，或50人以上、100人以下中毒（重伤），或需紧急转移安置5万人以上、10万人以下的事故；

2. 国内外民用运输航空器在我国境内，或我民用运输航空器在境外发生重大飞行事故；

3. 危及10人以上、30人以下生命安全的水上突发事件或水上保安事件；3000吨以上、10 000吨以下的非客船、非危险化学品船发生碰撞、触礁、火灾等对船舶及人员生命安全造成威胁的水上突发事件；

4. 铁路繁忙干线、国家高速公路网线路遭受破坏，或因灾严重损毁，造成通行中断，经抢修24小时内无法恢复通车；

5. 重要港口遭受严重损坏，长江干线或黑龙江界河等重要航道断航12小时以上、24小时以内；

6. 造成跨区电网或区域电网减供负荷达到事故前总负荷的10%以上、30%以下，或造成重要政治、经济中心城市减供负荷达到事故前总负荷的20%以上、50%以下；

7. 造成重大影响和损失的通信、信息网络、特种设备事故和城市轨道、道路交通、大中城市供水、燃气设施供应中断，或造成3万户以上居民停水、停气24小时以上的事故；

8. 大型集会和游园等群体性活动中，因拥挤、踩踏等造成10人以上、30人以下死亡的事故；

9. 其他一些无法量化但性质严重，对社会稳定、对经济建设造成重大影响的事故。

（二）环境污染和生态破坏事故

特别重大环境污染和生态破坏事故包括：

1. 发生30人以上死亡，或100人以上中毒（重伤），或因环境事件需疏散、转移群众5万人以上，或直接经济损失1000万元以上，或区域生态功能严重丧失，或濒危物种生存环境遭到严重污染，或因环境污染使当地正常的经济、社会秩序受到严重影响，或1、2类放射源失控造成大范围严重辐射污染后果的；

2. 因环境污染造成重要城市主要水源地取水中断的污染事故；

3. 因危险化学品（含剧毒品）生产和贮运中发生泄漏，严重影响人民群众生产、生活的污染事故；

4. 核设施发生需要进入场外应急的严重核事故，或事故辐射后果可能影响邻省和境外的，或按照"国际核事件分级（INES）标准"3级以上的核事件；

5. 高致病病毒、细菌等微生物在实验室研究过程中造成的特大污染事故；

6. 转基因生物对人类、动物、植物、微生物和生态系统构成严重威胁，或造成高度侵袭性、传染性、转移性、致病性和破坏性的灾害；

7. 台湾省和周边国家核设施中发生的按照"国际核事件分级（INES）标准"属于4级以上的核事故；

8. 盗伐、滥伐、聚众哄抢森林、林木数量达5000立方米（幼树25万株）以上的事件，毁林开垦、乱占林地、非法改变林地用途属防护林和特种用途林林地1500亩以上，属其他林地3000亩以上的事件。

重大环境污染和生态破坏事故包括：

1. 发生10人以上、30人以下死亡，或50人以上、100人以下中毒，或区域生态功能部分丧失或濒危物种生存环境受到污染；或因环境污染使当地经济、社会活动受到较大影响，疏散转移群众1万人以上、5万人以下的；或1、2类放射源丢失、被盗或失控；

2. 因环境污染造成重要河流、湖泊、水库及沿海水域大面积污染，或县级以上城镇水源地取水中断的污染事故；

3. 盗伐、滥伐、聚众哄抢森林、林木数量达1000—5000立方米（幼树5万—25万株）的事件，毁林开垦、乱占林地、非法改变林地用途属防护林和特种用途林林地500—1500亩，属其它林地1000—3000亩的事件；

4. 对国家级自然保护区和风景名胜区造成重大直接经济损失的环境污染事故，或资源开发造成严重环境污染和生态破坏，可能导致主要保护对象或其栖息地遭受毁灭性破坏，或直接威胁当地群众生产、生活和游客安全的事故；

5. 由于自然、生物、人为因素造成国家重点保护野生动（植）物种群大批死亡或可能造成物种灭绝事件；

6. 核设备和铀矿冶炼设施发生的，达到进入场区应急状态标准；

7. 进口再生原料严重环保超标和进口货物严重核辐射超标或含有爆炸物品的事件；

8. 非法倾倒、埋藏剧毒危险废物事件。

三、公共卫生事件类

（一）公共卫生事件

特别重大公共卫生事件包括：

1. 肺鼠疫、肺炭疽在大、中城市发生，疫情有扩散趋势；或肺鼠疫、肺炭疽疫情波及2个以上的省份，并有进一步扩散趋势；

2. 发生传染性非典型肺炎、人感染高致病性禽流感病例，疫情有扩散趋势；

3. 涉及多个省份的群体性不明原因疾病，并有扩散趋势；

4. 发生新传染病，或我国尚未发现的传染病发生或传入，并有扩散趋势；或发现我国已消灭传染病重新流行；

5. 发生烈性病菌株、毒株、致病因子等丢失事件；

6. 对2个以上省（区、市）造成严重威胁，并有进一步扩散趋势的特别重大食品安全事故；

7. 周边以及与我国通航的国家和地区发生特大传染病疫情，并出现输入性病例，严重危及我国公共卫生安全的事件；

8. 发生跨地区（香港、澳门、台湾）、跨国食品安全事故，造成特别严重社会影响的；

9. 其他危害特别严重的突发公共卫生事件。

重大公共卫生事件包括：

1. 在1个县（市）范围内，1个平均潜伏期内发生5例以上肺鼠疫、肺炭疽病例，或相关联的疫情波及2个以上的县（市）；

2. 腺鼠疫发生流行，在1个市（地）范围内，1个平均潜伏期内多点连续发病20例以上，或流行范围波及2个以上市（地）；

3. 发生传染性非典型肺炎、人感染高致病性禽流感疑似病例；

4. 霍乱在1个市（地）范围内流行，1周内发病30例以上；或疫情波及2个以上市（地），有扩散趋势；

5. 乙类、丙类传染病疫情波及2个以上县（市），1周内发病水平超过前5年同期平均发病水平2倍以上；

6. 我国尚未发现的传染病发生或传入，尚未造成扩散；

7. 发生群体性不明原因疾病，扩散到县（市）以外的地区；

8. 发生重大医源性感染事件；

9. 预防接种或群体预防性用药出现人员死亡事件；

10. 对1个省（区、市）内2个以上市（地）造成危害的重大食品安全事故；

11. 一次食物中毒人数超过100人并出现死亡病例，或出现10例以上死亡病例；

12. 一次发生急性职业中毒 50 人以上，或死亡 5 人以上；

13. 境内外隐匿运输、邮寄烈性生物病原体、生物毒素造成我境内人员感染或死亡的；

14. 其他危害严重的重大突发公共卫生事件。

（二）动物疫情

特别重大动物疫情包括：

1. 高致病性禽流感在 21 日内，相邻省份有 10 个以上县（市）发生疫情；或在 1 个省（区、市）内有 20 个以上县（市）发生或 10 个以上县（市）连片发生疫情；或在数省内呈多发态势；

2. 口蹄疫在 14 日内，5 个以上省份发生严重疫情，且疫区连片；

3. 动物暴发疯牛病等人畜共患病感染到人，并继续大面积扩散蔓延。

重大动物疫情包括：

1. 高致病性禽流感在 21 日内，1 个省（区、市）内有 2 个以上市（地）发生疫情，或在 1 个省（区、市）内有 20 个以上疫点或 5 个以上、10 个以下县（市）连片发生疫情；

2. 口蹄疫在 14 日内，在 1 个省（区、市）内有 2 个以上相邻市（地）或 5 个以上县（市）发生疫情，或有新的口蹄疫亚型出现并发生疫情；

3. 在 1 个平均潜伏期内，20 个以上县（市）发生猪瘟、新城疫疫情，或疫点数达到 30 个以上；

4. 在我国已消灭的牛瘟、牛肺疫等又有发生，或我国尚未发生的疯牛病、非洲猪瘟、非洲马瘟等疫病传入或发生；

5. 在 1 个平均潜伏期内，布鲁氏菌病、结核病、狂犬病、炭疽等二类动物疫病呈暴发流行，波及 3 个以上市（地），或其中的人畜共患病发生感染人的病例，并有继续扩散趋势。

四、社会安全事件类

（一）群体性事件

特别重大群体性事件包括：

1. 一次参与人数 5000 人以上，严重影响社会稳定的事件；

2. 冲击、围攻县级以上党政军机关和要害部门，打、砸、抢、烧乡镇以上党政军机关的事件；

3. 参与人员对抗性特征突出，已发生大规模的打、砸、抢、烧等违法犯罪行为；

4. 阻断铁路繁忙干线、国道、高速公路和重要交通枢纽、城市交通8小时停运，或阻挠、妨碍国家重点建设工程施工，造成24小时以上停工事件；

5. 造成10人以上死亡或30人以上受伤，严重危害社会稳定的事件；

6. 高校内聚集事件失控，并未经批准走出校门进行大规模游行、集会、绝食、静坐、请愿等行为，引发不同地区连锁反应，严重影响社会稳定；

7. 参与人数500人以上，或造成重大人员伤亡的群体性械斗、冲突事件；

8. 参与人数在10人以上的暴狱事件；

9. 出现全国范围或跨省（区、市），或跨行业的严重影响社会稳定的互动性连锁反应；

10. 其他视情况需要作为特别重大群体性事件对待的事件。

重大群体性事件包括：

1. 参与人数在1000人以上、5000人以下，影响较大的非法集会游行示威、上访请愿、聚众闹事、罢工（市、课）等，或人数不多但涉及面广和有可能进京的非法集会和集体上访事件；

2. 造成3人以上、10人以下死亡，或10人以上、30人以下受伤群体性事件；

3. 高校校园网上出现大范围串联、煽动和蛊惑信息，校内聚集规模迅速扩大并出现多校串联聚集趋势，学校正常教育教学秩序受到严重影响甚至瘫痪，或因高校统一招生试题泄密引发的群体性事件；

4. 参与人数200人以上、500人以下，或造成较大人员伤亡的群体性械斗、冲突事件；

5. 涉及境内外宗教组织背景的大型非法宗教活动，或因民族宗教问题引发的严重影响民族团结的群体性事件；

6. 因土地、矿产、水资源、森林、草原、水域等权属争议和环境污染、生态破坏引发的，造成严重后果的群体性事件；

7. 已出现跨省（区、市）或行业影响社会稳定的连锁反应，或造成了较严重的危害和损失，事态仍可能进一步扩大和升级；

8. 其他视情况需要作为重大群体性事件对待的事件。

(二) 金融突发事件

特别重大金融突发事件包括：

1. 具有全国性影响的金融（含证券期货）突发事件；

2. 金融行业已出现或将要出现连锁反应，需要各有关部门协同配合共同处置的金融突发事件；

3. 国际上出现的，已经影响或极有可能影响国内宏观金融稳定的金融突发事件。

重大金融突发事件包括：

1. 对金融行业造成影响，但未造成全国性影响的金融突发事件；

2. 所涉及省（区、市）监管部门不能单独应对，需进行跨省（区、市）或跨部门协调的金融突发事件。

(三) 涉外突发事件

特别重大涉外突发事件包括：

1. 一次造成30人以上死亡或100人以上伤亡的境外涉我及境内涉外事件；

2. 造成我境外国家利益、机构和人员安全及财产重大损失，造成境内外国驻华外交机构、其他机构和人员安全及重大财产损失，并具有重大政治和社会影响的涉外事件；

3. 有关国家、地区发生特别重大突发事件，需要迅速撤离我驻外机构和人员、撤侨的涉外事件。

重大涉外突发事件包括：

1. 一次事件造成10人以上、30人以下死亡，或50人以上、100人以下伤亡的境外涉我及境内涉外事件；

2. 造成或可能造成我境外国家利益、机构和人员安全及较大财产损失，造成或可能造成外国驻华外交机构、其他机构和人员安全及财产较大损失，并具有较大政治和社会影响的涉外事件；

3. 有关国家、地区发生重大突发事件，需要尽快撤离我驻外部分机构和人员、部分撤侨的涉外事件。

(四) 影响市场稳定的突发事件

特别重大突发事件包括：

1. 2个以上省（区、市）出现群众大量集中抢购、粮食脱销断档、价格大幅度上涨等粮食市场急剧波动的状况，以及超过省级人民政府处置能力和国务院认为需要按照国家级粮食应急状态来对待的情况；在直辖市发生重要生活必需品市场异常波动，供应短缺；

2. 在2个以上省会城市或计划单列市发生重要生活必需品市场异常波动，供应短缺；

3. 在相邻省份的相邻区域有2个以上市（地）发生重要生活必需品市场异常波动，供应短缺；

4. 在数个省（区、市）内呈多发态势的重要生活必需品市场异常波动，供应短缺。

重大突发事件包括：

1. 在1个省（区、市）较大范围或省会等大中城市出现粮食市场急剧波动状况；

2. 在1个省会城市或计划单列市发生重要生活必需品市场异常波动，供应短缺；

3. 在1个省（区、市）内2个以上市（地）发生重要生活必需品市场异常波动，供应短缺。

（五）恐怖袭击事件

1. 利用生物制剂、化学毒剂进行大规模袭击或攻击生产、贮存、运输生化毒物设施、工具的；

2. 利用核爆炸、核辐射进行袭击或攻击核设施、核材料装运工具的；

3. 利用爆炸手段，袭击党政军首脑机关、警卫现场、城市标志性建筑物、公众聚集场所、国家重要基础设施、主要军事设施、民生设施、航空器的；

4. 劫持航空器、轮船、火车等公共交通工具，造成严重危害后果的；

5. 袭击、劫持警卫对象、国内外重要知名人士及大规模袭击、劫持平民，造成重大影响和危害的；

6. 袭击外国驻华使领馆、国际组织驻华代表机构及其人员寓所等重要、敏感涉外场所的；

7. 大规模攻击国家机关、军队或民用计算机信息系统，构成重大危害的。

（六）刑事案件

特别重大刑事案件包括：

1. 一次造成10人以上死亡的杀人、爆炸、纵火、毒气、投放危险物质和邮寄危险物品等案件，或在公共场所造成6人以上死亡的案件，或采取绑架、劫持人质等手段，造成恶劣社会影响或可能造成严重后果的案件；

2. 抢劫金融机构或运钞车，盗窃金融机构现金 100 万元以上的案件；

3. 在国内发生的劫持民用运输航空器、客轮和货轮等，或国内民用运输航空器、客轮和货轮等在境外被劫持案件；

4. 抢劫、走私、盗窃军（警）用枪械 10 支以上的案件；

5. 危害性大的放射性材料或数量特大的炸药或雷管被盗、丢失案件；

6. 走私危害性大的放射性材料，走私固体废物达 100 吨以上的案件；

7. 制贩毒品（海洛因、冰毒）20 公斤以上案件；

8. 盗窃、出卖、泄露及丢失国家秘密资料等可能造成严重后果的案件；

9. 攻击和破坏计算机网络、卫星通信、广播电视传输系统等，并对社会稳定造成特大影响的信息安全案件；

10. 在我国境内发生的涉外、涉港澳台侨重大刑事案件。

重大刑事案件包括：

1. 一次造成公共场所 3 人以上死亡，或学校内发生的造成人员伤亡、危害严重的杀人、爆炸、纵火、毒气、绑架、劫持人质和投放危险物质案件；

2. 抢劫现金 50 万元以上或财物价值 200 万元以上，盗窃现金 100 万元以上的或财物价值 300 万元以上，或抢劫金融机构或运钞车，盗窃金融机构现金 30 万元以上的案件；

3. 有组织团伙性制售假劣药品、医疗器械和有毒有害食品，对人体健康和生命安全造成威胁的案件；

4. 案值数额在 2000 万元以上的走私、骗汇、逃汇、洗钱、金融诈骗案、增值税发票及其他票证案，面值在 200 万元以上的制贩假币案件；

5. 因假劣种子、化肥、农药等农用生产资料造成大面积绝收、减产的坑农案件；

6. 非法猎捕、采集国家重点保护野生动植物和破坏物种资源致使物种或种群面临灭绝危险的重大案件；

7. 重大制贩毒品（海洛因、冰毒）案件；

8. 涉及 50 人以上，或者偷渡人员较多，且有人员伤亡，在国际上造成一定影响的偷渡案件。

对一些比较敏感或发生在敏感地区、敏感时间，或可能演化为特别重大、重大突发公共事件的信息报送和分级处理，不受上述标准限制。

📋 **工作流程**

突发事件处置工作原则是指在突发公共事件预防和处置工作中，规范和指导政府及社会组织有效应对突发公共事件的基本准则，具有统率和指导作用，体现政府及社会组织面对突发公共事件时所表现的价值选择和行为方式。2006年国务院发布《国家突发公共事件总体应急预案》，该预案是全国应急预案体系的总纲，是指导预防和处置各类突发公共事件的规范性文件。该预案首次明确提出应对各类突发公共事件的六条工作原则：以人为本，减少危害；居安思危，预防为主；统一领导，分级负责；依法规范，加强管理；快速反应，协同应对；依靠科技，提高素质。

一、以人为本，减少危害原则

（一）以人为本，生命至上

1．"以人为本、生命至上"是切实履行政府的社会管理和公共服务职能的根本要求。牢固树立"以人为本、生命至上"的应急管理理念，始终把人民生命安全放在首位，以对党和人民高度负责的精神，以"守土有责"的高度责任感，最大限度地减少突发公共事件的影响及其造成的人员伤亡和财产损失，维护国家安全和社会稳定。

2．"以人为本、生命至上"是突发事件处置中科学决策、安全救援的核心，"不抛弃、不放弃"是对生命的尊重。必须把搜救人员、抢救伤员"放在首位"，火场中、洪水里、废墟下的被困者随时有生命危险，救援者要全力以赴打通生命通道，只要有一线希望，就要百分之百地努力，动员一切可以动员的力量，采取一切可以采取的措施，全力以赴实施救援，争分夺秒，抢救生命，确保人民群众生命财产的安全。

例如，2015年6月1日晚，长江客船"东方之星"号游轮在长江大马洲江段翻沉，一场时间和生命的赛跑开始，牵动各方的大救援紧张进行。江难救援工作，有着不同于其他救援工作的特性，给这次大救援出了无数难题。一是客船外部，天空暴雨不断，水面风大浪急，长江正值汛期，江水污浊，水下能见度几乎为零。二是船内，舱室结构复杂，杂物倒扣，有些舱门被死死抵住。三是最让人揪心的困在其中的400多条生命。

"救人是第一位的"，李克强总理到达现场后，就做出这样的明确指示，并迅即决定从全国各地调集最优秀的潜水员参加救援。指挥船"航勘201"上，部长、将军、救援专家反复推演打捞救援方案。很快，三种方案提交讨论：切割船体；吊起船体；潜水员水下探摸搜寻。救援方案一可能最快实施，但可能造成气垫层漏气后船体下沉的危险；救援方案二需要调集大型船舶，时间来不及；救援方案三是在条件可能的情况下，挽救幸存者最可行的办法。

同时，海军东海、北海、南海三大舰队和海军工程大学等单位200多位潜水员被紧急抽调到现场。"一个舱室一个舱室进行检查。只要有半点希望，我们就要尽万分努力，绝不放弃！"总参谋长助理马宜明下达了这样的命令。2015年6月3日，船体切割作业被提上日程。李其修表示，在密闭的空间中，空气会越来越稀薄，空气中的部分氧气也会融入水中，拖延越久，幸存者生还的几率就越小。切割将为处于底舱的幸存者带来更多生的希望，在船体切割开孔是探测生命的最后一招。此前救援人员已通过生命探测仪反复探测，没有发现生命迹象，只能开孔直接观察，确保万无一失；发现有生命迹象就立刻打开孔盖救人，没有生命迹象就马上封上。两个探孔打开后，均未发现生命迹象，救援人员又迅速将其封上，以保证船体内遗体的完整性。这同样是对生命的尊重。

（二）以人为本，安全发展

安全发展是一切工作的基础，事关人民福祉，事关改革发展稳定大局。安全发展的核心是"以人为本"，生命重于泰山，必须牢固树立安全发展理念，坚守发展决不能以牺牲安全为代价这条不可逾越的红线。

1. 加强安全隐患排查是基础。坚持经常抓、长期抓，一方面警钟长鸣，用事故教训推动安全生产工作，做到"一厂出事故、万厂受教育、一地有隐患、全国受警示"。另一方面通过加强教育培训、组织应急演练等，全面提高重点行业人员安全意识和应急处置能力。只有思想认识上坚定到位、制度保证上严密周全、技术支撑上科学先进、监督检查上严格细致，才能将隐患消灭在萌芽之中。

2. 强化安全主体责任是关键。强化安全主体责任企业单位最直接，基层最关键，对于基层企业单位来说，要通过健全制度、保障投入、严格管理、加强培训、推进标准化建设，全面强化落实企业安全生产主体责任，切实提高安全管理水平。对于基层各级党委政府而言，要切实担起领导责任，高度重视基层安全生产工作，严格落实"党政同责、一岗双责、齐抓共管"的安全生产工作责任体系，强化基层安全监管执法力量，真正守住安全发展的底线和红线，从而实现安全发展、高质量发展。

（三）防灾救灾，减少危害

1. 加强应急管理体系和能力建设，既是一项紧迫任务，又是一项长期任务。我国是世界上自然灾害最为严重的国家之一，灾害种类多、分布地域广、发生频率高、造成损失重，这是基本国情。

2. 牢固树立灾害风险管理和综合减灾理念，增强全民防灾减灾意识，将常态减灾作为基础性工作，努力实现从注重灾后救助向注重灾前预防转变，从应对单一灾种向综合减灾转变，从减少灾害损失向减轻灾害风险转变。

防灾胜于救灾，要健全风险防范化解机制，从源头上着力，真正把问题解决在萌芽之时、成灾之前。积极推进安全风险网格化管理，筑牢防灾减灾救灾的人民防线，加强风险评估和监测预警，做到早识别、早预报、早预警。

二、居安思危、预防为主原则

（一）必须把防风险摆在突出位置

当前和今后一个时期，我国发展进入各种风险挑战不断积累甚至集中显露的时期，各种矛盾风险挑战源、各类矛盾风险挑战点是相互交织、相互作用的。如果防范不及、应对不力，就会传导、叠加、演变、升级，使小的矛盾风险挑战发展成大的矛盾风险挑战，局部的矛盾风险挑战发展成系统的矛盾风险挑战。"图之于未萌，虑之于未有"，力争不出现重大风险或在出现重大风险时扛得住、过得去。

（二）防范化解风险要未雨绸缪

做到未雨绸缪，看在前、防在前，是风险治理规律的一般要求。其实质是在风险积聚、爆发之前，就要及时发现并防范到位，确保把风险消灭在萌芽状态，化风险于无形。

增强忧患意识和危机意识，既要有防范风险的先手，也要有应对和化解风险挑战的高招；既要打好防范和抵御风险的有准备之战，也要打好化险为夷、转危为机的战略主动战。科学预见形势发展走势和隐藏其中的风险挑战，有效防范和化解前进道路上各种风险挑战，做到居安思危，是应急管理工作必须始终坚持的工作原则。

（三）运用制度威力应对风险挑战的冲击

防范化解风险挑战是一项复杂的系统工程和长期的战略任务，中国特色社会主义制度和国家治理体系，是具有强大生命力和巨大优越性的制度和治理体系，是新中国成立70多年来取得世所罕见的经济快速发展奇迹和社会长期稳定奇迹背后的制度密码。一个聪明的民族，从灾难中学到的东西会比平时多得多，会努力在危机中育新机、于变局中开新局。人们在对公共危机进行深刻研究和总结后，得出以下结论：

1. 坚持加强制度建设和提高治理能力一起抓。制度执行力和治理能力是影响中国特色社会主义制度优势充分发挥的重要因素，在国家治理中，制度起根本性、全局性、长远性作用，但如果没有执行，没有有效的治理能力，再好的制度也难以发挥作用，制度的生命力在于执行。通过加强思想淬炼、政治历练、实践锻炼、专业训练，推动广大干部严格按照制度履行职责、行使权力、开展工作，切实把制度优势转化为治理效能。

2. 坚持源头治理、关口前移。强化预防与应急并重、常态与非常态结合，加强风险识别、评估，最大限度地控制风险和消除隐患，推进应急管理由应急处置为重点向全过程风险管理转变。

3. 坚持底线思维、有备无患。着眼最严峻最复杂局面，深入研究突发事件发生发展的动态演化规律，以问题为导向，提出突发事件防范及应急能力建设需求，有针对性地做好各项应急准备，牢牢把握主动权。

三、统一领导，分级负责原则

领导体制是应急管理体系的组织基础。做好应急管理工作，必须坚持和加强党的集中统一领导，理顺中央和地方职责关系，充分发挥中央和地方两个积极性。在党中央、国务院的统一领导下，形成政府主导、部门协调、军地结合、警民结合、全社会共同参与的应急管理工作格局。

（一）坚持党的集中统一领导，强化政治责任

中国共产党领导是中国特色社会主义最本质的特征，是中国特色社会主义制度的最大优势，坚持党对国家应急管理工作的领导，是做好国家安全工作的根本原则。

实行统一领导体制，是确保突发事件处置工作提高效率的根本举措，有利于

避免出现多头领导、多重指挥致使应急状态沟通协调成本增加的情形,有利于加强从中央到地方各级政府应急管理工作权责制度化。依照《突发事件应对法》的规定,我国突发公共事件应急处置中的"统一领导",应当是统一于"上级人民政府"的领导,最高级别是国务院。

以 2013 年四川省雅安市芦山县发生 7.0 级地震为例,由于地震强度为 7.0 级,且发生于人口密集地区,依据《国家地震应急预案》,当时初判为特大级别,因此国务院做出响应,李克强总理第一时间赶赴灾区指导抗震救灾工作,第一时间建立统一指挥部,统筹地方、军队、武警的资源,要求"指挥部提要求,国务院给支持",强调"下一步工作由四川省委省政府全面负责"。

改革开放以来,正是因为始终坚持党的集中统一领导,我们才能成功应对一系列重大风险挑战、克服无数艰难险阻,才能有力应变局、平风波、战洪水、防非典、抗地震、化危机。当前,我国面临复杂多变的安全和发展环境,各种可以预见和难以预见的风险因素明显增多,维护国家安全和社会稳定任务繁重艰巨,必须更加自觉坚持党的集中统一领导。

(二) 强化属地管理,压实领导责任

防范化解重大风险是各级党委、政府和领导干部的政治职责,地方党政领导干部是应急管理工作的"关键少数",要坚持守土有责、守土尽责,研究解决体制性、机制性、政策性问题,切实承担起"促一方发展、保一方平安"的政治责任。

根据属地管理原则,县级人民政府是其所辖区域应急管理的责任主体,对其行政区域内突发事件的应对工作负责。一旦突发事件发生地县级人民政府不能消除或者不能有效控制突发事件引起的严重社会危害的,应当及时向上级人民政府报告,上级人民政府应当及时采取措施,统一领导应急处置工作。因此,战时状态下的突发公共事件处置决策应做到:在属地范围内,由属地人民政府负责;超出属地能力范围,由上级人民政府领导。

"一方有难,八方支援"是我国灾害应对的优良传统,但在灾害救援中,需要厘清支援不等于救援,救援力量并非越多越好,在处置现场真正需要的是专业救援力量。例如在芦山地震救援中,前期的救援工作开展艰难,在一定程度上正是由于涌入灾区的非专业救援力量过多,其中包括政府的有关力量,造成了交通拥堵,以至于国务院办公厅不得不应四川省请求发布通知劝退和阻止非专业人员的进入，以维护救援秩序。

在外援力量参与抢险救援时，如何对其统一调度，以保障救援力量分布的科学性？依据《突发事件应对法》，外援力量也须遵循属地管理原则，应服从属地政府的统一调度和管理。在芦山地震救援中，外援力量接受属地管理特别是"军队的救灾力量统一由四川省地震抗震救灾前方指挥部指挥和调动"，集中统一指挥，统一调度，不仅使救援科学有序，更提升了救援的精准度和效率。

四、依法规范，加强管理原则

应急管理的本质是危机状态的公共管理，是国家治理体系和治理能力的重要组成部分，要发挥我国应急管理体系的特色和优势，借鉴国外应急管理有益做法，积极推进我国应急管理体系和能力现代化，运用法治思维和法治方式提高应急管理的法治化、规范化水平。

（一）依法治理，全面依法履行职责

依法治理是国家和社会治理的基本方式，是最稳定、最可靠的治理，是政府有效应对突发公共事件的基本原则。政府在紧急状态下的应变能力与行政管理的权威性、主动性，以及对社会整体资源的统一调配能力，是法律对政府行为规范与授权的结果，政府必须依法审慎决策，提高依法执政、依法行政水平。

实践证明，人们无法准确预测或阻止突发事件的发生，但完全可以通过提高应急管理能力和水平，依法及时、科学有序地处置，以减少突发事件的恶性危机转化，尽可能地减少损失。因此，科学处理应急措施和常规管理的关系，合理把握非常措施的运用范围和实施力度，将应急管理工作纳入规范化、制度化、法制化的轨道，有利于突发事件的应对处置，有利于控制和消除突发事件造成的损失，对于维护公共安全和社会秩序至关重要。

（二）全面推进应急管理体系和能力现代化

党中央、国务院高度重视应急管理工作，确定围绕"一案三制"开展应急管理体系建设，2006年6月，国务院出台《关于全面加强应急管理工作的意见》，这是继2006年1月国务院颁布实施《国家突发公共事件总体应急预案》后，国务院下发的又一个重要指导文件。该意见提出了加强"一案三制"工作的具体措施，要求各地成立应急管理机构，标志着我国应急管理工作进入一个新的历史阶段，全国各地区、各部门按照党中央、国务院的部署，把应急管理工作摆到重要位置。

1. 全面推进"一案三制"为核心的应急管理体系建设。"一案"是指应急预案,"三制"是指应急管理体制、机制和法制,"一案三制"共同构成了我国应急管理体系的基本框架。"一案三制"是基于四个维度的一个综合体系,体制是基础,机制是关键,法制是保障,预案是前提,它们具有各自不同的内涵特征和功能定位,是应急管理体系不可分割的核心要素。

2. 确立我国应急救援队伍建设的总体方向与理念。2018年《中共中央关于深化党和国家机构改革的决定》提出"加强、优化、统筹国家应急能力建设,构建统一领导、权责一致、权威高效的国家应急能力体系",标志着我国应急管理正式确立了"国家应急能力体系"的建设指导思想,这既是应急救援队伍建设的努力方向,更是应急救援体系建设需要长期秉持的科学理念。

3. 准确把握应急救援队伍建设中"平战结合"的战略意义。为适应当前的安全需求,我国需整合优化应急力量和资源,推动形成统一指挥、专常兼备、反应灵敏、上下联动、平战结合的中国特色应急管理体制。其中,"平战结合"决定了我国应急管理与应急救援工作需要优化整合资源与力量的范畴,也指明了我国应急救援队伍建设必须考虑"平战结合"的需要,尤其是在战争条件下的应急救援资源整合与特殊功能,这实际上是世界主要国家在应急救援队伍建设探索中的共同选择。

五、快速反应,协同应对原则

(一) 闻令而动,使命必达

1. 成建制、专业化打造"一专多能"综合应急救援力量。成建制运用应急处置力量,发挥整体效能是建设应急救援队伍的基本经验。在"平战结合、平灾结合"体制指引下,要求应急指挥员、队员、装备等建制要素的完整,强化快速反应、应急机动、专业救援、综合保障四种基础能力建设,形成统一的救援意志,健全完善以国家综合性消防救援队伍为主力、军队应急力量为突击、专业应急力量为协同、社会应急力量为辅助的中国特色应急救援力量体系。

专业化运用应急处置力量是应对复杂灾情事件的技战术保障。针对不同突发事件类型运用不同的专业处置救援队伍、技术、装备,形成反应迅速、技术过硬、作风优良的有效战斗力。按照就近调配、快速行动、有序救援的原则加快建设区域应急救援中心，打造应急救援尖刀和拳头力量，完善各类队伍共训共练、指挥协同、救援合作等机制，确保在救援行动中密切协调配合，发挥专业应急救援特色队伍的人才优势、技术优势、管理优势，提高各类灾害事故救援能力。

2. 网格吹哨、部门报到。在现代应急管理中，坚持重心下移、力量下沉、保障下倾，把基层一线作为主战场，构建纵向分级负责、横向分工监管的社区网格化治理力量，形成上有党和政府的坚强领导和有力指挥，下至基层社区的令到即行的上下联动的应急管理格局。

全面推行常态与应急管理相结合的城乡网格化管理模式，建立健全城乡应急管理单元，实施市（区、县）、街道（乡镇）、社区（村）三级应急管理网格组织体系，各基层治理主体成为发现危险源、反馈问题的"眼睛"和"触角"，实现对各类基础要素的精准掌控，最大限度地消除管理盲区和管理死角，确保将问题发现在基层、控制在源头、化解在当地，提高先期处置时效。

（二）严守报送纪律，畅通报送渠道

应急信息报告制度是开展应急管理工作的重要基础和关键环节，是所有应对处置工作的起点，是各级各部门的一项重要职责，是政治性极强的重要任务。应遵循"首报要快、续报要准、终报要全"和"快报事实、慎报原因"的应急信息报送工作原则：

1. 首报要快。是指在规定时限内报告紧急信息，要在求快的同时求准，求准的基础上求快，报清时间、地点、事件性质和人员伤情概况，力争牢牢掌握应对处置突发事件的主动权，为各级党委决策处置赢得先机，争取宝贵的反应时间，从而达到控制事态、减少人员和财产损失的效果。

2. 续报要准。是指准确是信息工作的生命线，事关领导决策和应急行动，要用战略眼光、全局站位，敏锐捕捉信息，果断报告信息，稳妥处置信息，落细落实落准，报准事件发展变化中的重要动态、伤亡人数、重大调整、应急处突采取的重要举措、取得的重要进展。

3. 终报要全。是指报清事件的来龙去脉、综合施救、调查处置、善后工作、灾后重建、追责问责、举一反三整改落实情况。避免出现重首报、轻续报、没有终报的情况，尤其是领导同志就突发事件应急处置作出的批示，要作为督办要件来固定办理程序、紧盯办理结果、形成反馈机制。

同时，各级党委政府及其部门要高度重视政务舆情回应工作，切实增强舆情意识，建立健全政务舆情的监测、研判、回应机制，落实回应责任，避免反应迟缓、被动应对现象。对涉及特别重大、重大突发事件的政务舆情，要快速反应、及时发声，最迟应在24小时内举行新闻发布会，对其他政务舆情应在48小时内予以回应，并根据工作进展情况，持续发布权威信息。

(三) 注重区域协同应对，优化资源配置

当重大突发公共事件爆发时，防控措施的执行力至关重要，必须依靠强有力的行动指挥，强化问责监督，将防控措施落实到位，从而实现相对及时的应急响应。因此，首先要求党委政府部门及其处置人员要强化属地管理，做到守土有责；同时需要政府之间、部门之间进行多方联合会商，协同治理、有效协调与通力协作，实现统一调度、部门联动、资源共享、快速响应、高效处置。

事实上，在应对重大突发公共危机事件中，不同层级政府间理念和利益结构并不相同，其考察视角和考察范围亦存在较大差别，围绕如何有效应对重大突发公共事件必然会涉及一系列互动策略，在应对上要取得理念一致，行动协作一致。

可基于重大突发公共危机事件类型和影响程度，建立由不同层级党委和政府统一领导的，相关地方政府和职能部门参与的应对机构（如领导小组和指挥部等)，配置相应的权力与资源，对应急力量进行分类，在危机应对中合理配置不同类型的应急力量，做到效能最大化。破解"块块"和"条块"间的分割，按照全国与省内资源调度相结合、周边省份互相帮扶、对口支援等工作原则，形成党委和政府统一领导的组织联动协作机制，实现信息共享，实现跨层级、跨地域、跨系统、跨部门、跨业务的有效协调和协作。

突发事件发生后，按照属地管理原则，主要负责人第一时间赶赴现场，根据不同的灾情与事态，开展先期处置，组织、调动应急联动部门人员、调度应急物资，立即执行封锁、管制、扑救、排水、人员疏散解救、财产物资转移等减灾行动，有效控制危险状态，确保处置行动有序高效。

六、依靠科技，提高素质原则

人类战胜大灾大疫离不开科学发展和技术创新，科技支撑体系建设在突发公共事件应急管理中处于核心地位，发挥着关键作用，是实现国家安全和社会稳定的基石。

我国政府一直高度重视突发事件应急管理的科技支撑体系建设工作，大力实施"管理强安"和"科技兴安"战略，我国应急管理科技支撑体系建设的总体目标是实现公共安全从被动应付型向主动保障型、从传统经验型向现代高科技型的战略转变，全面提升抗御和应对突发公共事件的能力，形成管理、科技和文化的三足鼎立支撑。《国家中长期科学和技术发展规划纲要（2006—2020年）》首次将"公共安全"作为重点领域进行规划和部署，对突发事件应急管理科技支撑体系进行了框架设计与总体研究，为我国公共安全科技发展指出了战略方向。

（一）加强应急管理装备技术支撑体系建设

党和国家高度重视应急管理装备发展，制定了一系列支持发展政策，增强科技创新能力，强化应急管理装备技术支撑和关键技术研发，依靠科技做好风险防范、监测预警、监管执法、救援实战和社会动员等工作，提高应急管理的科学化、智能化、精细化水平。

近年来，我国公共安全科技水平和保障能力迅速提升、高速发展，目前，我国在国家公共安全综合保障平台、公共安全视频监控与智能化应用技术、超深井超大矿山安全开采技术等方面已达到国际领先水平；掌握了一批达到国际先进水平的关键技术装备，填补了国内空白，从单项技术装备的创新到"十三五"装备的成套化创新，使公共安全保障的能力和突发事件应对的能力得到有效的提升；技术突破促进了高端安全装备的国产化，初步形成了符合我国国情的标准化、模块化、成套化应急技术装备体系，为全面提升我国公共安全保障能力提供了强大的支撑。

科学技术装备水平是检验应急管理能力的核心要素。当前，提高应急管理装备水平应重点加强监测预警装备、应急处置与救援装备等两大类技术的研发应用。

1. 监测预警装备。主要包括复杂环境、复杂对象智能感知与监控装备，高危作业环境智能化、无人化装备，新一代信息化智能化检验检测装备，以及城市生命线检测监测预警装备等。同时，监测预警还可利用各类传感器技术、现代信息互联和传输技术、智能识别和预测技术等，对可能的突发事件发生与发展态势进行检测、监测，对承灾载体的状态进行监控，对应急管理过程与效果进行监测、监控，实现超前感知、智能预警、精准防控、高效救援。

2. 应急处置与救援装备。主要涉及现场指挥、现场处置、现场保障及个人防护等相关装备领域，如应急现场高效应急通信集成装备，便携式远距离个人通信装备，大范围和复杂灾害环境下搜索、定位、救援装备，灾害环境下救援、破拆、生命支撑装备，便携式个人定位与求救装备，数字化单兵与救援人员个人装备，灾害环境下的人员防护、复杂灾害环境下的人员避难、疏散与安置设备，有害物质洗消、吸附、分解设备，以及针对恐怖分子、违法人员、群体性行为的抑制、拒止等现场处置装备等。可见，随着应急管理装备的现代化，逐步完善的科技创新驱动防灾减灾的工作机制，必将增强我国自然灾害监测预警和风险防范的科技能力。

（二）培育安全文化，提升安全素养

1. 加强防灾减灾宣传教育是国际通行做法，是应急管理体系建设的基础性工作。安全，生命之基石；安全，生存之根本，预防和应对各种危机和突发公共事件，始终贯穿于人类历史发展的进程，一部人类文明发展史，从一定意义上说，就是不断应对各种危机、战胜各种灾难的奋斗史。组织开展好"防灾减灾日""消防宣传日""安全生产月"等宣传活动，进一步唤起社会各界对防灾减灾工作的高度关注，提高社会公众维护公共安全意识和应对突发公共事件的能力。

2. 防灾减灾宣传教育是预防和减少灾害损失的有效手段，贯穿灾前预防、灾中自救以及灾后降低损失的全过程，是一种非常典型的非工程性防灾减灾措施。从成本—收益性价比和复杂程度两个维度来看，相对于工程措施来说，防灾减灾宣传教育更容易开展、投入更少，是能最大程度减少灾害损失的重要措施。

（1）推进应急管理科普宣教进教材和学校、进机关、进企事业单位、进社区、进农村、进家庭、进公共场所，各级教育部门要把公共安全教育作为推动素质教育的重要内容来抓，各级人事、劳动保障等部门要在各种招考和资格认证考试中逐步增加公共安全内容，提升全民防灾减灾意识，培育安全文化。

（2）大力推进"平安社区""综合减灾示范社区""消防安全社区""地震安全示范社区""卫生应急综合示范社区""安全城市"等创建工作，充分运用各种传播手段，扩大应急管理科普宣教工作覆盖面，全面提升基层的指挥调度能力、监测预警能力、公众避险能力、快速救援能力和应急保障能力。

学以致用

一、实训案例

风险挑战是经济社会发展过程中客观存在的，其中既有显性风险又有隐性风险，既有来自内部的风险又有来自外部的风险，既有一般风险又有重大风险，而且这些风险挑战呈现出交织性、复杂性、综合性等特点。

面向未来，在前进道路上，我们要始终牢记习近平总书记一再强调的：既要高度警惕"黑天鹅"事件，也要防范"灰犀牛"事件；既要有防范风险的先手，也要有应对和化解风险挑战的高招；既要打好防范和抵御风险的有准备之战，也要打好化险为夷、转危为机的战略主动战。

二、实训内容

1. 学思践悟：坚持底线思维、增强忧患意识、防范化解重大风险，是党的十八大以来习近平总书记一直告诫全党必须高度重视和认真落实的战略任务。对当代中国共产党人来说，增强忧患与风险意识，是一种使命要求，是一种政治智慧，更是一种责任自觉。

2. 学思践悟：用大概率思维应对小概率事件，重在未雨绸缪、防患于未然。发展从来都是各种矛盾相互交织、相互作用的综合结果，前进道路上我们面临的风险考验只会越来越复杂。在思想深处绷紧防范化解小概率事件风险这根弦，从考验中汲取经验，补足应急管理体系和能力的短板和漏洞，使之更加完善更具威力，我们定能乘风破浪、披荆斩棘，从容应对各种困难挑战。

三、实训要求

1. 将学生按每组6—8人组建成若干实训小组；
2. 各实训小组根据设定的实训内容，开展讨论、交流；
3. 各实训小组写出实训小结，进行班级交流。

拓展学习

2019年11月29日，中共中央政治局就我国应急管理体系和能力建设进行第十九次集体学习，中共中央总书记习近平在主持学习时强调，要加强应急救援队伍建设，建设一支专常兼备、反应灵敏、作风过硬、本领高强的应急救援队伍。

要采取多种措施加强国家综合性救援力量建设，采取与地方专业队伍、志愿者队伍相结合和建立共训共练、救援合作机制等方式，发挥好各方面力量作用。要强化应急救援队伍战斗力建设，抓紧补短板、强弱项，提高各类灾害事故救援能力。要坚持少而精的原则，打造尖刀和拳头力量，按照就近调配、快速行动、有序救援的原则建设区域应急救援中心。要加强航空应急救援能力建设，完善应急救援空域保障机制，发挥高铁优势构建力量快速输送系统。要加强队伍指挥机制建设，大力培养应急管理人才，加强应急管理学科建设。

思考与讨论

1. 应急管理是政府的基本职能，是国家治理体系和治理能力的重要组成部分。在某种意义上，现代社会一切形式的风险，包括自然风险和非自然风险，都容易演变为社会性风险。因此，应急管理的关口前移是做好风险治理，牢牢掌握应对突发事件的主动权，抓早抓小抓苗头，把问题解决在萌芽之时、成灾之前。

2. 应急管理是公职人员或从事公共事务者的基本功。安全的城市规划和科学的危机决策可规避无数的生命损失和无谓的牺牲，运转高效的救援和保障有力的物资可保一方百姓平安，"第一响应人"的及时施救或报警求援可挽救生命。因此，应急管理学科势必要担起传授"应知"理论和"应会"技能的重任。

学习任务二　突发事件应急预案管理工作

案例引入

某日上午10时38分，云南省龙陵县城凯龙城小区附近发生一起"恶性事件"。3名墨镜歹徒手持长刀突然对4名手无寸铁的无辜市民进行砍杀，砍杀过后，3名歹徒不顾小区保安拦截，拼命驾车逃离现场。

"110吗？有人在凯龙城电影院持刀砍人，请出警制止。""被砍市民生命垂危，请立即组织抢救。"

"……"

一时间，110指挥中心报警电话响个不停，各种有关歹徒行凶的信息源源不断汇集指挥中心。

"龙山巡警中队、特警大队、城区交警中队，凯龙城电影院发生恶性砍人事件，现场已有4名群众受伤。我命令你们，立即组织警力赶往现场，按照红色警情处置预案迅速抢救伤员，疏散群众，保护现场。"值班指挥长通过对讲机迅速下达1分钟处置圈命令。

"巡警中队明白。"

"特警大队明白。"

"交警中队明白。"

"医院吗？我是应急联动指挥中心指挥长，凯龙城电影院发生伤人事件，有人被歹徒砍伤，请你们组织医务人员赶往现场抢救伤员，收到后，请重复指令。"

"收到。我们立即前往现场抢救伤员。"

顿时，该县县城警笛大作，110警车、120救护车迅速集结现场。

"这里发生恶性事件，围观群众请自行离开现场。"

"一组搜查电影院左侧，二组搜查右侧，注意搜救负伤群众，三组展开先期调查，注意掌握歹徒特征和逃跑方向，发现受伤群众，立即协助医务人员救助伤员。"

杨思波、段金苍等巡警队员是先期赶到现场的民警。一到现场，处警民警就立即开展搜救伤员和疏散围观群众工作。

"师傅，这里已经现场管制，为了您的安全，请不要围观，绕道通行。"随后赶到现场的特警队员一边现场警戒，一边协助巡警搜救受伤群众。

不到2分钟，处警民警就发现了躺倒在血泊中的4名受伤群众。经医务人员现场处置，4名负伤群众被及时送往医院抢救。

"指挥中心，现场已被控制，伤员已送往医院，据走访目击者，歹徒已驾车沿320国道往芒市方向逃窜。"现场指挥员将警情及时反馈指挥中心。

"我命令，刑警大队、龙山刑警中队立即赶往凯龙城进行现场勘查。禁毒大队、经侦大队、龙山派出所分别在郊区五板桥、龙腾公路岔路口、龙河公路岔路口、木康检查站设卡查缉，发现嫌疑人，立即抓捕。"3分钟后，根据警情，指挥员迅速下达3分钟处置圈命令。警笛声再次在县城上空响个不停。

"报告，五板桥查缉点未发现嫌疑人踪迹。"

"木康检查站未发现嫌疑车辆。"

"龙腾公路查缉点未发现任何踪迹。"

卡点信息开始返回指挥大厅。

"为防止歹徒逃往外地，全县迅速启动三层封控圈预案。我命令，全县所属派出所、边防检查站迅速组织警力设卡拦截。根据情报，歹徒持有行凶刀具，请参战民警注意安全。"指挥长迅速将命令传达到全县基层派出所。

经过30分钟的围追堵截，11点20分，4名作案歹徒终于在县城附近公路被民警抓捕归案。

"我宣布，龙陵县公安机关处置突发事件应急演练圆满结束。"演练结束后，现场总指挥杨某对应急演练进行了点评，他认为此次演练各单位高度重视、响应迅速、决策果断、处置迅捷，既突出了实战效果，也进一步检验了公安机关维护社会治安、确保国家安全和社会稳定的能力。

结合引例思考：
1. 为什么说应急预案是应急管理体系建设的龙头，是"一案三制"的起点？
2. 对于应急预案的功能定位，如何理解？
3. 应急演练对检验预案、完善准备、锻炼队伍、磨合机制有哪些重要作用？

理论导航

我国应急预案体系经历了从"从无到有""从有到全""从全到优"的发展历程，实现里程碑式的历史跨越发展。2003年战胜"传染性非典型肺炎"之后，我国开始建立以"一案三制"（应急预案，应急体制、机制、法制）为特征的应急管理体系。其中，应急预案体系是核心。

以2005年国务院常务会议通过的《国家突发公共事件总体应急预案》为标志，我国各级政府开始全面大规模编制应急预案。国务院办公厅设立国务院应急管理办公室，专职承担应急值守、信息汇总和综合协调等职能。截至2005年底，全国基本完成应急预案编制工作，我国初步建立起应急预案框架体系。

2013年国务院办公厅印发《突发事件应急预案管理办法》，明确规定了应急预案的概念、分类与编制程序等内容，在全国范围内构建覆盖全区域、全灾种、各行业、多层级、全过程的应急预案体系。

一、突发事件应急预案的概念

突发事件应急预案是各级人民政府及其部门、基层组织、企事业单位、社会团体等为了依法、迅速、科学、有序应对突发事件而预先制定的工作方案。对于应急预案的功能定位，应从以下四个方面理解：

（一）应急预案是应急管理法律法规的必要补充

应急预案是在法律规范内，根据特定区域、部门、行业和单位应对突发事件的需要而制定的事前准备的工作方案，其主要功能是平时牵引应急准备、战时指导应急救援。应急预案就是从常态向非常态转变的工作方案，目的是在既有的制度安排下提高应急反应速度。

（二）应急预案是应急管理体制机制的重要载体

应急预案是对应急组织体系与职责、人员、技术、装备、设施设备、物资、救援行动及其指挥与协调等预先做出的具体安排，明确在突发事件发生之前、发生过程中以及刚刚结束之后，谁来做、做什么、何时做，以及相应的处置方法和资源准备等。

所以，应急预案实际上是各个相关地区、部门和单位为及时有效应对突发事件事先制定的任务清单、工作程序和联动协议，以确保应对工作科学有序，最大程度地减少突发事件造成的危害。

（三）应急预案重点规范突发事件应对和处置工作，并适当向前、向后延伸

向前延伸主要是指必要的监测预警等，向后延伸主要是指必要的应急恢复，包括有效防止和应对次生、衍生事件。对于长期的灾后恢复重建，则应纳入日常管理，不作为应急预案的内容。

（四）应急预案是立足现有资源的应对方案

立足于当前风险状况、应急能力状况提出的有效的应对工作方案，使现有应急资源找得到、调得动、用得好。提高应急预案的可操作性、完整性、规范性和科学性，使应急预案能够在关键时刻真正发挥作用，贴近实战需求。

二、应急预案的管理原则

应急预案管理要遵循统一规划、分类指导、分级负责、动态管理的原则。

（一）统一规划原则

以规划引领经济社会发展，是党治国理政的重要方式，是中国特色社会主义发展模式的重要体现。坚持下位预案服从上位预案、下级预案服务上级预案、等位预案相互协调，理顺编制关系，建立以国家突发公共事件总体应急预案为统领的国家应急预案体系，可避免交叉重复和矛盾冲突，更好发挥国家突发公共事件

总体应急预案指导全国的突发公共事件应对工作的战略导向作用。

（二）分类指导原则

在加强统筹规划、发挥顶层引领、确保基本要求统一规范的基础上，注重鼓励、支持、指导各地、各部门结合实际，积极主动、大胆实践，科学把握各类应急预案的共性要求和个性特点，制定各具特色、符合实际的突发事件应对方案，有利于保障应急预案质量，提高应急预案的针对性、实用性和可操作性。

（三）分级负责原则

分级负责制是我们党明确各级党委政府权责，做好党和国家各项工作，推进治理体系和治理能力现代化的重要原则。权力和责任是对等的，每一级党委政府都有自己的责任，按照管理权限，落实分级负责原则，分工明确，责任到人，层层抓落实，杜绝互相扯皮推诿现象，做到守土有责、守土尽责。

（四）动态管理原则

应急预案管理是应急管理的核心与基础，是突发事件协调处置行动的指导方针，为应急管理者提供处置的"通用"方法和行动计划。突出动态管理，建立应急预案评审制度，一般包括合法性审查和专业性审查，重点审查是否符合有关法律法规、责任分工是否明确、响应级别是否合理、响应措施是否有效可行、处置流程是否清晰等。适时调整、修改预案内容，形成应急预案的持续改进机制，实现其消除隐患、及时响应、动态调整功能，提高应急预案的时效性。

三、突发事件应急预案的分类

按照制定责任主体职能划分，突发公共事件应急预案分为两大类：

（一）政府及其部门应急预案的分类

1. 总体应急预案。突发公共事件总体应急预案是应急预案体系的总纲，是政府组织应对突发事件的总体制度安排，由县级以上各级人民政府制定。总体应急预案主要规定突发事件应对的基本原则、组织体系、运行机制，以及应急保障的总体安排等，明确相关各方的职责和任务。

2. 专项应急预案。突发公共事件专项应急预案是政府为应对某一类型或某几种类型突发事件，或者针对重要目标物保护、重大活动保障、应急资源保障等重要专项工作而预先制定的涉及多个部门职责的工作方案，由主管部门牵头会同相关部门制订、组织实施，报本级人民政府批准后印发实施。

3. 部门应急预案。突发公共事件部门应急预案是政府有关部门根据总体应急预案、专项应急预案和部门职责，为应对本部门（行业、领域）突发事件，或者针对重要目标物保护、重大活动保障、应急资源保障等涉及部门工作而预先制定的工作方案，由各级政府有关部门负责制定并组织实施。

《突发事件应急预案管理办法》对不同层级的应急预案的具体内容规定如下：

（1）国家层面专项和部门应急预案内容。侧重明确突发事件的应对原则、组织指挥机制、预警分级和事件分级标准、信息报告要求、分级响应及响应行动、应急保障措施等，重点规范国家层面应对行动，同时体现政策性和指导性。

（2）省级层面专项和部门应急预案内容。侧重明确突发事件的组织指挥机制、信息报告要求、分级响应及响应行动、队伍物资保障及调动程序、市县级政府职责等，重点规范省级层面应对行动，同时体现指导性。

（3）县（市、区）级层面专项和部门应急预案内容。侧重明确突发事件的组织指挥机制、风险评估、监测预警、信息报告、应急处置措施、队伍物资保障及调动程序等内容，重点规范市（地）级和县级层面应对行动，体现应急处置的主体职能。

（4）乡镇街道专项和部门应急预案内容。侧重明确突发事件的预警信息传播、组织先期处置和自救互救、信息收集报告、人员临时安置等内容，重点规范乡镇层面应对行动，体现先期处置特点。

《突发事件应急预案管理办法》对不同任务的应急预案的具体内容规定如下：

（1）针对重要基础设施、生命线工程等重要目标物保护的专项和部门应急预案内容。侧重明确风险隐患及防范措施、监测预警、信息报告、应急处置和紧急恢复等内容。

（2）针对重大活动保障制定的专项和部门应急预案内容。侧重明确活动安全风险隐患及防范措施、监测预警、信息报告、应急处置、人员疏散撤离组织和路线等内容。

（3）针对为突发事件应对工作提供队伍、物资、装备、资金等资源保障的专项和部门应急预案内容。侧重明确组织指挥机制、资源布局、不同种类和级别突发事件发生后的资源调用程序等内容。

（二）单位和基层组织应急预案

单位和基层组织突发公共事件应急预案由机关、企业、事业单位、社会团体和居委会、村委会等法人和基层组织制定。

单位和基层组织突发公共事件应急预案基本内容侧重明确应急响应责任人、风险隐患监测、信息报告、预警响应、应急处置、人员疏散撤离组织和路线、可调用或可请求援助的应急资源情况及如何实施等，体现自救互救、信息报告和先期处置等特点。

大型企业集团可根据相关标准规范和实际工作需要，参照国际惯例，建立本集团应急预案体系。

四、我国突发事件应急预案体系建设

突发事件应急管理体系建设规划是统筹和指导应急体系建设的专项规划，为应急管理体系、应急预案实施提供能力保障。我国应急体系建设规划从2003年"非典"之后受到重视，不仅首次将"强化应急体系建设"纳入国家"十一五"国民经济和社会发展规划纲要，还专门编制了《"十一五"期间国家突发公共事件应急体系建设规划》（国办发〔2012〕106号），这也是我国第一个国家层面的应急体系建设专项规划。随后陆续编制了十二五、十三五《国家突发事件应急体系建设规划》，明确了不同时期应急体系建设目标、主要任务、重点建设项目、政策措施等。

（一）国家突发公共事件预案体系

1. 国家突发公共事件总体应急预案。国家突发公共事件总体应急预案是全国应急预案体系的总纲，是国务院应对突发事件的综合性预案，由国务院制定。

总体预案适用于涉及跨省级行政区划的，或超出事发地省级人民政府处置能力的，或者需要由国务院负责处置的特别重大突发公共事件的应对工作。总体预案是指导地方各级政府和各部门有效处置突发公共事件的规范性文件。

2004年，国务院办公厅印发了《国务院有关部门和单位制定和修订突发公共事件应急预案框架指南》和《省（区、市）人民政府突发公共事件总体应急预案框架指南》，在国务院的直接领导下，国务院有关部门、各省级人民政府科学地、全面地分析公共安全形势，紧张有序地开展了编制突发公共事件总体应急预案的工作。2006年1月8日，国务院发布并实施《国家突发公共事件总体应急预案》，总体预案共6章，分别为总则、组织体系、运行机制、应急保障、监督管理和附则，标志着中国应急预案管理纳入了经常化、制度化、法制化的工作轨道。

2. 国家突发公共事件专项应急预案。国家突发公共事件专项应急预案主要是国务院及其有关部门为应对某一类型或某几种类型突发公共事件而制定的涉及多个部门的应急预案。是总体预案的组成部分，由国务院有关部门牵头制定，报国务院批准。

目前，共有25件国家突发公共事件专项预案，其中，自然灾害类5件，事故灾难类9件，公共卫生类4件，社会安全类7件。

3. 国家突发公共事件部门应急预案。国家突发公共事件部门应急预案是国务院有关部门根据总体应急预案、专项应急预案和部门职责为应对突发事件制定的预案。由国务院有关部门制定，报国务院备案。

目前，共有80件部门应急预案，其中，自然灾害类15件，事故灾难类22件，公共卫生类7件，社会安全类36件。随着应急体系的建立和形势的发展，部门应急预案将不断补充和完善。

（二）突发公共事件地方应急预案体系

突发公共事件地方应急预案是在省级人民政府的领导下，按照分类管理、分级负责的原则，由地方人民政府及其有关部门分别制定。

突发公共事件地方应急预案包括省级人民政府的突发事件总体应急预案、专项应急预案和部门应急预案；各市（地）、县（市、区）人民政府及其基层政权组织的突发事件应急预案。

（三）企事业单位应急预案

企事业单位应急预案是企事业单位根据有关法律法规和规章的规定，结合本单位实际，为应对本单位突发公共事件制定的应急预案。包括应对本单位突发公共事件的工作计划、保障方案和操作规程。

（四）举办大型会议和文体、商业等重大活动应急预案

举办大型会议和文化、体育、商业、贸易等重大活动，主办单位根据有关法律法规规定，应当制定重大活动应急预案并报同级人民政府备案。

五、应急预案培训和宣传

应急预案编制单位应当通过编发培训材料、举办培训班、开展工作研讨等方式，对与应急预案实施密切相关的管理人员和专业救援人员等组织开展应急预案

培训。

各级政府及其有关部门应将应急预案培训作为应急管理培训的重要内容，纳入领导干部培训、公务员培训、应急管理干部日常培训内容。

对需要公众广泛参与的非涉密的应急预案，编制单位应当充分利用互联网、广播、电视、报刊等多种媒体广泛宣传，制作通俗易懂、好记管用的宣传普及材料，向公众免费发放。

六、应急预案管理的组织保障

1. 各级人民政府及其有关部门要对本行政区域、本行业（领域）应急预案管理工作加强指导和监督。

针对生产安全、食品安全、校园安全、环境污染事故等，可由安全生产监管、食品药品监管、教育、环境保护等部门制定行业性的编制指南、实施办法；各地区也可出台指导基层组织编制应急预案的指南等。

2. 各级人民政府及其有关部门、各有关单位要指定专门机构和人员负责相关具体工作，将应急预案规划、编制、审批、发布、演练、修订、培训、宣传教育等工作所需经费纳入预算统筹安排。

工作流程

一、突发事件应急预案编制有关基础性工作

（一）成立预案编制工作小组

应急预案编制工作是一项涉及面广、内容涵盖多、要求标准高、联动性较强的工作。各编制部门和单位要将此项工作列入重要议事日程，制定工作计划，精心组织，周密部署，确保按时按要求完成编制任务。

应急预案编制部门和单位应成立预案编制工作小组，吸收预案涉及主要部门和单位业务相关人员、有关专家及具有现场处置经验的人员参加。编制工作小组组长由应急预案编制部门或单位有关负责同志担任。

（二）开展风险评估

针对突发事件特点，通过风险因素分析，辨识存在的危险危害因素，分析事件可能产生的直接后果以及次生、衍生后果；评估各种后果的危害程度和影响范围，把握风险发展变化趋势，综合考虑突发事件发生概率和损害程度，提出防范和控制风险、治理隐患措施的过程。

(三) 开展应急资源调查

全面调查本地区、本单位第一时间可调用的应急队伍、装备、物资、场所等应急资源状况和合作区域内可请求援助的应急资源状况，必要时对本地居民应急资源情况进行调查，并结合事故风险评估结论制定应急措施的过程。在应急资源调查中，也要客观分析应急资源方面存在的不足及短板，是否能满足有效应对和处置突发事件的需要。

二、突发事件应急预案的编制应当符合的基本要求

各级政府及其部门编制的应急预案应当符合下列基本要求：
1. 有关法律、法规、规章和标准的规定；
2. 本地区、本部门、本单位的安全生产实际情况；
3. 本地区、本部门、本单位的危险性分析情况；
4. 应急组织和人员的职责分工明确，并有具体的落实措施；
5. 有明确、具体的应急程序和处置措施，并与其应急能力相适应；
6. 有明确的应急保障措施，满足本地区、本部门、本单位的应急工作需要；
7. 应急预案基本要素齐全、完整，应急预案附件提供的信息准确；
8. 应急预案内容与相关应急预案相互衔接。

三、突发事件应急预案编制的质量要求

应急预案的编制过程不仅关乎预案的质量，也起到完善应急准备的作用，可以说，在某种程度上比应急预案本身更为重要。因此，要确保应急预案的科学性、针对性和可操作性，必须做到：

(一) 基于风险、立足现有

风险评估是制定应急预案的基础和依据，要分析风险可能引发什么样的事故、影响范围有多大、有什么样的处置措施，当前的应急能力是否与事故处置相匹配、需要哪些应急资源、有哪些资源可以利用等等。只有把这些都分析透了，才能保证预案与生产实际的符合性、与应急机制的符合性，预案才能有针对性。

(二) 规范程序、全员参与

应急预案对应急事故处置，是一个完整的系统，牵涉到方方面面。要坚持

"谁用谁编、自下而上、全员参与"的原则，既要保证职责不漏、流程不漏、资源不漏，又要促进各个层级预案之间的相互衔接融通，真正抓好预案编制的过程管理，为预案的最优化提供支撑。

（三）做实评审、严格把关

应急预案的评审是应急预案好用管用的保障，应急预案评审工作可以采取桌面推演、研讨、专家评审的方式进行，检验应急预案的可行性和合规性，职责分工是否有效，响应分级是否符合相关法律法规的规定，应急响应程序是否科学，应急保障措施是否满足事故应对工作需要，基本要素是否齐全，与外部预案是否相互衔接等。

（四）演练评估、动态修订

应急预案评估方式包括演练评估、定期评估和事故评估三种，应重点围绕权责、应急程序和措施、应急资源调配的有效性开展评估，并及时修订应急预案，真正做到常用常新。

四、突发事件应急预案持续完善的规定

应急预案不是一成不变的，其生命力和有效性就在于不断地更新和改进。

（一）有下列情形之一的，应当及时修订应急预案

1. 有关法律、行政法规、规章、标准、上位预案中的有关规定发生变化的；
2. 应急指挥机构及其职责发生重大调整的；
3. 面临的风险发生重大变化的；
4. 重要应急资源发生重大变化的；
5. 预案中的其他重要信息发生变化的；
6. 在突发事件实际应对和应急演练中发现问题需要作出重大调整的；
7. 应急预案制定单位认为应当修订的其他情况。

（二）通过应急演练修订应急预案

实践证明，演练对检验预案、完善准备、锻炼队伍、磨合机制有重要作用。预案编制单位根据实际情况采取实战演练、桌面推演等方式，组织开展人员广泛参与、处置联动性强、形式多样、节约高效的应急演练。《突发事件应急预案管理办法》对演练的频率提出了明确要求。

(三) 通过建立定期评估制度和广纳意见修订应急预案

实践是检验应急预案是否有用、管用、实用的最好办法。依据《突发事件应对法》第62条规定，应急预案编制单位通过总结突发事件应急处置工作的经验教训，制定改进措施，进一步完善应急预案，这有利于实现应急预案的动态优化。《国家地震应急预案》等的修订就是这样做的。

此外，各级政府及部门、企事业单位、社会团体、公民等，均可以向有关预案编制单位提出修订建议，这有利于促进应急预案的及时修订。

五、突发事件应急预案演练

（一）应急预案演练的概念及分类

突发事件应急演练是指各级人民政府及其部门、企业（事业）单位、社会团体等（以下统称演练组织单位）组织相关单位及人员，依据有关应急预案，模拟应对突发事件的活动。

1. 按组织形式划分，应急演练分为桌面演练和实战演练。

桌面演练通常在室内完成，是指参演人员利用地图、沙盘、流程图、计算机模拟、视频会议等辅助手段，针对事先假定的演练情景，讨论和推演应急决策及现场处置的过程，从而促进相关人员掌握应急预案中所规定的职责和程序，提高指挥决策和协同配合能力。

实战演练是指参演人员利用应急处置涉及的设备和物资，针对事先设置的突发事件情景及其后续的发展情景，通过实际决策、行动和操作，完成真实应急响应的过程，从而检验和提高相关人员的临场组织指挥、队伍调动、应急处置技能和后勤保障等应急能力，通常要在特定场所完成。

2. 按照演练内容划分，应急演练分为单项演练和综合演练。

单项演练是指只涉及应急预案中特定应急响应功能或现场处置方案中一系列应急响应功能的演练活动。注重针对一个或少数几个参与单位（岗位）的特定环节和功能进行检验。

综合演练是指涉及应急预案中多项或全部应急响应功能的演练活动。注重对多个环节和功能进行检验，特别是对不同单位之间应急机制和联合应对能力的检验。

3. 按照目的与作用划分，应急演练可分为检验性演练、示范性演练和研究性演练。

检验性演练是指为检验应急预案的可行性、应急准备的充分性、应急机制的协调性及相关人员的应急处置能力而组织的演练。

示范性演练是指为向观摩人员展示应急能力或提供示范教学,严格按照应急预案规定开展的表演性演练。

研究性演练是指为研究和解决突发事件应急处置的重点、难点问题,试验新方案、新技术、新装备而组织的演练。

(二) 应急演练的组织机构

1. 演练领导小组。演练领导小组负责应急演练活动全过程的组织领导,审批决定演练的重大事项。演练领导小组组长一般由演练组织单位或其上级单位的负责人担任;副组长一般由演练组织单位或主要协办单位负责人担任;小组其他成员一般由各演练参与单位相关负责人担任。在演练实施阶段,演练领导小组组长、副组长通常分别担任演练总指挥、副总指挥。

2. 演练策划部门。策划部负责应急演练策划、演练方案设计、演练实施的组织协调、演练评估总结等工作。策划部设总策划、副总策划,下设文案组、协调组、控制组、宣传组等。

(1) 制定演练计划。各级政府、企业(事业)单位应当制定年度应急演练计划,定期举办综合性应急演练或专项应急演练;高危行业企业、人员密集场所经营单位至少每半年组织开展一次应急演练;其他企业至少每年组织开展一次应急演练;企业各厂区至少每半年组织开展一次现场处置演练。

演练计划主要内容如下:

第一,确定演练目的。明确举办应急演练的原因、演练要解决的问题和期望达到的效果等。

第二,分析演练需求。在对事先设定事件的风险及应急预案进行认真分析的基础上,确定需调整的演练人员、需锻炼的技能、需检验的设备、需完善的应急处置流程和需进一步明确的职责等。

第三,确定演练范围。根据演练需求、经费、资源和时间等条件的限制,确定演练事件类型、等级、地域、参演机构及人数、演练方式等。演练需求和演练范围往往互为影响。

第四,安排演练准备与实施的日程计划。包括各种演练文件编写与审定的期限、物资器材准备的期限、演练实施的日期等。

第五，编制演练经费预算，明确演练经费筹措渠道。

（2）设计演练方案。演练方案主要内容如下：

第一，确定演练目标。演练目标是需完成的主要演练任务及其达到的效果，一般说明"由谁在什么条件下完成什么任务，依据什么标准，取得什么效果"。演练目标应简单、具体、可量化、可实现。一次演练一般有若干项演练目标，每项演练目标都要在演练方案中由相应的事件和演练活动予以实现，并在演练评估中有相应的评估项目判断该目标的实现情况。

第二，设计演练情景与实施步骤。演练情景要为演练活动提供初始条件，还要通过一系列的情景事件引导演练活动继续，直至演练完成。演练情景包括演练场景概述和演练场景清单。演练场景概述是对每一处演练场景的概要说明，主要说明事件类别、发生的时间地点、发展速度、强度与危险性、受影响范围、人员和物资分布、已造成的损失、后续发展预测、气象及其他环境条件等。演练场景清单主要明确演练过程中各场景的时间顺序列表和空间分布情况。

（3）设计评估标准与方法。演练评估应以演练目标为基础，通过观察、体验和记录演练活动，比较演练实际效果与目标之间的差异，总结演练成效和不足的过程。每项演练目标都要设计合理的评估项目方法、标准。根据演练目标的不同，可以用选择项（如：是/否判断，多项选择）、主观评分（如：1-差、3-合格、5-优秀）、定量测量（如：响应时间、被困人数、获救人数）等方法进行评估，有条件时还可以采用专业评估软件等工具。

（4）编写演练方案文件。演练方案文件是指导演练实施的详细工作文件，对涉密应急预案的演练或不宜公开的演练内容，要制订保密措施。

第一，编写演练人员手册。内容主要包括演练概述、组织机构、时间、地点、参演单位、演练目的、演练情景概述、演练现场标识、演练后勤保障、演练规则、安全注意事项、通信联系方式等，但不包括演练细节。演练人员手册可发放给所有参加演练的人员。

第二，编写演练控制指南。内容主要包括演练情景概述、演练事件清单、演练场景说明、参演人员及其位置、演练控制规则、控制人员组织结构与职责、通信联系方式等。演练控制指南主要供演练控制人员使用。

第三，演练评估指南。内容主要包括演练情景概述、演练事件清单、演练目标、演练场景说明、参演人员及其位置、评估人员组织结构与职责、评估人员位置、评估表格及相关工具、通信联系方式等。演练评估指南主要供演练评估人员使用。

第四，演练宣传方案。内容主要包括宣传目标、宣传方式、传播途径、主要任务及分工、技术支持、通信联系方式等。

第五，演练脚本。对于重大综合性示范演练，演练组织单位要编写演练脚本，描述演练事件场景、处置行动、执行人员、指令与对白、视频背景与字幕、解说词等。

（5）演练方案评审。对综合性较强、风险较大的应急演练，评估组要对文案组制订的演练方案进行评审，确保演练方案科学可行，以确保应急演练工作的顺利进行。

（6）演练动员与培训。在应急演练开始前要进行演练动员和培训，确保所有演练参与人员掌握演练规则、演练情景和各自在演练中的任务。

第一，对所有演练参与人员开展应急基本知识、演练基本概念、演练现场规则、应急技能及个体防护装备使用等方面的培训。

第二，对控制人员要进行岗位职责、演练过程控制和管理等方面的培训。

第三，对评估人员要进行岗位职责、演练评估方法、工具使用等方面的培训。

3. 演练保障部门。保障部负责调集演练所需物资装备，购置和制作演练模型、道具、场景，准备演练场地，维持演练现场秩序，保障运输车辆，保障人员生活和安全保卫等。其成员一般是演练组织单位及参与单位后勤、财务、办公等部门人员，常称为后勤保障人员。

（1）经费保障。演练组织单位每年要根据应急演练规划编制应急演练经费预算，纳入该单位的年度财政（财务）预算，并按照演练需要及时拨付经费。对经费使用情况进行监督检查，确保演练经费专款专用、节约高效。

（2）场地保障。根据演练方式和内容，经现场勘查后选择合适的演练场地。桌面演练一般可选择会议室或应急指挥中心等；实战演练应选择与实际情况相似的地点，并根据需要设置指挥部、集结点、接待站、供应站、救护站、停车场等设施。演练场地应有足够的空间，良好的交通、生活、卫生和安全条件，尽量避免干扰公众生产生活。

（3）物资和器材保障。根据需要，准备必要的演练材料、物资和器材，制作必要的模型设施等，主要包括：

第一，信息材料。主要包括应急预案和演练方案的纸质文本、演示文档、图表、地图、软件等。

第二，物资设备。主要包括各种应急抢险物资、特种设备、办公设备、录音摄像设备、信息显示设备等。

第三，通讯器材。主要包括固定电话、移动电话、对讲机、海事电话、传真机、计算机、无线局域网、视频通信器材和其他配套器材，尽可能使用已有通信器材。

第四，演练情景模型。搭建必要的模拟场景及装置设施。

第五，通信保障。组建演练专用通信与信息网络，确保演练控制信息的快速传递。

（4）安全保障。演练组织单位要高度重视演练组织与实施全过程的安全保障工作。大型或高风险演练活动要按规定制定专门应急预案，采取预防措施，并对关键部位和环节可能出现的突发事件进行针对性演练。根据需要为演练人员配备个体防护装备，购买商业保险。对可能影响公众生活、易于引起公众误解和恐慌的应急演练，应提前向社会发布公告，告示演练内容、时间、地点和组织单位，并做好应对方案，避免造成负面影响。

演练现场要有必要的安保措施，必要时对演练现场进行封闭或管制，保证演练安全进行。演练出现意外情况时，演练总指挥与其他领导小组成员会商后可提前终止演练。

4. 演练评估部门。评估组负责设计演练评估方案和编写演练评估报告，对演练准备、组织、实施及其安全事项等进行全过程、全方位评估，及时向演练领导小组、策划部和保障部提出意见、建议。评估组成员一般是应急管理专家、具有一定演练评估经验和突发事件应急处置经验专业人员，常称为演练评估人员。评估组可由上级部门组织，也可由演练组织单位自行组织。

5. 演练参演队伍。参演队伍包括应急预案规定的有关应急管理部门（单位）工作人员、各类专兼职应急救援队伍以及志愿者队伍等，承担具体演练任务，针对模拟事件场景作出应急响应行动。

（三）应急演练的实施

1. 演练启动。演练正式启动前一般要举行简短仪式，由演练总指挥宣布演练开始并启动演练活动。

2. 演练指挥与行动。演练总指挥负责演练实施全过程的指挥控制。当演练总指挥不兼任总策划时，一般由总指挥授权总策划对演练过程进行控制。

（1）按照演练方案要求，应急指挥机构指挥各参演队伍和人员，开展对模拟演练事件的应急处置行动，完成各项演练活动。

（2）演练控制人员应充分掌握演练方案，按总策划的要求，熟练发布控制信息，协调参演人员完成各项演练任务。

（3）参演人员根据控制消息和指令，按照演练方案规定的程序开展应急处置行动，完成各项演练活动。

3. 演练解说。在演练实施过程中，演练组织单位可以安排专人对演练过程进行解说。解说内容一般包括演练背景描述、进程讲解、案例介绍、环境渲染等。对于有演练脚本的大型综合性示范演练，可按照脚本中的解说词进行解说。

4. 演练记录。演练实施过程中，一般要安排专门人员，采用文字、照片和音像等手段记录演练过程。文字记录一般可由评估人员完成，主要包括演练实际开始与结束时间、演练过程控制情况、各项演练活动中参演人员的表现、意外情况及其处置等内容，尤其要详细记录可能出现的人员"伤亡"（如进入"危险"场所而无安全防护，在规定的时间内不能完成疏散等）及财产"损失"等情况。

照片和音像记录可安排专业人员和宣传人员在不同现场、不同角度进行拍摄，尽可能全方位反映演练实施过程。

5. 演练宣传报道。演练宣传组按照演练宣传方案作好演练宣传报道工作。认真做好信息采集、媒体组织、广播电视节目现场采编和播报等工作，扩大演练的宣传教育效果。对涉密应急演练要做好相关保密工作。

6. 演练结束与终止。演练完毕，由总策划发出结束信号，演练总指挥宣布演练结束。演练结束后，所有人员停止演练活动，按预定方案集合进行现场总结讲评或者组织疏散。保障部负责组织人员对演练场地进行清理和恢复。

（四）应急演练评估与总结

1. 演练评估。演练评估是在全面分析演练记录及相关资料的基础上，对比参演人员表现与演练目标要求，对演练活动及其组织过程做出客观评价，并编写演练评估报告的过程。所有应急演练活动都应进行演练评估。

演练结束后可通过组织评估会议、填写演练评价表和对参演人员进行访谈等方式，也可要求参演单位提供自我评估总结材料，进一步收集演练组织实施的情况。

演练评估报告的主要内容包括演练执行情况、预案的合理性与可操作性、应急指挥人员的指挥协调能力、参演人员的处置能力、演练所用设备装备的适用性、演练目标的实现情况、演练的成本效益分析、对完善预案的建议等。

2. 演练总结。

（1）现场总结。在演练的一个或所有阶段结束后，由演练总指挥、总策划、专家评估组长等在演练现场有针对性地进行讲评和总结。内容主要包括本阶段的演练目标、参演队伍及人员的表现、演练中暴露的问题、解决问题的办法等。

（2）事后总结。在演练结束后，由文案组根据演练记录、演练评估报告、应急预案、现场总结等材料，对演练进行系统和全面的总结，并形成演练总结报告。演练参与单位也可对本单位的演练情况进行总结。

演练总结报告的内容包括：演练目的，时间和地点、参演单位和人员、演练方案概要、发现的问题与原因、经验和教训以及改进建议等。

对演练中暴露出来的问题，演练单位应当及时采取措施予以改进，包括修改完善应急预案、有针对性地加强应急人员的教育和培训、对应急物资装备有计划地更新等，并建立改进任务表，按规定时间对改进情况进行监督检查。

3. 文件归档与备案。演练组织单位在演练结束后应将演练计划、演练方案、演练评估报告、演练总结报告等资料归档保存。

对于由上级有关部门布置或参与组织的演练，或者法律、法规、规章要求备案的演练，演练组织单位应当将相关资料报有关部门备案。

4. 考核与奖惩。演练组织单位要注重对演练参与单位及人员进行考核。对在演练中表现突出的单位及个人，可给予表彰和奖励；对不按要求参加演练或影响演练正常开展的，可给予相应批评。

六、突发事件应急预案审批、备案和公布工作流程

（一）应急预案审批规定

1. 应急预案编制工作小组或牵头单位报送审批时，应提交下列编制说明材料。

（1）编制背景；

（2）编制原则；

（3）编制过程及主要内容；

（4）征求意见和对反馈意见采纳情况；

（5）对分歧意见的处理结果和依据；

（6）专家评审意见；

（7）应予以说明的其他事项。

2. 应急预案审核内容。

（1）预案是否符合有关法律、行政法规；

（2）是否与有关应急预案进行了衔接；

（3）各方面意见是否一致；

（4）主体内容是否完备，责任分工是否合理明确，应急响应级别设计是否合理，应对措施是否具体简明、管用可行等。

3. 应急预案体系的审批与印发规定。

（1）国家应急预案体系的审批与印发规定。国家总体应急预案报国务院审批，以国务院名义印发；专项应急预案报国务院审批，以国务院办公厅名义印发；部门应急预案由部门有关会议审议决定，以部门名义印发，必要时，可以由国务院办公厅转发。

（2）地方应急预案体系的审批与印发规定。地方各级人民政府总体应急预案应当经本级人民政府常务会议审议，以本级人民政府名义印发；专项应急预案应当经本级人民政府审批，必要时经本级人民政府常务会议或专题会议审议，以本级人民政府办公厅（室）名义印发；部门应急预案应当经部门有关会议审议，以部门名义印发，必要时，可以由本级人民政府办公厅（室）转发。

单位和基层组织应急预案须经本单位或基层组织主要负责人或分管负责人签发，审批方式根据实际情况确定。

（二）应急预案备案规定

应急预案审批单位应当在应急预案印发后的 20 个工作日内依照下列规定向有关单位备案：

1. 地方人民政府总体应急预案报送上一级人民政府备案。

2. 地方人民政府专项应急预案抄送上一级人民政府有关主管部门备案。

3. 部门应急预案报送本级人民政府备案。

4. 涉及需要与所在地政府联合应急处置的中央单位应急预案，应当向所在地县级人民政府备案。

法律、行政法规另有规定的从其规定。

（三）应急预案公布规定

自然灾害、事故灾难、公共卫生类政府及其部门应急预案，应向社会公布。对确需保密的应急预案，按有关规定执行。

学以致用

一、实训案例

2019年3月21日，位于江苏省盐城市响水县生态化工园区的天嘉宜化工有限公司（事故发生后已被吊销营业执照）长期违法贮存的硝化废料因持续积热升温导致自燃，燃烧引发硝化废料爆炸事故，并波及周边16家企业，事故共造成78人死亡、76人重伤、640人住院治疗，直接经济损失19.86亿元。

2020年3月21日，为深刻吸取响水"3·21"特大事故教训，在响水"3·21"特大事故一周年这个特殊的时间节点，在江苏省上下奋力夺取新冠肺炎疫情防控和经济社会发展双胜利的关键时刻，省安委会全体（扩大）会议暨全省重特大生产安全事故应急演练于21日在常州举行。

演练模拟常州某化工企业生产装置突发故障，引发事故，立足最大、最难、最不利条件，根据危险化学品事故的严重程度和影响范围以及灾情态势，省政府启动应急预案一级响应，采取桌面推演、模拟拉动和实战处置相结合的方式，实施全过程、全要素综合演练。

本次演练既是一次实战演习，也是一次法制教育，体现了江苏省委、省政府吸取事故教训、举一反三，警钟长鸣、常备不懈抓好安全生产工作的责任担当。要求各级各部门深入学习贯彻习近平总书记关于安全生产的重要论述和重要指示，牢记生命重于泰山，真正把"3·21"特大事故的惨痛教训转化为抓好安全生产的有力举措和过硬成果，以最坚决态度、最严格要求、最严厉手段巩固和拓展安全生产专项整治成效。

二、实训内容

1. 学思践悟：政府应急预案如何体现宏观指导性和协调保障性的特点？基层单位应急预案如何体现操作性和实战性的特点？

2. 学思践悟：如何让应急预案告别"形式主义"？一个好的应急预案如何满足权责分配、应急响应、资源调配三个有效性？

三、实训要求

1. 将学生按每组 6—8 人组建成若干实训小组；
2. 各实训小组根据设定的实训内容，开展模拟演练；
3. 各实训小组写出演练小结，进行班级交流。

拓展学习

加强应急预案体系建设，平时可牵引应急准备，战时可指导应急救援。既可对"灰犀牛"事件制定标准化的应急预案，明确应急管理目标、任务、流程、决策、手段、物质保障等内容，提高应急效率；又可对"黑天鹅"事件提前分析研判风险及后果，明确应急处理组织架构、应急原则，为事件处置提供基本依据。

编制预案的过程，就是对危险因素进行摸排查找，对风险后果进行分析研判的过程。可以明确监管重点、难点，采取有效的防范措施、做好应对可能发生的突发事件的各种准备工作，做到有备无患，及时从源头上防范化解重大安全风险，努力把问题解决在萌芽之时、成灾之前。

培训预案的过程，就是提升广大干部职工红线意识和底线思维，并让广大干部职工掌握作业场所和工作岗位存在的危险因素、防范措施以及事故应急措施的过程，进而不断提高人员风险意识，筑牢应急管理根基。

演练预案的过程，就是检验预案、锻炼队伍、磨合机制、教育群众的过程。可以说，应急预案是应急管理工作开展的基础和前提，加强应急预案体系建设是推进应急管理体系和能力现代化的基础性工作。

思考与讨论

1. 如何深刻认识应急预案体系建设对于推进应急管理体系和能力现代化的重要意义？
2. 建立科学系统、体系完整的应急预案体系，应重点开展哪些工作？

学习任务三　突发事件应急管理组织体系及运行机制

案例引入

新型冠状病毒感染肺炎疫情发生以来，党中央、国务院高度重视，2020年1月25日，习近平总书记主持中央政治局常委会会议并作重要讲话，对疫情防控工作进行再研究、再部署、再动员。

会议决定成立中央应对新型冠状病毒感染肺炎疫情工作领导小组，在中央政治局常委会领导下开展工作，加强对全国疫情防控的统一领导、统一指挥。党中央向湖北等疫情严重地区派出指导组，推动有关地方全面加强防控一线工作。

国务院应对新型冠状病毒感染的肺炎疫情联防联控工作机制是我国政府为应对2020年初突发的新冠肺炎疫情而启动的中央人民政府层面的多部委协调工作机制平台。该机制是国家卫生健康委员会牵头建立的联防联控工作机制，成员单位共32个部门。联防联控工作机制下设疫情防控、医疗救治、科研攻关、宣传、外事、后勤保障、前方工作等工作组，分别由相关部委负责同志任组长，明确职责，分工协作，形成防控疫情的有效合力。

2020年1月20日，根据习近平指示和李克强要求，国务院副总理孙春兰主持召开国务院联防联控机制首次会议，对新型冠状病毒感染的肺炎疫情防控工作进行全面部署，国家卫生健康委员会成立新型冠状病毒感染的肺炎应对处置工作领导小组，指导地方做好疫情应对处置工作。

结合引例思考：

1. 新时代国家治理需要怎样的应急管理体制？如何做到联防联控、群防群控、上下联动、平战结合？

2. 协调、高效和规范的应急管理体制建设，已经成为我国中央及地方各级政府的一项战略任务。

3. 中国应急管理体制机制在实践中充分展现出自己哪些特色和优势。

理论导航

应急管理体制是应急管理机构设置、领导隶属关系和管理权限划分等方面制度形式的总称，它包括政府与社会之间、政府不同系统之间、不同层级之间、不同部门之间的关系。应急管理体系是国家治理体系的重要组成部分，应急管理体制是应急管理体系的核心。应急管理机构是应急管理体制的载体，2018年党和国家机构改革，将国家应急管理相关职能部门和议事协调机构的职责进行整合，组建应急管理部，加强部门配合、条块结合、区域联合、资源整合、军地融合，推动形成统一指挥、专常兼备、反应灵敏、上下联动、平战结合的中国特色应急管理体制。

一、突发公共事件应急管理组织指挥体系

（一）国家突发公共事件应急管理领导机构

领导体制是国家应急管理体系的组织基础，应急管理要坚持党中央的集中统一领导，充分发挥党总揽全局、协调各方的领导核心作用，统一指挥、统一协调、统一调度，基于战略全局作出科学长远的谋划和决策，有效应对各种风险挑战。

在党中央的领导下，国务院是突发公共事件应急管理工作的最高行政领导机构。在国务院总理领导下，由国务院常务会议和国家相关突发公共事件应急指挥机构统一领导自然灾害、事故灾难、公共卫生事件和社会安全事件四大类突发事件的应急管理工作。必要时，派出国务院工作组指导有关工作。

（二）国家突发公共事件应急管理工作机构

国务院有关部门依据有关法律、行政法规和各自的职责，负责相关类别突发公共事件的应急管理工作。具体负责相关类别的突发公共事件专项和部门应急预案的起草与实施，贯彻落实国务院有关决定事项，指导和协助各省级人民政府及其相关部门（单位）做好突发事件的预防、应急准备、应急处置和恢复重建等工作。

组建应急管理部是党中央、国务院做出的重大改革决策，自2018年4月正式成立以来，应急管理部承担防范化解重特大安全风险的主管部门、健全公共安全体系的牵头部门、整合优化应急力量和资源的组织部门、推动形成中国特色应急管理体制的支撑部门。应急管理部的职责定位：

1. 始终保持应急状态。灾害发生以后，第一时间派出工作组赴灾区指导地方开展抢险救援工作。

2. 完善应急制度。编制覆盖八大类事故灾害的应急响应手册，探索建立部际联席会议机制，形成救援扁平化组织指挥模式，即防范救援救灾一体化运作模式，"一个窗口"对外信息发布模式，一套行之有效的抢险救援战术打法和加强一线党的领导工作模式。

3. 打造关键力量。积极适应"全灾种""大应急"任务需要，全面推动国家综合性消防救援队伍的转型升级。新组建 27 支地震（地质）、山岳、水域、空勤专业救援队伍和 7 支国际救援专业队伍，着力打造应急救援关键力量，同时也规范社会应急力量有序参与应急救援行动。

4. 强化安全监督。在加强执法监督的同时，广泛发动社会、媒体舆论、企业职工和家属共同参与到安全工作的监督队伍中来，鼓励检举重大风险隐患和企业违法违规行为，形成内部、外部、网上共同参与监督体系。

目前，按照职责分工，突发公共卫生事件由国家卫生健康委员会牵头管理，社会安全事件由公安部牵头管理。

（三）突发公共事件地方应急管理领导机构

在地方各级党委领导下，地方各级人民政府是突发事件应急管理工作最高行政领导机关，负责本行政区域各类突发公共事件的应对工作。

1. 应急管理领导小组或应急管理委员会的职责。根据应对突发事件工作的需要，通常根据地方党委、政府的决定，成立地方突发公共事件应急管理领导小组或应急管理委员会，统一领导本行政区域突发公共事件应急管理工作。主要职责如下：

（1）研究制定地方应对突发事件重大决策和指导意见；

（2）审定地方突发事件总体应急预案；

（3）组织指挥处置特别重大、重大突发事件；

（4）在应对突发事件工作中协调与上级和国家各部委、驻地部队及其他有关部门和单位的关系；

（5）开展特别重大、重大突发事件的相关应对工作；

（6）分析总结年度应对突发事件工作。

2. 应急管理领导小组或应急管理委员会的管理体制。地方应急管理领导小组（应急管理委员会）实行"平战结合"应急管理体制：

（1）平时行政管理体制。平时行政管理体制是指在地方市委、市政府的领导下，按照党中央国务院和应急管理部的要求，同时结合地方实际来推动各项工作的落实，开展应急规划、应急政策、应急队伍、应急预案等一系列应急准备工作。

（2）战时应急管理体制。战时应急管理体制是指一旦发生突发事件，依托应急管理委员会成立突发事件应急总指挥部，由党委政府主要负责人任总指挥，根据灾情具体情况确定相应的成员参加。

（四）突发公共事件地方应急管理专项指挥机构

地方各级人民政府根据应对突发事件工作需要，设立专项指挥机构，承担相关类别突发事件预防准备和应对处置组织指挥工作。总指挥由地方党委、政府指定的负责同志担任，成员由承担突发事件防范处置职责的有关部门负责同志组成，综合工作由各突发事件应对处置牵头部门负责。

安全生产类、自然灾害类突发公共事件由应急管理部门牵头负责，公共卫生突发公共事件由卫生健康委员会牵头负责，社会安全类突发公共事件由公安部门牵头负责。

对于特别重大和重大突发公共事件，通常在省（直辖市）级设立专项指挥机构；对一般、较大突发公共事件，依法由市（地）、县（市、区）分级设立专项指挥机构。

（五）基层单位应急管理机构

各企事业单位是本单位应急管理工作的责任主体，根据实际情况建立健全应急管理组织体系，落实应急管理责任人，负责本单位突发事件的监测、预警和处置工作。业务上接受行业主管部门的领导，同时按照突发事件属地管理原则，在属地政府的领导下开展应急管理工作。

加强应急队伍的建设和管理，配备必要装备，开展教育培训工作，严明组织纪律，强化协调联动，提高综合应对和自我保护能力。针对本区域、本单位常发突发公共事件，组织开展群众参与度高、应急联动性强、形式多样、节约高效的应急预案演练；结合实际，对各类危险源、危险区域和因素以及社会矛盾纠纷等进行全面排查；对排查出的隐患，要认真进行整改，并做到边查边改；加强值班值守和信息报送，保证通信联系畅通，接到事故或重要信息要立即报告并能够妥善应对。

突发公共事件发生后，基层组织和单位要立即组织应急队伍，以营救遇险人员为重点，开展先期处置工作；要采取必要措施，防止发生次生、衍生事故，避免造成更大的人员伤亡、财产损失和环境污染；要及时组织受威胁群众疏散、转移，做好安置工作。基层群众要积极自救、互救，服从统一指挥。当上级政府、部门和单位负责现场指挥救援工作时，基层组织和单位要积极配合，做好现场取证、道路引领、后勤保障、秩序维护等协助处置工作。

在当地政府的统一领导下，协助有关方面做好善后处置、物资发放、抚恤补偿、医疗康复、心理引导、环境整治、保险理赔、事件调查评估和制订实施重建规划等各项工作。同时要加强政治思想工作，组织群众自力更生、重建家园。要特别注意帮助解决五保户、特困户和城市低保对象等群众的困难，确保灾后生产生活秩序尽快恢复正常。

（六）突发公共事件应急管理专家机构

国务院和地方各级应急管理机构建立各类专业人才库，成立突发事件专家咨询委员会（专家组）。

专家咨询委员会（专家组）主要职责是：为应急管理提供决策建议，必要时参加突发公共事件的应急处置工作。

二、突发公共事件应急管理责任体系

（一）理顺中央和地方职责关系，把中央的统筹指导作用与地方的主体责任有机结合

加强中央在总体设计、规划布局、统筹协调、整体推进、督促落实等方面的职责，发挥指导协调作用。对达到国家启动响应等级的自然灾害，中央发挥统筹指导和支持作用，地方党委和政府在灾害应对中发挥主体作用，承担主体责任。

坚持分级负责、属地管理为主的原则，进一步强化地方在突发事件应对中的主体意识、主体责任、主体作用。地方各级党委政府按照分级负责的原则，就近指挥、强化协调，在应急管理工作中发挥主体作用，在第一时间、第一现场承担第一责任，切实担负起"促一方发展、保一方平安"的政治责任。

（二）理顺好统与分的关系，界定好防与救的职责，确保责任链条无缝对接，形成防灾减灾救灾工作整体合力

《关于国务院机构改革方案的说明》指出："按照分级负责的原则，一般性灾害由地方各级政府负责，应急管理部代表中央统一响应支援；发生特别重大灾害时，应急管理部作为指挥部，协助中央指定的负责同志组织应急处置工作，保证

政令畅通、指挥有效。"

健全上下联动的应急工作机制。将地方党委、政府的治理优势和国家相关部门的专业技术优势更好结合起来,做到指令清晰、系统有序、条块畅达、执行有力,提升重大疫情等各类突发事件的应急响应能力,建立健全源头治理、动态监管、应急处置相结合的长效机制。

健全城市群的协调联动机制。我国高风险城市与低设防农村并存,经济发展的空间结构正在发生深刻变化,中心城市和城市群正在成为承载发展要素的主要空间形式,应急管理工作应以城市为中心,辐射周边农村,并使之常态化、规范化。

日常应急管理方面,按照"谁主管、谁负责"的原则,由各级行业主管部门负责。各级行业主管部门负责本行业领域相关灾种隐患排查、风险防范化解、灾情监测预警等日常防治工作;监督管理方面,各级应急管理部门负责综合监督管理,各级行业主管部门负责本行业领域的监督管理;各级应急管理部门负责编制和组织实施综合防灾减灾规划,开展应急预案演练、灾后调查评估等工作;发生突发事件后,各级应急管理部门要牵头做好救急、救援、救灾工作。

(三)健全完善党政同责、一岗双责、齐抓共管、失职追责的安全生产责任体系

责任,是安全生产工作的灵魂,党政同责、一岗双责、齐抓共管,不仅要体现在安全问题上,而且体现在人民和国家的各项事业上。强化"党政同责、一岗双责、失职追责"和"管业务必须管安全、管行业必须管安全、管生产经营必须管安全"的安全生产责任体系建设,是党中央和国务院明确的硬性规定。

1. 建立党政同责、一岗双责党政领导责任制。"党政同责""一岗双责",抓住"关键环节""关键人"成为推进安全生产的重要手段。"党政同责"就是党政部门及干部共同担当、共同负责。"一岗双责"就是一个岗位两种责任,即岗位责任+安全生产监管责任。紧紧抓住地方党政领导干部这个"关键少数",对地方党委主要负责人、政府主要负责人、常委会其他委员、政府分管负责人、政府班子其他成员等五个方面的地方党政领导干部的安全生产职责作出明确,既明确职责"是什么",也明确"怎么干",还明确了履职到位与否"怎么办",为安全生产工作提供新的制度保障,进一步形成党政领导齐抓共管的强大合力,更加有力地督促地方落实安全生产属地管理责任。

2. "三个必须"和"谁主管谁负责"的部门监管责任制。按照"管行业必

须管安全、管业务必须管安全、管生产经营必须管安全"原则，强化责任意识，认真履职尽责，不折不扣地落实安全生产监管责任和行业领域安全管理责任。配齐配强专业执法力量，落实落细监管执法责任，将各项安全生产监管责任逐条逐项落实到具体岗位、具体人员，明确履职标准和具体要求，实施分级分类动态严格监管。

按照"尽职照单免责，失职照单问责"原则，对安全生产监管履职不到位、安全监管问题突出、生产安全事故多发的地区和部门，以约谈、通报、督办函、整改令等形式，及时督促落实。

3. 企业安全生产主体责任体系。落实企业安全生产主体责任是永恒的话题，是保障安全生产的根本和关键所在。

（1）推动完善"四个体系"。一是安全生产责任和管理制度体系。从企业主要负责人到每个员工、从管理层到技术层、从各个不同专业到各个岗位环节都要健全落实安全生产责任和管理制度。二是要完善风险分级管控和隐患排查治理体系。切实把客观存在的风险管控好，把生产中出现的隐患治理好，做到自查自改自报，做好常态化管理，防止漏管失控。三是完善安全生产标准化建设体系。必须持之以恒地加以完善和推进安全生产标准化建设体系。四是完善安全生产激励约束体系。针对企业安全生产管理水平的不同实施分级分类监管，大力推行安全诚信制度、安全承诺公告制度、安全举报奖励制度和安全生产责任险，从而强化安全生产的社会治理。

（2）落实"五到位"规定。所有企业必须认真履行安全生产主体责任，企业主要负责人、安全管理人员、特种作业人员一律经严格考核、持证上岗，做到安全投入到位、安全培训到位、基础管理到位、应急救援到位。

4. 健全安全生产"一票否决"、从重追究、终身问责的安全生产责任制考核管理制度。

（1）地方党政领导干部的安全生产责任落实情况要接受5种形式的考核考察，并作为履职评定、干部任用、奖惩的重要参考：一是纳入党委和政府督察督办内容，进行督促检查。二是持续开展安全生产巡查。三是建立干部安全生产责任考核制度。四是纳入地方党政领导班子及其成员的年度考核、目标责任考核、绩效考核以及其他考核中。五是党委组织部门在考察拟任人选时，考察其履行安全生产工作职责情况。考核结果要定期采取适当方式公布或通报。

（2）在责任追究方面，对地方党政领导干部问责的5种情形：一是履职不到位的。二是阻挠、干涉执法或事故调查的。三是对迟报、漏报、谎报或者瞒报事故负的领导责任的。四是对发生事故负有领导责任的。五是其他应当问责情形的。

（3）在责任追究方面，对地方党政领导干部的8种问责方式：通报、诫勉、停职检查、调整职务、责令辞职、降职、免职、处分。

5. "四个最严"要求，狠抓食品安全监管工作责任制。国以民为本，民以食为天，食品安全属于公共安全，为此，党和国家高度重视食品安全工作。针对事权不清、责任不明、一些地方对食品安全重视不够等问题，2019年5月《中共中央、国务院关于深化改革加强食品安全工作的意见》是第一个以中共中央、国务院名义出台的食品安全工作纲领性文件，是史上最严的食品安全监管办法。该《意见》体现了以人民为中心的发展思想，是食品安全工作的重要指导方针，具有里程碑式重要意义。

"建立最严谨的标准"就是要督促食品安全正本清源，抓好标准源头；"实施最严格的监管"就是要用最严的法规严把从农田到餐桌的每一道防线；"实行最严厉的处罚"就是要以猛药去疴、刮骨疗毒的决心，达到重典治乱的效果；"坚持最严肃的问责"就是倒逼各级政府，特别是有关执法部门把食品安全当作一项重大政治任务。以"史上最严"的法规，以"四个最严"的举措，通过严格执法，做到源头严防、过程严管、风险严控，担当起捍卫群众舌尖上的安全的使命。

工作流程

一、突发公共事件应急管理运行机制

推进应急管理体系和能力现代化，体制机制是关键。从体制机制着手，建立健全协调高效的应急管理组织协调机构，正确处理好"统"和"分"的关系，发挥好应急管理部门的综合优势和各相关部门的专业优势，整合优化应急力量和资源。以应急管理全过程为主线，涵盖事前、事发、事中和事后各个阶段，按照属地管理为主的原则，各级党委政府健全完善应对突发公共事件的预测预警、应急处置、恢复重建、信息发布等机制，形成统一指挥、专常兼备、反应灵敏、上下联动、平战结合的应急管理运行机制。

（一）监测预警机制

各级政府及相关部门针对各种可能发生的突发公共事件，完善预测预警机制，开展风险分析，做到早发现、早报告、早处置。

1. 监测。各级政府、相关部门要建立专业监测和社会监测相结合的突发事件监测体系，完善突发事件监测制度，根据突发事件的种类和特点，建立健全各行业（领域）基础信息数据库，对可能发生的突发事件进行监测，及时发现和处置各类风险隐患。科学分析、综合评价监测数据，收集分析国内外有关信息，充分发挥专家作用，定期进行趋势研判。

2. 预警。

（1）确定预警级别。根据预测分析结果，对可能发生和可以预警的突发公共事件进行预警。

预警级别依据突发公共事件可能造成的危害程度、紧急程度和发展势态，一般分为四级：Ⅰ级（特别严重）、Ⅱ级（严重）、Ⅲ级（较重）和Ⅳ级（一般），依次用红色、橙色、黄色和蓝色表示。

各类突发事件预警级别的界定，由省级各专项预案按照国家标准予以规定。

（2）发布预警信息。

一是预警信息的内容。包括突发事件的类别、预警级别、起始时间、可能的影响范围、警示事项、应采取的措施和发布机关等。

二是预警信息的发布机构。蓝色、黄色预警由地方相关专项指挥机构负责发布和解除，并报地方应急办备案。橙色、红色预警由地方相关专项指挥机构向地方应急办提出预警建议，由政府应急办分别报请分管政府领导或应急管理领导小组（应急管理委员会）组长批准后，由政府应急办或授权相关专项指挥部办公室或部门发布和解除。另外，对于可能影响本行政区域以外其他地区的橙色、红色预警信息，相关专项指挥机构应在报请分管政府领导批准后，及时上报上级主管部门，并向可能受到危害的相关地区通报。

三是预警信息的发布方式与舆论引导。预警信息的发布和调整可通过广播、电视、报刊、通信、信息网络、手机、警报器、宣传车等方式进行；对特殊人群、特殊场所和警报盲区应当组织人员逐户告知；各种媒体应无偿发布预警信息，加强相关舆情监测，主动回应社会公众关注的问题，及时澄清谣言传言，做好舆论引导工作。

（3）预警响应。

一是发布蓝色、黄色预警后的响应。根据即将发生突发公共事件的特点和可能造成的危害，地方相关专项指挥机构依据相关应急预案立即做出响应，应当采取以下措施。

措施1：责令有关部门、专业机构、监测网点和负有信息报告职责的人员及时收集、报告有关信息；向社会公布反映突发事件信息的渠道；加强对突发公共事件发生、发展情况的监测、预报和预警工作。

措施2：组织有关部门和机构、专业技术人员、有关专家学者，随时对突发事件信息进行分析评估，预测发生突发事件可能性的大小、影响范围和强度以及可能发生的突发事件的级别。

措施3：定时向社会发布与公众有关的突发公共事件预测信息和分析评估结果，并对相关信息的报道工作进行管理。

措施4：及时按照有关规定向社会发布可能受到突发事件危害的警告，宣传避免、减轻危害的常识，公布咨询电话。

二是发布橙色、红色预警后的响应。地方应急管理办公室、相关专项指挥机构在采取蓝色、黄色预警响应措施的基础上，针对即将发生的突发事件的特点和可能造成的危害，应当采取下列措施。

措施1：责令应急救援队伍和应急救援与处置指挥人员、值班人员、专家学者、技术骨干等进入待命状态，并动员后备人员做好参加应急救援和处置工作的准备。

措施2：调集应急救援所需的物资、设备、工具，准备应急设施和避难场所，并确保其处于良好状态，随时可以投入正常使用。

措施3：加强对重点单位、重要部位和重要基础设施的安全保卫，维护社会治安秩序。

措施4：采取必要措施，确保交通、通信、供水、排水、供电、供气、供热等公共设施的安全和正常运行。

措施5：及时向社会发布有关采取特定措施避免或减轻危害的建议和劝告。

措施6：转移、疏散或撤离易受突发事件危害的人员并予以妥善安置，转移重要财产。

措施7：关闭或限制使用易受突发事件危害的场所，控制或限制容易导致危害扩大的公共场所的活动。

（4）预警解除。预警信息发布单位应密切关注事件进展情况，并依据事态变化情况和专家顾问组提出的预警建议，适时调整预警级别，并将调整结果及时通报各相关部门。当确定突发事件不可能发生或危险已经解除时，发布预警的地方专项指挥机构应立即宣布解除预警，并通报相关部门。

（二）应急处置机制

1. 信息报告。信息报告应贯穿于突发公共事件的预防与应急准备、监测与预警、应急处置与救援、事后恢复与重建等应对活动的全过程。

突发事件的信息报告包括初报、续报和处置结果报告。对发生时间、地点和影响比较敏感的事件，可特事特办，不受报送分级的限制；如果突发公共事件中涉及外籍和港澳台人员伤亡、中毒、失踪等，或者事件可能会影响到其他地区的，应尽快报告政府应急部门并通报有关单位；必要时，由政府报请省政府通报有关单位。

（1）突发公共事件上报信息的内容。

第一，事发单位、时间、地点、信息来源。

第二，事件的简要经过，包括事件性质、危害程度、事件发展趋势、已采取的措施等。

第三，已经造成或可能造成的伤亡人数（包括下落不明人数）和初步估计的直接经济损失。

第四，事发现场应急救援情况。

第五，事件报告单位、报告人和联系电话。

第六，其他应当报告的情况。

（2）突发公共事件上报信息的时间及程序。

第一，获悉突发公共事件信息的公民、法人或其他组织，要立即向所在地人民政府、有关主管部门或指定的专业机构报告。有关专业机构、监测网点和信息报告员要及时向所在地人民政府、有关主管部门报告突发事件信息。

第二，一旦发生重大突发公共事件，事发地人民政府及其有关部门应立即核实并在1小时内向上一级人民政府及其有关部门口头报告，在2小时内书面报告；报国家主管部门的重大突发公共事件信息，应同时或先行向省委、省政府值班室报告；特别重大、重大、较大突发事件发生后，逐级上报到省级党委和政府的时间距事件发生最迟不得超过3小时，不得迟报、谎报、瞒报和漏报。

第三，对于暂时无法判明等级的突发事件，应迅速核实，同时根据事件可能达到或演化的级别和影响程度，参照上述规定上报，并做好信息续报工作。

2. 先期处置。事发单位应当立即组织本单位应急救援队伍和工作人员采取下列措施：

第一，人员搜救。调派专业力量和装备，在突发事件现场开展以抢救人员生命为主的应急救援工作。现场救援队伍之间要加强衔接和配合，做好自身安全防护。

第二，现场疏散。按照预先制订的紧急疏导疏散方案，有组织、有秩序地迅速引导现场人员撤离事发地点；疏散受影响的附近社会公众；对现场实施分区封控、警戒，阻止无关人员进入。

第三，交通疏导。设置交通封控区，对事发地点周边交通秩序进行维护疏导，防止发生大范围交通瘫痪；开通绿色通道，为应急车辆提供通行保障。

第四，医学救援。迅速组织当地医疗资源和力量，对伤病员进行诊断治疗，做好伤病员的心理援助；根据需要，及时、安全地将重症伤病员转运到有条件的医疗机构加强救治；视情况增派医疗卫生专家和卫生应急队伍、调配急需医药物资，支持事发地的医学救援工作。

第五，抢修抢险。组织相关专业技术力量，开展供电、通信、信号等抢险作业，及时排除故障。

第六，维护社会稳定。根据事件影响范围、程度，划定警戒区域，做好事发现场及周边环境的保护和警戒，维护治安秩序；严厉打击借机传播谣言制造社会恐慌等违法犯罪行为；做好各类矛盾纠纷化解和法律服务工作，防止出现群体性事件，维护社会稳定。

第七，信息发布和舆论引导。突发公共事件的信息发布应当及时、准确、客观、全面。要在事件发生的"第一时间"通过政府授权发布、接受记者采访、举行新闻发布会、组织专家解读等方式，借助电视、广播、报纸、互联网等多种途径，运用微博、微信、手机应用程序（APP）客户端等新媒体平台向社会持续、动态发布突发事件和应对工作信息，回应社会关切，澄清不实信息，正确引导社会舆论。

第八，现场恢复。在突发事件现场处理完毕、次生灾害后果基本消除后，及时组织评估；当确认已具备正常生产、生活条件后，应尽快恢复正常生产、生活。

3. 应急响应。

（1）分级响应。突发公共事件发生单位和所在社区负有进行先期处置的第一责任，要组织群众展开自救互救。先期处置的主要任务是开展警戒、疏散群众、救治伤员、排除明显险情、控制事态发展等工作。

事发地所在县（市、区）政府及有关部门在突发公共事件发生后，要根据职责和规定的权限启动相关应急预案，控制事态并向上级报告。

发生或确认即将发生较大以上突发事件，事发地市（地）、县（市、区）人民政府负责同志要迅速赶赴现场，视情况成立现场应急指挥机构，组织、协调、动员当地有关专业应急力量和人民群众进行先期处置，及时对事件的性质、类别、危害程度、影响范围、防护措施、发展趋势等进行评估上报。当自然灾害、事故灾难或公共卫生事件发生后，各级人民政府及其有关部门按照《中华人民共和国突发事件应对法》第四十九条办理；当社会安全事件发生后，各级人民政府及其有关部门按照《中华人民共和国突发事件应对法》第五十条办理，及时采取应对措施。

（2）扩大响应。对于先期处置未能有效控制事态，导致事态进一步扩大，预计现有应急资源难以实施有效处置，或突发公共事件已经升级，超出自身控制能力和处置权限的情况，经请示同级政府领导同意，应及时向上一级政府报告并请求支援。

需要省政府协调处置的特别重大、重大突发事件，根据省政府领导指示或者实际需要提出，或者应事发地市级人民政府的请求或省政府有关部门的建议，省政府应急管理办公室提出处置建议向省长、分管副省长、秘书长报告，经省政府领导批准后启动相关应急响应，必要时提请省级应急管理委员会议决定。

4. 社会动员。处置突发事件的第一现场在基层。突发事件发生前，往往群众已经有所察觉，有所知晓。紧紧依靠群众，及时与群众沟通对话，了解突发事件的事前征兆信息，便于科学决策、精准处置。

依据突发公共事件的危险程度、波及范围、人员伤亡等情况，确定社会动员的等级，制定社会动员方案，发布社会动员令。做好深入细致的群众工作，把群众发动起来，为解决危机提供自救互救、道路引领、后勤保障、秩序维护等协助处置工作。

突发公共事件往往与公众的切身利益紧密相关，受到社会各方面的关注。回应群众关切，加强信息推送与舆论引导，从官方权威渠道获取准确权威信息，增强舆情引导的针对性和有效性，让公众及时了解情况，尽快消除疑虑和恐慌，也有利于提升政府公信力，培育健康理性的社会心态。

5. 应急结束。突发公共事件应急处置工作结束或者相关危险因素消除后，由负责决定、发布或执行的机构宣布解除应急状态，转入常态管理。

（三）恢复重建机制

1. 善后处理。特别重大和重大突发事件的恢复重建工作由省政府统筹安排。省政府有关部门（单位）根据调查评估报告和受灾地区恢复重建规划，提出恢复重建的建议和意见，按有关规定报经批准后，由事发地县级以上人民政府组织实施。

较大和一般突发事件的恢复重建工作由市、县（市、区）人民政府负责组织实施。要积极稳妥、深入细致地做好善后处置工作，尽快恢复正常的生产生活秩序，做好疫病防治和环境污染消除工作。

2. 社会救助。突发公共事件发生后，民政部门应立即会同有关部门，妥善安置受灾群众，及时组织救灾物资和生活必需品的调拨，确保受灾群众的正常生活。同时，对损失情况进行评估，积极组织实施救助工作。

工会、共青团、妇联、红十字会及慈善团体应及时启动社会募捐机制，动员社会各界积极开展捐赠、心理援助等社会救助活动，在各自工作范围内开展救济救灾工作。

3. 保险理赔。突发公共事件发生后，保险机构要按照援助优先、特事特办和简化程序的原则，立即赶赴现场开展保险受理、赔付工作。保险监管机构应当督促有关保险机构及时做好保险责任内损失的理赔工作。

4. 调查与评估。突发公共事件发生后，按照处置权限，组成调查组，及时对事件起因、性质、影响、责任、经验教训和恢复重建等问题进行调查评估，并提出防范和改进措施。属于责任事件的，对责任主体提出处理意见；构成犯罪的，依法追究责任。

（四）信息发布机制

突发公共事件的信息发布应当及时、准确、客观、全面。事件发生的第一时间要向社会发布简要信息。

要严格按照有关规定执行，做到准确把握、正面引导、讲究方式、及时主动、注重效果、遵守纪律、严格把关。

信息发布形式主要包括授权发布、散发新闻稿、组织报道、接受记者采访和举行新闻发布会等。

二、突发公共事件应急保障工作

（一）队伍保障

公安、消防、交管、市政、医疗急救等专业队伍，是突发公共事件处置的基本力量；地震救援、矿山救护、森林消防、防洪抢险、环境监控、危险化学品事故救援等专业队伍，是突发公共事件处置的骨干力量；中国人民解放军、中国人民武装警察部队、民兵等是突发公共事件处置的突击力量。

健全社会动员机制，充分发挥机关、企事业单位、社区、乡村等社会力量，组建具有一定救援知识和技能的志愿者队伍。对志愿者队伍的组织、装备、培训、演练、救援行动人身保险等，由县（市）区和相关部门给予支持和帮助。

（二）经费保障

地方各级政府财政部门要在年度预算中以适当比例安排政府预备费，作为公共财政应急储备资金，要优先用于突发公共事件的处置工作。同时，设立应急专项资金并建立快速拨付机制，确保突发公共事件处置工作的顺利进行。应急指挥信息化建设、日常维护、队伍培训、演练、科研等经费，由相关部门纳入年度计划投资和预算，按规定程序申报解决。

鼓励公民、法人和其他组织按照有关法律、法规的规定进行捐赠和提供资金援助。

鼓励自然灾害易发地区的公民、法人单位和其他组织购买财产和人身意外伤害保险。从事高风险经营活动的企业应当购买财产保险，并为其员工购买人身意外伤害保险。

（三）通信保障

建立健全应急通信、应急广播电视保障工作体系，完善公用通信网，建立有线和无线相结合、基础电信网络与机动通信系统相配套的应急通信系统，确保通信畅通。政府应急办应组织协调有关部门构建互通互联的通信平台，建立完善处置突发事件网络通讯录，确保应急工作联络畅通。

（四）物资保障

建立省市县三级应急物资保障体系，完善重要物资的监管、生产、储备、更新、调拨和紧急配送体系。各级人民政府要鼓励和引导社区、企事业单位和家庭储备基本的应急自救物资和生活必需品。

县级以上人民政府依法实施应急征用，被征用的财产使用后，应当及时返还被征用人。财产被征用或者被征用后毁损、灭失的，应当按照当时当地的市场平均价格给予补偿。

（五）交通运输保障

地方各级人民政府、有关部门要保证紧急情况下应急交通工具的优先安排、优先调度、优先放行；交通设施受损时，有关部门（单位）或当地人民政府应当迅速组织力量进行抢修，确保运输安全畅通。

事发地应急指挥机构要按照紧急情况下社会交通运输工具征用程序的规定，征用必要的交通工具，确保抢险救灾物资和人员能够及时、安全送达；必要时，对现场及相关通道实行交通管制，开设应急救援"绿色通道"，保证应急救援工作顺利开展。

（六）基本生活保障

民政部门等有关部门会同事发地县（市、区）做好受灾群众的基本生活保障工作，确保受灾群众衣、食、住、行等生活需求。

（七）医疗卫生保障

由地方卫健委负责组建医疗卫生应急专业技术队伍，准确掌握急救资源状况，建立动态数据库，明确医疗救治和疾病预防控制机构的资源分布、救治能力和专长等情况。按照现场抢救、院前急救、专科治疗等阶段，及时赴现场开展医疗救治、疾病预防控制等卫生应急工作，各级医院负责后续治疗。

（八）治安保障

地方公安部门建立警力分布动态数据库，制定维护治安秩序、实行警戒和交通管制的警力集结、布控、执勤等工作方案，加强对重点地区、重点场所、重点人群、重要物资设备的安全保护。依法采取有效管制措施，严厉打击违法犯罪活动。

学以致用

一、实训案例

"要坚持标本兼治，坚持关口前移，加强日常防范，加强源头治理、前端处理……""要站在人民群众的角度想问题，把重大风险隐患当成事故来对待……"

"宁防十次空，不放一次松。"习近平总书记关于新时代安全生产工作的重要论述，深刻阐释了如何认识安全生产、如何抓好安全生产等重大理论和实践问题。

我国作为世界第一化工大国，危险化学品生产经营单位达21万家，涉及2800多个种类，2018年产值占全国GDP的13.8%，在国民经济和社会发展中具有重要地位。但整体安全条件差、管理水平低、重大安全风险隐患集中，在危险化学品生产、贮存、运输、使用、废弃处置等环节已经形成了系统性安全风险，导致重特大事故时有发生。

近年来发生的一些危险化学品重特大事故暴露出有的地区化工园区和危险化学品建设项目缺乏规划布局、项目审批把关不严、标准条件不高、安全风险分析评估和管控措施不力等问题，在源头上埋下了安全隐患。

如何从源头上防范化解危险化学品系统性安全风险？在强化落实危险化学品企业主体责任方面有哪些有力举措？在强化危险化学品安全基础保障方面应该提出哪些措施？2020年2月，中共中央办公厅、国务院办公厅印发了《关于全面加强危险化学品安全生产工作的意见》，站在国家危险化学品安全治理体系和治理能力现代化的高度，以防控系统性安全风险为重点，对着力解决危险化学品安全生产基础性、源头性、瓶颈性问题，强化全链条安全管理，持续推进双重预防体系建设，切实做好危险化学品安全生产工作，有效防范和坚决遏制重特大事故发生，作出重要部署安排。

二、实训内容

1. 学思践悟：政府综合协调、属地管理为主、预防管控关口前移、应急响应重心下移等应急管理的基本原则，是我们在无数次危机应对中付出巨大代价所取得的基本经验，如何贯彻落实？

2. 学思践悟：开展风险分级管控和隐患排查治理双重预防体系建设，是"基于风险"的过程安全管理理念的具体实践，实现了安全生产管理从传统向现代模式的转变。开展"双重预防体系大家谈"活动。

三、实训要求

1. 将学生按每组6—8人组建成若干实训小组；
2. 各实训小组根据设定的实训内容，开展讨论、交流；
3. 各实训小组写出实训小结，进行班级交流。

拓展学习

关于必须建立健全最严格的安全生产责任体系，2013年11月24日习近平总书记在听取青岛黄岛经济开发区东黄输油管线泄漏引发爆燃事故情况汇报时指出，"坚持最严格的安全生产制度，什么是最严格？就是要落实责任。要把安全责任落实到岗位、落实到人头"。

在地方党委和政府领导责任方面，安全生产工作，不仅政府要抓，党委也要抓，党政一把手要亲力亲为、亲自动手抓。健全党政同责、一岗双责、齐抓共管、失职追责的安全生产责任体系，各级党委和政府要切实承担起促一方发展，保一方平安的政治责任。

在企业主体责任方面，所有企业都必须认真履行安全生产主体责任，做到安全投入到位、安全培训到位、基础管理到位、应急救援到位，确保安全生产。

成事之要，关键在人，关键在领导干部，要打好防范化解风险的有准备之战，各级领导干部就必须在本领能力上做足准备。无论是地方党委还是政府，无论是综合监管部门还是行业主管部门，无论是中央企业还是其他生产经营单位，都必须把安全生产责任牢牢扛在肩上，丝毫不能动摇，一刻不能放松。

思考与讨论

1. 安全文化建设，培养的是一种社会公德。通过文化长久的浸润和积累，使社会成员形成"安全第一"的意识、"生命高于一切"的道德价值观、遵纪守法的思维定势、遵守规章制度的习惯方式和自觉行动，从"要我安全"转变成"我要安全"。

2. 安全生产必须警钟长鸣、常抓不懈，丝毫放松不得，对风险要始终保持警觉，决不给风险变大的机会与空间。要建立长效机制，坚持常、长二字，经常抓、长期抓，见常态、见长效。

学习任务四　突发公共事件应急管理法律制度体系

案例引入

2019年11月29日中共中央政治局就我国应急管理体系和能力建设进行了第十九次集体学习，中共中央总书记习近平在主持学习时强调，要坚持依法管理，运用法治思维和法治方式提高应急管理的法治化、规范化水平，系统梳理和修订应急管理相关法律法规，抓紧研究制定应急管理、自然灾害防治、应急救援组织、国家消防救援人员、危险化学品安全等方面的法律法规，加强安全生产监管执法工作。

《山东省突发事件应急保障条例》作为山东省一项自主立法、先行立法，是突发事件应急保障领域的全国首部地方性法规。《条例》于2021年1月1起正式施行，标志着山东省应急管理法规体系进一步健全完善；从体制机制上创新和完善应急管理措施，充分发挥地方立法的引领、推动、保障和规范作用；对强化公共安全保障、促进全省经济社会平稳健康发展具有重要意义。

该条例分为总则、规划编制与实施、组织与人员保障、物资与资金保障、科技与信息保障、运输与通信保障、社会秩序保障、法律责任、附则等9章，共93条。注重从规划、人员、物资、资金、信息、科技、运输、通信、社会秩序等方面细化上位法有关规定，重点围绕强化应急保障进行立法，与国家有关规定相配套，与《山东省突发事件应对条例》等现行地方性法规相衔接。

坚持全面依法治国，是中国特色社会主义国家制度和国家治理体系的显著优势，坚持和完善中国特色社会主义法治体系，更好发挥法治对改革发展稳定的引领、规范、保障作用，中国特色社会主义实践向前推进一步，法治建设就要跟进一步。从《突发事件应对法》到《传染病防治法》《食品安全法》，再到《突发公共卫生事件应急条例》《政府信息公开条例》等，包括各位阶、各领域、各地方的专门法律规范和应急预案以及工作机制，这是以生命为代价换来的科学方法和制度文明结晶。

结合引例思考：

1. 深刻理解没有安全生产的法治化，就没有安全生产治理体系和治理能力的现代化。

2. 在推进全面依法治国，推动国家治理体系和治理能力现代化的时代背景下，应急管理法治建设重在提升政府应急管理能力，让灾害影响降到最低，最大程度地保障公民权益。

3. 法随时变，突发公共事件应对的地方立法创新。

理论导航

应急管理法制体系是指在突发事件引起的公共紧急情况下如何处理国家权力之间、国家权力与公民权利之间以及公民权利之间的各种社会关系的法律规范的总和。

作为预防、调控、处理危机的法律手段，突发公共事件应急管理法制体系是与常态下的法制体系相对应的，着眼于非常态下国家与公民活动规则的基本原则与框架。突发公共事件应急管理法制体系是整个国家法制体系的重要组成部分，是健全国家应急管理体系的重要着力点，为科学高效应对突发性事件和消除由此引发的公共危机提供法治依据和保障。

一、突发公共事件应急管理法律法规体系

我国突发公共事件应急管理法制体系建立了涵盖宪法、法律、行政法规、地方性法规、自治条例、单行条例等层面，从中央到地方，覆盖应急管理全过程的法律体系。

（一）宪法

宪法条款主要涉及战争状态和紧急状态的决定和宣布，明确了国家机关行使紧急权力的宪法依据，确定了国家紧急权力必须依法行使的基本原则。

2004年第十届全国人民代表大会第二次会议通过《中华人民共和国宪法修正案》，修改后的《宪法》涉及战争状态和紧急状态的条款有三条：第67、80、89条。第67条规定了全国人大常委会决定进入战争状态和紧急状态的权限；第80条规定由国家主席宣布进入战争状态和紧急状态；第89条规定国务院依照法律规定决定省、自治区、直辖市范围内部分地区进入紧急状态。

（二）法律

我国制定了应对一般性突发事件的综合性法律，与宪法规定的紧急状态制度

及现行有关应对突发事件的单行法律、行政法规作了较好的衔接，为制定各项应急管理单行法律法规提供了更加完备的法律依据和法制保障。

1.《国家安全法》。2015年第十二届全国人民代表大会常委会第十五次会议通过的《国家安全法》，把总体国家安全观确立为指导思想，把保护人民的根本利益确定为立法目的，把人民福祉确定为国家核心利益，把尊重和保障人权，依法保护公民的权利和自由确定为维护国家安全的重要原则，把保卫人民安全确定为维护国家安全的重要任务。

该法确立了国家安全领导体制，首次对国家安全作出界定，首次提出网络空间主权概念，首次规定全民国家安全教育日，构建集政治安全、国土安全、军事安全、经济安全、文化安全、社会安全、科技安全、信息安全、生态安全、资源安全、核安全于一体的国家安全体系。

2.《突发事件应对法》。2007年第十届全国人民代表大会常务委员会第二十九次会议通过的《突发事件应对法》，是新中国第一部应对各类突发事件的综合性法律，确立了我国应急管理的基本制度和法律地位，该法的通过标志着我国规范应对各类突发事件共同行为的非常态行政应急管理基本法诞生。制定《突发事件应对法》的基本思路如下：

（1）重在预防、关口前移、防患于未然，从制度上预防突发事件的发生，及时消除风险隐患。突发事件的演变一般都有一个过程，这个过程从本质上看是可控的，只要措施得力、应对有方，预防和减少突发事件发生，减轻和消除突发事件引起的严重社会危害，是完全可能的。因此，《突发事件应对法》把预防和减少突发事件发生，作为立法的重要目的和出发点，对突发事件的预防、应急准备、监测、预警等制度作了详细规定。

（2）既授予政府充分的应急权力，又对其权力行使进行规范。突发事件往往严重威胁、危害社会的整体利益。为了及时有效处置突发事件，控制、减轻和消除突发事件引起的严重社会危害，需要赋予政府必要的处置权力，坚持效率优先，充分发挥政府的主导作用，以有效整合各种资源，协调指挥各种社会力量。因此，《突发事件应对法》规定了政府应对突发事件可以采取的各种必要措施。同时，为了防止权力滥用，把应对突发事件的代价降到最低限度，《突发事件应对法》在对突发事件进行分类、分级、分期的基础上，明确了权力行使的规则和程序。

（3）对公民权利的限制和保护相统一。突发事件往往具有社会危害性，政府固然负有统一领导、组织处置突发事件应对的主要职责，同时社会公众也负有义不容辞的责任。在应对突发事件的过程中，为了维护公共利益和社会秩序，不仅需要公民、法人和其他组织积极参与有关突发事件应对工作，还需要其履行特定义务。因此，《突发事件应对法》对有关单位和个人在突发事件预防和应急准备、监测和预警、应急处置和救援等方面服从指挥、提供协助、给予配合、必要时采取先行处置措施的法定义务做出了规定。同时，为了保护公民的权利，《突发事件应对法》确立了比例原则，并规定了征用补偿等制度。

（4）建立统一领导、综合协调、分级负责的突发事件应对机制。实行统一的领导体制，整合各种力量，是提高突发事件处置工作效率的根本举措。借鉴世界各国的成功经验，结合我国的具体国情，《突发事件应对法》规定，国家建立统一领导、综合协调、分类管理、分级负责、属地管理为主的应急管理体制。

3.《安全生产法》。2002年第九届全国人民代表大会常务委员会第二十八次会议通过了《安全生产法》，2014年第十二届全国人大常委会第十次会议通过关于修改《安全生产法》的决定，2021年第十三届全国人大常委会第二十九次会议通过了新的关于修改《安全生产法》的决定。《安全生产法》是安全生产领域的综合性法律，确立了安全生产的基本准则和基本制度。新修改的《安全生产法》，从强化安全生产工作的摆位、进一步落实生产经营单位主体责任、政府安全监管定位和加强基层执法力量、强化安全生产责任追究等四个方面入手，补充完善了相关法律制度规定，主要有以下十大亮点：

（1）坚持以人为本，安全发展。将坚持安全发展写入了总则，明确安全生产在国民经济和社会发展中的重要地位。

（2）建立完善安全生产方针和工作机制。确立了"安全第一、预防为主、综合治理"的安全生产工作"十二字方针"，明确了安全生产的主体任务和实现安全生产的根本途径。

（3）落实"三个必须"，明确安全监管部门的执法地位。按照"三个必须"（管业务必须管安全、管行业必须管安全、管生产经营必须管安全）的要求，一是规定国务院和县级以上地方人民政府应当建立健全安全生产工作协调机制，及时协调、解决安全生产监督管理中存在的重大问题；二是明确国务院和县级以上地方人民政府安全生产监督管理部门实施综合监督管理，有关部门在各自职责范围内对有关行业、领域的安全生产工作实施监督管理，并将其统称负有安全生产监督管理职责的部门；三是明确各级安全生产监督管理部门和其他负有安全生产监督管理职责的部门作为执法部门，依法开展安全生产行政执法工作，对生产经营单位执行法律、法规、国家标准或者行业标准的情况进行监督检查。

（4）明确乡镇人民政府以及街道办事处、开发区管理机构安全生产职责。加强对本行政区域内生产经营单位安全生产状况的监督检查，协助上级人民政府有关部门依法履行安全生产监督管理职责。

（5）进一步强化生产经营单位的安全生产主体责任。明确生产经营单位的安全生产责任制的内容，规定生产经营单位应当建立相应的机制，加强对安全生产责任制落实情况的监督考核；明确生产经营单位的安全生产管理机构以及安全生产管理人员履行的七项职责等。

（6）建立事故预防和应急救援的制度。一是生产经营单位必须建立生产安全事故隐患排查治理制度，采取技术、管理措施及时发现并消除事故隐患，并向从业人员通报隐患排查治理情况；二是政府有关部门要建立健全重大事故隐患治理督办制度，督促生产经营单位消除重大事故隐患；三是对未建立隐患排查治理制度、未采取有效措施消除事故隐患的行为，设定了严格的行政处罚；四是赋予负有安全监管职责的部门对拒不执行执法决定、有发生生产安全事故现实危险的生产经营单位依法采取停电、停供民用爆炸物品等措施，强制生产经营单位履行决定的权力；五是国家建立应急救援基地和应急救援队伍，建立全国统一的应急救援信息系统。生产经营单位应当依法制定应急预案并定期演练。参与事故抢救的部门和单位要服从统一指挥，根据事故救援的需要组织采取告知、警戒、疏散等措施。

（7）建立安全生产标准化制度。全面推进危险化学品、矿山、工贸和交通运输行业领域普遍开展岗位达标、专业达标和企业达标等标准化工作。

（8）推行注册安全工程师制度。一是危险物品的生产、储存单位以及矿山、金属冶炼单位应当有注册安全工程师从事安全生产管理工作，鼓励其他生产经营单位聘用注册安全工程师从事安全生产管理工作；二是建立注册安全工程师按专业分类管理制度，授权国务院有关部门制定具体实施办法。

（9）推进安全生产责任保险制度。通过引入保险机制，促进安全生产，规定国家鼓励生产经营单位投保安全生产责任保险。

（10）加大对安全生产违法行为的责任追究力度。一是规定了事故行政处罚和终身行业禁入；二是加大罚款处罚力度；三是建立了严重违法行为公告和通报制度。

关于突发事件应急管理的立法，在法律层面除重点阐释上述三部法律外，还包括《消防法》《矿山安全法》《道路交通安全法》《防震减灾法》《建筑法》《食品安全法》《传染病防治法》等行业法律，这些法律对相关行业的应急管理均作出了明确规定。

（三）行政法规规章

1. 行政法规。制定行政法规是宪法赋予国务院的一项重要职权，也是国务院推进国家行政管理职能的重要手段。行政法规的名称一般称"条例"，也可以称"规定""办法"。对某一方面的行政工作作比较全面、系统的规定，称"条例"；对某一方面的行政工作作部分的规定，称"规定"；对某一项行政工作作比较具体的规定，称"办法"。行政法规由总理签署国务院令公布。

（1）《生产安全事故应急条例》。2019年国务院发布施行《生产安全事故应急条例》，是应急管理法律体系中安全生产领域的配套法规，是生产安全事故应急工作的行为规范，在加强生产安全事故应急工作中，具有重要的基础性、规范性作用。

根据《安全生产法》和《突发事件应对法》的立法精神、法律原则、基本要求，总结凝练长期以来生产安全事故应急实践成果，《生产安全事故应急条例》分5章、35条，对生产安全事故应急体制、应急准备、现场应急救援及相应法律责任等内容提出了规范和要求。主要内容如下：

第一，明确应急工作体制。进一步细化了国务院、省、市、县、乡，以及有关部门在事故应急工作中的职责和管理体制，即明确了县级以上人民政府统一领导、行业监管部门分工负责、综合监管部门指导协调的应急工作体制。

第二，强化应急准备工作。细化了应急救援预案的制定和演练要求，明确了应急救援队伍建设和保障，以及建立应急救援装备和物资储备、应急值班值守制度等要求。

第三，规范现场应急救援工作。详细规定了16项应急救援措施，创新了事故现场指挥部和总指挥等制度。

（2）《突发公共卫生事件应急条例》。在我国同非典型肺炎作斗争的关键时刻，为有效预防、及时控制和消除突发公共卫生事件的危害，2003年国务院发布施行《突发公共卫生事件应急条例》（2011年修订），标志着我国应对突发公共卫生事件进一步纳入法制化轨道，也标志着我国处理突发公共卫生事件应急机制进一步完善。

各级政府按照条例的要求，突出抓好以下几项工作：

第一，建立统一的指挥系统。国务院和省级人民政府要切实担负起统一领导、统一指挥的职责。国务院有关部门、地方各级人民政府及其有关部门认真履行法定职责，建立严格的突发事件防范和应急处理责任制。

第二，建立畅通的信息网络。国务院卫生行政主管部门建立健全重大、紧急疫情信息报告系统，各地建立健全从省到村的疫情信息网络；严格执行疫情报告制度和信息发布制度；在非典型肺炎防治期间，坚持日报告制度和零报告制度；任何单位和个人都不得隐瞒、缓报、谎报疫情。

第三，建立和完善疾病预防控制和应急救治体系。从中央到省地县都建立疾病预防控制中心，改善疾病监控设施和手段，开展疾病科学研究，完善监测和预警机制，全面提高预防监控水平。县级以上都配备相应的医疗救治药物、技术、设备和人员，提高医疗卫生机构应对突发事件的救治能力；省市（地）两级设置传染病专科医院，或指定具备传染病防治条件和能力的医疗机构承担传染病防治任务。

第四，建立应急医疗卫生队伍。各省、自治区、直辖市都建立一支随时能够处置突发疫情的机动应急医疗卫生队伍，作为应对各类突发公共卫生事件的重要力量。对医疗卫生人员开展突发公共卫生事件应急处理相关知识、技能的培训。

（3）《食品安全法实施条例》。2008年，我国发生震惊中外的三聚氰胺奶粉事件，教训深刻、影响深远。2009年我国出台了《食品安全法》及《食品安全法实施条例》，《食品安全法》于2015年修订，从法律制度层面构建了食品安全防火墙。

2019年国务院发布施行新修订的《中华人民共和国食品安全法实施条例》作为《食品安全法》的配套行政法规，在执行层面将相关制度进一步细化、实化、深化，增强了法律的权威性、科学性、合理性，更有针对性地解决食品安全问题。

该条例修订建构的新制度规范如下：一是首次把政府食品安全监管职责延伸到乡镇和街道办事处；二是首次把食品安全知识纳入国民素质教育体系；三是强化了食品安全风险监测的制度效用；四是进一步完善食品安全的标准化制度；五是从制度和机制层面更进一步规范食品生产经营行为；六是加强食品检验的制度建设；七是进一步完善进出口食品监管制度；八是进一步完善食品安全的监管制

度；九是进一步强化了食品安全违法责任等。

2. 部门规章。部门规章是国务院各部、委制定的规章，其授权源自宪法法律，规定的事项应当属于执行法律或者国务院的行政法规、决定、命令的事项，适用于全国。规章的名称一般称"规定""办法"。

与应急管理相关的部门规章主要有：

（1）《生产安全事故应急预案管理办法》。生产安全事故应急预案是应急管理的重要组成部分，为贯彻落实十三届全国人大一次会议批准的《国务院机构改革方案》和《生产安全事故应急条例》《国务院关于加快推进全国一体化在线政务服务平台建设的指导意见》，2019年应急管理部令第2号对《生产安全事故应急预案管理办法》（原国家安全生产监督管理总局令第88号）作出修订。

《预案管理办法》修订涉及19项内容，涵盖生产安全事故应急预案的编制、评审、公布、备案、实施及监督管理工作。修改主要内容是：

将《预案管理办法》第27条规定的生产经营单位申报应急预案备案应当提交"应急预案文本及电子文档"，修改为"应急预案电子文档"，减少企业和群众办事"线下跑"，进一步落实"让信息多跑路，企业和群众少跑腿"。依据《条例》第7条中关于重点生产经营单位应急预案备案的有关规定，对《预案管理办法》第26条作相应修改，规定易燃易爆物品、危险化学品等危险物品的生产、经营、储存、运输单位，矿山、金属冶炼、城市轨道交通运营、建筑施工单位等有关重点单位，按照分级属地原则，向有关部门进行应急预案备案。依据《条例》第8条中关于政府部门和重点生产经营单位应急预案演练的有关规定，对《预案管理办法》第32条和第33条中关于应急预案演练的相关内容作了相应修改。明确其他有关单位预案管理职责，对储存、使用易燃易爆物品、危险化学品等危险物品的科研机构、学校、医院等单位的应急预案的管理，参照本办法的有关规定执行。此外，对生产经营单位未按照规定进行应急预案备案的，根据《条例》要求作出相应处罚。

（2）《煤矿重大事故隐患判定标准》。为了准确认定、及时消除煤矿重大事故隐患，根据《安全生产法》和《国务院关于预防煤矿生产安全事故的特别规定》（国务院令第446号）等法律、行政法规，2021年应急管理部令第4号发布施行《煤矿重大事故隐患判定标准》，修订思路如下：一是坚持结果导向和问题导向，瞄准管控重大风险、防范重特大事故这一目标，针对近年来煤矿事故中暴露的问题和监察执法中发现的不足，增加有关条款；针对容易引起歧义的条款，进一步准确表述；二是根据国家煤矿安监局近年来新出台的《防治煤矿冲击地压细则》《煤矿防治水细则》《防治煤与瓦斯突出细则》等3个规定，对有关条款加以补充完善、调整；三是修改后，整体框架仍保持《国务院关于预防煤矿生产安全事故的特别规定》（国务院令第446号）中规定的15个方面，由原来的65项，增加至80项。其中，增加16项，删节合并、修改完善45项，20项未做修改。

（3）《学校食品安全与营养健康管理规定》。2019年中华人民共和国教育部、国家市场监督管理总局、中华人民共和国国家卫生健康委员会令第45号发布施行《学校食品安全与营养健康管理规定》，共8章64条，包括总则、管理体制、学校职责、食堂管理、外购食品管理、食品安全事故调查与应急处置、责任追究、附则等。主要有以下亮点：

第一，建立全过程的学校食品安全风险防控体系：

一是强化学校食品安全主体责任。规定学校食品安全实行校长（园长）负责制，学校应当建立健全并落实有关食品安全管理制度和工作要求，定期组织开展食品安全隐患排查；学校应当配备专（兼）职食品安全管理人员和营养健康管理人员，建立并落实集中用餐岗位责任制度，明确食品安全与营养健康管理相关责任；要求学校发生集中用餐食品安全事故或者疑似食品安全事故时，应当立即采取相关措施，积极协助医疗机构进行救治，停止供餐，按规定向有关部门报告，封存导致或者可能导致食品安全事故的食品及其原料等，加强与师生家长联系，通报情况并做好沟通引导。

二是落实最严格的监管要求。明确食品安全监督管理部门应当加强学校集中用餐食品安全监督管理，依法查处涉及学校的食品安全违法行为。食品安全监督管理部门应当将学校校园及周边地区作为监督检查的重点，定期对学校食堂、供餐单位和校园内以及周边食品经营者开展检查；每学期应当会同教育部门对本行政区域内学校开展食品安全专项检查，督促指导学校落实食品安全责任。

三是严防严控食品安全风险。规范食堂加工制作全过程控制，对学校食堂设施设备配备、布局流程、从业人员管理，以及食品采购、进货查验、食品贮存、加工制作、餐饮具清洗消毒、食品留样等各环节作出详细规定，力求建立贯穿采购、贮存、加工制作、供应全过程的学校食品安全风险防控体系。

四是严格依法追责问责。除依法给予行政处罚外，进一步强化学校责任，规定学校未履行本规定要求的食品安全管理责任，由县级以上人民政府食品安全管理部门会同教育部门对学校主要负责人进行约谈,对学校直接负责的主管人员和其他直接责任人员给予相应的处分。食品安全监督管理、卫生健康、教育等部门未按食品安全法等法律法规以及该规定要求履行监督管理职责,造成所辖区域内学校集中用餐发生食品安全事故的,依法给予相应的处分。

五是强化学校食品安全社会共治。明确有条件的中小学、幼儿园应当建立家长陪餐制度。要求学校建立集中用餐信息公开制度,及时向师生家长公开食品进货来源、供餐单位等信息;规定学校在食品采购、食堂管理、供餐单位选择等涉及学校集中用餐的重大事项上,应当以适当方式听取家长委员会或者学生代表大会、教职工代表大会意见;明确有条件的学校食堂应当做到明厨亮灶,通过视频或者透明玻璃窗、玻璃墙等方式,公开食品加工过程。

第二,对学校食品安全事故处置:

一是做好事前预防工作。一方面,由相关部门做好指导培训,如食品安全监督管理部门指导学校做好食品安全管理和宣传教育,卫生健康主管部门指导学校开展食源性疾病预防和营养健康的知识教育;另一方面,要求学校建立健全食品安全相关管理制度,做好原料采购、贮存、加工制作、供应全过程的风险防控。

二是做好应急准备工作。明确要求学校建立集中用餐食品安全应急管理和突发事故报告制度,制定食品安全事故处置方案。新规定将制定食品安全事故处置方案作为学校的一项法定义务,有利于在源头上防范食品安全事故的发生,杜绝食品安全事故的蔓延。

三是做好事后处置工作。一旦发生事故,学校应当立即采取有效措施防止事故扩大;卫生健康主管部门组织医疗机构救治因学校食品安全事故导致人身伤害的人员,依法开展相关疫情防控处置工作;食品安全监督管理部门依法会同有关部门开展事故调查处理;教育部门积极协助相关部门开展工作。

第三,加强食品安全与营养健康的宣传教育:

一是明确了在健康教育方面的各方责任,要求教育部门指导和督促学校推进健康教育,提升营养健康水平;卫生健康主管部门对学校提供营养指导,倡导健康饮食理念,开展适应学校需求的营养健康专业人员培训,指导学校开展营养健康知识教育。

二是强化了学校在学生营养健康方面的责任,要求学校将食品安全与营养健康相关知识纳入健康教育教学内容,通过多种形式开展经常性宣传教育活动,并根据有关标准,因地制宜引导学生科学用餐。

(4)《职业健康检查管理办法》。获得职业健康检查是《职业病防治法》赋予从事接触职业病危害作业的劳动者的一项职业健康权益，用人单位不得用一般健康体检替代职业健康检查。

《职业病防治法》要求，对从事接触职业病危害的作业的劳动者，用人单位应当按照国务院卫生行政部门的规定组织上岗前、在岗期间和离岗时的职业健康检查。上岗前职业健康检查的目的在于掌握劳动者的健康状况，发现职业禁忌；在岗期间的职业健康检查目的在于及时发现劳动者的健康损害；离岗时的职业健康检查是为了解劳动者离开工作岗位时的健康状况，以便分清健康损害的责任。

《职业健康检查管理办法》由2015年原国家卫生和计划生育委员会令第5号公布，根据2019年2月28日《国家卫生健康委关于修改〈职业健康检查管理办法〉等4件部门规章的决定》第一次修订。主要修订内容如下：

第一，将医疗卫生机构开展职业健康检查由审批制修改为备案制，并明确了备案条件；

第二，进一步完善了职业健康检查机构的职责，增加了职业卫生生物监测能力要求和按规定报告职业健康检查信息的要求；

第三，增加了质量控制管理有关规定，省级卫生健康主管部门指定机构负责本辖区内的职业健康检查机构的质量控制管理工作，明确职业健康检查质量控制规范将依据该管理办法另行制定；

第四，明确了地方卫生健康主管部门的事中事后管理职责，增加了对职业健康检查机构违法行为的相关罚则。

（四）地方性法规规章

地方性法规数量最为庞大，地方政府规章的数量相对较少。地方性法规、地方规章的立法多数是实施性立法，是地方立法机关为贯彻和实施上位法相关规定，在本行政区域内，结合本地具体情况制定的具体实施性细则。

例如，2008年北京市第十三届人民代表大会常务委员会第四次会议通过的《北京市实施〈中华人民共和国突发事件应对法〉办法》、2012年山东省第十一届人民代表大会常务委员会第三十一次会议通过的《山东省突发事件应对条例》、2016年上海市十四届人大常委会第三十一次会议通过的《上海市急救医疗服务条例》（2020年修正）等地方性法规，2008年北京市人民政府令第203号关于修改《北京市天安门地区管理规定》的决定、2012年山东省人民政府令第254

号《山东省核事故应急管理办法》、2014年山东省人民政府令第276号《山东省地震应急避难场所管理办法》等地方政府规章。

(五) 自治条例和单行条例

制定自治条例和单行条例都是地方立法行为，条例的法律地位相当于地方性法规，属于地区性和局部性法规，其法律效力仅限于自治权管辖的范围。自治条例通常规定有关本地区实行的区域自治的基本组织原则、机构设置、自治机关的职权、工作制度及其他重大问题。自治条例是民族自治地方实行民族区域自治的综合性的基本依据和活动准则，单行条例是民族自治地方的人民代表大会根据区域自治的特点和实际需要制定的单项法规。

《中华人民共和国立法法》第75条第2款对自治条例和单行条例的立法权限作了特别规定，即"可以依照当地民族的特点，对法律和行政法规的规定作出变通规定，但不得违背法律和行政法规的基本原则，不得对宪法和民族区域自治法的规定以及其他有关法律、行政法规专门就民族自治地方所作的规定作出变通规定"。

例如，2010年内蒙古自治区第十一届人民代表大会常务委员会第十七次会议修订通过《内蒙古自治区消防条例》、2012年新疆维吾尔自治区第十一届人大常务委员会第三十六次会议通过《新疆维吾尔自治区实施〈中华人民共和国突发事件应对法〉办法》、2011年云南省第十一届人民代表大会常务委员会第二十四次会议修订通过《云南省防震减灾条例》、2021年新疆维吾尔自治区第十三届人民代表大会第四次会议通过《新疆维吾尔自治区民族团结进步模范区创建条例》、2021年西藏自治区第十一届人民代表大会第四次会议通过《西藏自治区国家生态文明高地建设条例》等。

二、突发公共事件应急管理政策性文件

(一) 全国推进安全生产领域改革发展

2016年中共中央、国务院印发的《关于推进安全生产领域改革发展的意见》，是新中国成立以来第一个以党中央、国务院名义出台的安全生产工作的纲领性文件，从责任、体制、法治、防控、基础等方面提出一系列改革举措，对推动我国安全生产工作具有里程碑式的重大意义。主要亮点如下：

1. 一条红线、两步目标。

（1）坚守"发展决不能以牺牲安全为代价"这条不可逾越的红线。红线意识是安全发展观的基本要义，红线是维护人民群众生命财产安全的保障线，是发展必须坚守的底线。

（2）"两步走"目标明确了安全生产领域改革发展的主要方向和时间路线。第一个目标主要是使群众切实感受到安全环境的改善和安全感的提高。到2020年，安全生产监管体制机制基本成熟，法律制度基本完善，全国生产安全事故总量明显减少，职业病危害防治取得积极进展，重特大生产安全事故频发势头得到有效遏制，安全生产整体水平与全面建成小康社会目标相适应；第二个目标是实现安全生产法制、体制、机制、手段的科学、成熟和现代化。到2030年，实现安全生产治理体系和治理能力现代化的目标任务。

2. 健全落实安全生产责任制。

（1）明确地方党委和政府领导责任。坚持党政同责、一岗双责、齐抓共管、失职追责，完善安全生产责任体系。明确了党政主要负责人是本地区安全生产第一责任人，地方各级安委会主任由政府主要负责人担任，成员由同级党委和政府及相关部门负责人组成，进一步将党委和政府的领导责任具体化。

（2）明确部门监管责任。厘清安全生产综合监管与行业监管的关系，明确各有关部门安全生产和职业健康工作职责，并落实到部门工作职责规定中。

（3）要求严格落实企业主体责任。企业对本单位安全生产和职业健康工作负全面责任，企业实行全员安全生产责任制度，落实一岗双责，法定代表人和实际控制人同为安全生产第一责任人，主要技术负责人负有安全生产技术决策和指挥权，强化部门安全生产职责。

（4）健全责任考核机制。完善考核制度，加大安全生产在社会治安综合治理、精神文明建设等考核中的权重。各地区各单位要建立安全生产绩效与履职评定、职务晋升、奖励惩处挂钩制度，严格落实安全生产"一票否决"制度。

（5）提出建立安全生产监管执法人员依法履行法定职责制度。与权力和责任清单相衔接，保证"尽职照单免责、失职照单问责"，有利于提高安监责任体系的严密性，让安监人员敢于履职尽责。

（6）提出将研究修改刑法有关条款。将生产经营过程中极易导致重大生产安全事故的违法行为列入刑法调整的范围。

3. 将事故消灭在萌芽状态。

（1）地方各级政府要建立完善安全风险评估与论证机制，科学合理确定企业选址和基础设施建设、居民生活区空间布局。高危项目审批必须把安全生产作为前置条件，城乡规划布局、设计、建设、管理等各项工作必须以安全为前提，实行重大安全风险"一票否决"。

（2）企业要定期进行风险评估和危害辨识，大力推进企业安全生产标准化建设，实现安全管理、操作行为、设备设施和作业环境的标准化。

（3）建立隐患治理监督机制。制定生产安全事故隐患分级和排查治理标准。负有安全生产监督管理职责的部门要建立与企业隐患排查治理系统联网的信息平台，完善线上线下配套监管制度；严格重大隐患挂牌督办制度，对整改和督办不力的纳入政府核查问责范围，实行约谈告诫、公开曝光，情节严重的依法依规追究相关人员责任。

（二）全国推进防灾减灾救灾体制机制改革

2016年12月，中共中央、国务院印发《关于推进防灾减灾救灾体制机制改革的意见》，这是防灾减灾事业发展的根本遵循和行动纲领，对防灾减灾救灾工作具有里程碑意义，为我国未来综合防灾减灾事业指明了方向、规划了蓝图。

防灾减灾事关人民生命财产安全，事关社会和谐稳定，是国家公共安全的重要组成部分，是防灾减灾救灾体系的重要内容。意见着眼当前我国防灾减灾救灾工作面临的问题和体制机制方面的制约因素，明确防灾减灾救灾工作"两个坚持，三个转变"的指导思想，防灾减灾救灾体制机制改革坚持五项基本原则，对防灾减灾救灾体制机制改革作出了全面部署。着力从以下三方面推进防灾减灾救灾体制机制改革：

1. 健全统筹协调体制。总体要求是统筹灾害管理和综合减灾。其中，尤其是要加强各种自然灾害管理全过程的综合协调，强化资源统筹和工作协调，充分发挥国家减灾委员会等有关部门和军队、武警部队的职能作用。同时，要牢固树立灾害风险管理理念，转变重救灾轻减灾思想，将防灾减灾纳入国民教育计划。

2. 健全属地管理体制。强化地方应急救灾主体责任、健全灾后恢复重建工作制度、完善军地协调联动制度。对达到国家启动响应等级的自然灾害，中央发挥统筹指导和支持作用，地方党委和政府在灾害应对中发挥主体作用，承担主体责任。同时，要健全军队和武警部队参与抢险救灾的应急协调机制，提升军地应急救援协助水平。

3. 完善社会力量和市场参与机制。一方面，要研究制定和完善社会力量参与防灾、减灾、救灾的相关制度，完善政府与社会力量协同救灾联动机制，落实支持措施。另一方面，要鼓励支持社会力量全方位参与，构建多方参与的社会化防灾减灾救灾格局，如加快巨灾保险制度建设、积极推进农业保险和农村住房保险工作等。

（三）全国全面加强危险化学品安全生产工作

2020年中共中央办公厅、国务院办公厅印发了《关于全面加强危险化学品安全生产工作的意见》，这是党中央、国务院加快推进实现危险化学品安全生产治理体系和治理能力现代化的重要举措，是当前和今后一定时期我国危险化学品安全生产工作的思想指南和行动纲领，该意见着力解决基础性、源头性、瓶颈性问题，全面提升安全发展水平。

其主要亮点如下：

1. 严格标准源头管控，防范化解风险。①严格安全准入。新建化工园区由省级政府组织开展安全风险评估论证，并完善和落实管控措施；②严格标准规范。建立健全危险化学品安全生产标准体系，鼓励先进化工企业对标国际标准和国外先进标准，制定严于国家标准或行业标准的企业标准；③推进产业结构调整。依法淘汰不符合安全生产国家标准、行业标准条件的产能，有效防控风险。坚持全国"一盘棋"，严禁已淘汰落后产能异地落户、办厂进园，对违规批建、接收者依法依规追究责任。

2. 加大危险废物排查监管，提高处置能力。①明确生态环境部和应急管理部牵头，有关部门参加全面开展废弃危险化学品等危险废物排查，加快制定危险废物贮存安全技术标准；明确生态环境部门依法对危险废物的收集、贮存、处置等进行监督管理。②建立部门联动、区域协作、重大案件会商督办制度，形成覆盖危险废物产生、收集、贮存、转移、运输、利用、处置等全过程的监管体系。③加快危险废物综合处置技术装备研发，合理规划布点处置企业，加快处置设施建设，消除处置能力瓶颈。督促企业对重点环保设施和项目组织安全风险评估论证和隐患排查治理。

3. 注重专业人才培养，强化安全基础保障。①加强危险化学品安全相关国家级科技创新平台建设，开展基础性、前瞻性研究。②加强专业人才培养，实施安全技能提升行动计划,将化工、危险化学品企业从业人员作为高危行业领域职业技能提升行动的重点群体。③规范技术服务协作机制,加快培育一批专业能力强、社会信誉好的技术服务龙头企业,引入市场机制,对涉及危险化学品企业提供管理和技术服务。④统筹国家综合性消防救援力量、危险化学品专业救援力量,合理规划布局建设立足化工园区、辐射周边、覆盖主要贮存区域的危险化学品应急救援基地,推进实施危险化学品事故应急指南,指导企业提高应急处置能力。

三、突发公共事件应急管理行政规范性文件

行政规范性文件是除国务院的行政法规、决定、命令以及部门规章和地方政府规章外,由行政机关或者经法律、法规授权的具有管理公共事务职能的组织(以下统称行政机关)依照法定权限、程序制定并公开发布,涉及公民、法人和其他组织权利义务,具有普遍约束力,在一定期限内反复适用的公文。

行政规范性文件是国家行政法制建设的重要组成部分。我国从国务院到地方各级人民政府依据法律、法规、规章的授权,以意见、通知等规范性文件形式发布政令及行政措施,制发行政规范性文件是行政机关依法履行职能的重要方式,是我国行政管理的基本手段,也是实现行政效率的基本要求。

在社会治理活动中,采用政令的方式对社会秩序进行规范和协调,可以快速对管理事项作出反应:一是弥补立法空白,及时规范需要管理的事项;二是促进法律的实施,在法律规范内明确具体操作内容;三是对新发生的管理事项可以通过适应性、时间性、针对性的规范调整,为行政立法积累实践经验。

应急管理行政规范性文件主要有:

(一)《国家突发公共事件总体应急预案》

2006年国务院发布施行的《国家突发公共事件总体应急预案》共6章,分别为总则、组织体系、运行机制、应急保障、监督管理和附则,是指导预防和处置各类突发公共事件的规范性文件。

总体预案是全国应急预案体系的总纲,明确提出了应对各类突发公共事件的工作原则,确立了各类突发公共事件的分类分级和应急预案框架体系,国务院应对特别重大突发公共事件的组织体系、工作机制。明确指出突发公共事件应急处置工作实行责任追究制,对突发公共事件应急管理工作中做出突出贡献的先进集

体和个人要给予表彰和奖励；对迟报、谎报、瞒报和漏报突发公共事件重要情况及有其他失职、渎职行为的，依法对有关责任人给予行政处分。构成犯罪的，依法追究刑事责任等。

(二)《国务院关于全面加强应急管理工作的意见》

2006年国务院发布施行的《国务院关于全面加强应急管理工作的意见》，是深入贯彻实施《国家突发公共事件总体应急预案》的具体政策和措施的指导性文件。要求各地区、各部门按照党中央、国务院的部署，切实加强应急预案和应急管理体制、机制、法制"一案三制"的建设，建立健全应急管理机构，加强应急管理宣传教育，对做好各类突发公共事件的防范工作提出具体要求。

(三)《关于加强基层应急管理工作的意见》

2007年国务院办公厅以国办发〔2007〕52号印发《关于加强基层应急管理工作的意见》，对基层应急管理工作提出了明确的政策性、指导性意见。指出基层组织和单位应急管理工作的5项重点任务：①做好隐患排查整改；②加强信息报告和预警；③加强先期处置和协助处置；④协助做好恢复重建；⑤加强宣传教育和培训。

(四)《突发事件应急预案管理办法》

2013年国务院办公厅印发《突发事件应急预案管理办法》，这是贯彻实施《突发事件应对法》，深入推进应急预案体系建设的重要举措。主要亮点如下：①首次从国家层面明确了应急预案的概念和管理原则；②规范了应急预案的分类和内容；③规范了应急预案的编制、审批、备案、公布和修订程序；④建立了应急预案的持续改进机制，明确了应急预案应当及时修订的7种情形；⑤各级政府及其有关部门要对本行政区域、本行业（领域）应急预案管理工作加强指导和监督。

工作流程

2003年之后我国应急管理工作重要的历史节点。

一、2003年抗击"非典"公共卫生事件

我国2003年抗击"非典"公共卫生事件成功之后，党中央总结经验教训，审时度势，作出全面加强应急管理建设的决定，其核心简称"一案三制"。"一

案"指制定修订应急预案,现在全国已形成一个横向到边、纵向到底的应急预案体系。"三制"就是应急管理的体制、机制和法制;在体制上,中央明确提出建立统一领导、综合协调、分类管理、分级负责、属地管理为主的应急管理体制;在机制上,要建立健全社会预警体系,形成统一指挥、功能齐全、反应灵敏、运转高效的应急机制;在法制上,以《突发事件应对法》出台为标志,我国的突发事件应对工作进一步走上法治化轨道。

二、2008年抗击南方罕见雨雪冰冻灾害事件、"5·12"汶川特大地震灾害事件

2008年是党和国家发展进程中很不寻常、很不平凡的一年,这一年党和国家接连经历一些难以预料、历史罕见的重大挑战和考验,成功夺取抗击南方部分地区严重低温雨雪冰冻灾害和四川汶川特大地震灾害的重大胜利,彰显了社会主义制度的优越性、党的政治优势和组织优势,是对"一案三制"的重要检验和进一步丰富发展。

(一) 2008年初我国南方罕见持续性低温雨雪冰冻灾害事件

2008年我国南方发生的低温雨雪冰冻灾害实属历史罕见。灾害天气从1月中旬到2月上旬,持续了近一个月的时间,持续低温、雨雪、冰冻天气给湖南、湖北、安徽、江西、广西、贵州等19个省(区)造成重大灾害,特别是对交通运输、能源供应、电力传输、农业及人民群众生活造成严重影响和损失,受灾人口达1亿多人,直接经济损失达1111亿元人民币。

(二) 2008年"5·12"汶川特大地震灾害事件

2008年汶川地震,是自2003年"非典"以来,我国应急管理法治体系所面临的更为重大的挑战和转型。汶川发生里氏8.0级特大地震,是新中国成立以来破坏性最强、波及范围最广、灾害损失最大的一次地震灾害,并带来滑坡、崩塌、泥石流、堰塞湖等严重次生灾害。具体灾害损失如下:

①人员伤亡惨重,截至2008年8月25日,遇难69 226人,受伤374 643人,失踪17 923人。②城乡居民住房大量损毁,北川县城、汶川县映秀镇等部分城镇和大量村庄几乎被夷为平地。③基础设施严重损毁,交通、电力、通信、供水、供气等系统大面积瘫痪。④学校、医院等公共服务设施严重损毁,大量文化自然遗产遭到严重破坏。⑤产业发展受到严重影响,耕地大面积损毁,主要产业、众多企业遭受重创。⑥生态环境遭到严重破坏,森林大片损毁,野生动物栖

息地或丧失或破碎，生态功能退化。

地震发生后，党中央第一时间作出重要指示，迅速组织各方面力量资源投入灾区。这是一方有难、八方支援的制度力量。无论是72小时内调集14.6万陆海空和武警部队官兵驰援灾区，还是党员干部冲锋在前，充分发挥基层党组织战斗堡垒作用；无论是出台灾后恢复重建总体规划，在资金、项目、政策等方面给予灾区特殊支持，还是组织18个对口支援兄弟省（市）参与恢复重建，都证明了党的凝聚力、号召力、战斗力、社会主义制度的巨大优越性，是战胜灾难、恢复重建的根本保证。

三、党的十八大以来，健全公共安全体系，编织全方位、立体化的公共安全网

由于应急管理已经成为法治政府建设的一项重要内容，党和国家把维护公共安全摆在更加突出的位置，作出了一系列重要部署。从提出加强公共安全体系建设，到围绕健全公共安全体系提出食品药品安全、安全生产、防灾减灾救灾、社会治安防控等方面体制机制改革任务，再到提出加强公共安全立法、推进公共安全法治化的要求，公共安全工作在国家治理体系中地位愈发突出，在全社会范围内建立起灵活应对突发事件的全方位、立体化的公共安全网，以习近平同志为核心的党中央，在应对各类突发事件中更加依法、有力、有序、有度、有效，应急管理工作迈上了新台阶。

面对突如其来的2013年四川省雅安市芦山县7.0级地震、2017年九寨沟7.0级地震及茂县特大山体滑坡等自然灾害，党中央国务院坚强领导、深切关怀，国务院工作组、国家减灾委和国务院抗震救灾指挥部联合工作组分赴现场指导抢险救灾，极大提振了战胜灾害夺取胜利的信心和决心。四川省始终坚持现场指挥、科学调度，统筹调度各方力量投入抢险救援，灾区党委政府带领干部群众奋起自救，基层党组织充分发挥战斗堡垒作用，确保了抗灾救灾工作有力有序推进。这再次展现了中国共产党领导和中国特色社会主义制度的优越性，集中检验了我国防灾、减灾、抗灾能力和经济社会发展综合实力，彰显了"中央统筹指导、地方作为主体、灾区群众广泛参与"新体制的强大生命力。

2008年至今，面对地震这样的重大自然灾害，我国已经形成了以宪法为依据，以突发事件应对法为核心，以相关法律法规为配套的应急管理法治体系，体现了我国应急管理法治体系建设的新成就。汶川的灾后重建工作产生了非常重要

的示范效应，可以称之为一种样本或者模式。在汶川灾后重建过程中，国家采取一对一帮扶这样一种模式，并且通过多项制度、举措予以规范和保障，使得受灾地区迅速发展重建。

四、2018年组建应急管理部，新时代应急管理事业开创新局面

应急管理部门的组建是科学的制度设计，实现应急工作的综合管理、全过程管理和应急力量资源的优化管理，增强了应急管理工作的系统性、整体性、协同性，推进了国家治理体系和治理能力现代化，标志着我国应急管理工作进入新时代。

在新时代，我国应急管理工作更加注重风险管理，坚持预防为主；更加注重综合减灾，统筹应急资源；更加注重分级负责，属地管理为主；更加注重发挥市场机制和社会力量的作用。

总之，2003年非典（SARS）公共卫生事件应对是我国应急管理法治体系建设发展的分界线，国家高度重视公共安全、应急管理法治建设，不仅主动负责，更科学担责，我国应急管理体系随时代发展不断完善，应急管理体系已经与现代法治、现代管理理念接轨，进而开始构建我国独有的应急管理体系，同时在这一过程中，建立和完善了应急管理的法治框架。2006年国务院印发《国家突发公共事件总体应急预案》，2007年《突发事件应对法》提出建设"一案三制"应急管理体系，2013年国务院办公厅印发《突发事件应急预案管理办法》以规范突发事件应急预案管理，2018年应急管理部正式成立，2019年十九届四中全会提出：构建统一指挥、专常兼备、反应灵敏、上下联动的应急管理体制，优化国家应急管理能力体系建设，提高防灾、减灾、救灾能力。

学以致用

一、实训案例

2020年2月，习近平主持召开中央全面依法治国委员会第三次会议强调："当前，疫情防控正处于关键时期，依法科学有序防控至关重要。疫情防控越是到最吃劲的时候，越要坚持依法防控，在法治轨道上统筹推进各项防控工作，保障疫情防控工作顺利开展。"

要完善疫情防控相关立法，加强配套制度建设，完善处罚程序，强化公共安全保障，构建系统完备、科学规范、运行有效的疫情防控法律体系。要严格执行疫情防控和应急处置法律法规，加强风险评估，依法审慎决策，严格依法实施防控措施，坚决防止疫情蔓延。

各级党委和政府要全面依法履行职责，坚持运用法治思维和法治方式开展疫情防控工作，在处置重大突发事件中推进法治政府建设，提高依法执政、依法行政水平。

二、实训内容

1. 学思践悟：在法治完备的情况下，既可以避免乱作为，也可以避免不作为，防止在其位不谋其政。如此，才能做到各尽其责、守土有责、守土尽责。正是如此，我们才能理解，为什么法治是治国理政的基本方略，是中国特色社会主义国家制度和国家治理体系的显著优势。

2. 学思践悟：在法治轨道统筹推进疫情防控工作必须做到办好疫情防控的各项事情都要依法进行，遇到疫情防控的各项事情都要寻找法律依据，疫情防控中的各项问题都要用法律手段来解决，疫情防控中的各项矛盾都要靠法律来化解，只有这样才能形成疫情防控工作良好的法治环境。

三、实训要求

1. 将学生按每组 6—8 人组建成若干实训小组；
2. 各实训小组根据设定的实训内容，开展讨论、交流；
3. 各实训小组写出实训小结，进行班级交流。

拓展学习

法治，人类文明的重要成果，现代社会治理的智慧结晶。在中国这样一个超大规模的发展中国家，中国共产党领导的全面依法治国，是中国历史上一次国家治理的深刻变革，也是中华民族走向伟大复兴不可或缺的坚实保障。

2018 年 8 月 24 日，习近平总书记主持召开中央全面依法治国委员会第一次会议并发表重要讲话。中央全面依法治国委员会工作正式全面启动，法治中国建设迈入系统协同推进新阶段。

"坚持加强党对依法治国的领导""坚持人民主体地位""坚持中国特色社会主义法治道路""坚持建设中国特色社会主义法治体系"等高度概括的"十个坚

持"，凝聚着习近平总书记全面依法治国新理念新思想新战略的核心要义，铸就建设法治中国的鲜明航标。

法治政府建设深入推进，解决政府职能越位、缺位、错位，使职能边界日益清晰、权力配置更趋合理、治理水平不断提升，不断释放法治建设新红利。

思考与讨论

1. 改革发展稳定，离不开法治护航；经济社会建设，需要法治保护；百姓平安福祉，靠的是法治守卫。

2. 将法治精神融进民族精神血脉，推动全民守法成为常态，这是依法治国的内在动力，更是法治中国的精神支撑。

学习单元二
突发事件处置基本技能

学习目标

1. 掌握突发事件处置基本技能的基础知识。
2. 能够进行突发事件处置基本技能的基础操作。

学习任务一 报警与接处警

案例引入

7月27日13时，××市局指挥中心接群众报警称，××区天河首饰回收店老板成某，在店内被人持刀抢劫捅死，嫌疑人骑自行车逃离现场。接警后，当班指挥长立即指派案发地派出所、刑侦大队先期处警；启动重大案件多警种同步上案机制，对现场周边和沿途街道展开视频勘查追踪。鉴于嫌疑人光天化日在闹市区抢劫杀人，为防止其丧心病狂再次作案，指挥长指令特巡警和城区派出所启动一级巡防，迅速开展街面巡逻查缉。随后，视频巡控民警追踪确认了嫌疑人的逃跑路线和最后消失地点，并截取其逃离现场过程中的监控照片。指挥长立即调集特巡警、周边派出所200余名警力，对其消失地点、外围及沿途进行围剿搜捕。期间，现场勘查民警反馈，嫌疑人抢劫过程中手臂受伤。指挥长立即指令××区、开发区、高新区公安机关对辖区内所有医院、医疗点进行地毯式排查。当晚19时许，开发区工业园区派出所民警排查到华健骨科医院时，将正在治疗的犯罪嫌疑人高某成功抓获。

结合引例思考：

1. 如何准确进行报警？
2. 接警人员在接警过程中如何准确获取报警信息？
3. 接警后应如何处警？

> 理论导航

一、报警

（一）报警概念

报警是指突发事件现场的受害者或目击者因使国家、公共利益、本人或者他人的人身、财产和其他权利免受损失而通过电话、网络、信件等方式向当地政府或有关应急机构报告险情或发出危急信号，请求处置的行为。

（二）报警的分类

1. 根据报警对象进行分类，报警的种类可分为向110报警服务台（含指挥中心）报警，向公安派出所报警，向巡逻民警报警，向警务督察部门报警及向公安机关其他部门、人民警察报警五种。

2. 根据警情进行分类。按警情的不同，报警的种类可分为一般警情的报警、重大警情的报警、求助类警情的报警、投诉举报类警情的报警。一般警情，是指情节、危害、影响、后果轻微的警情。重大警情，是指危及公共安全、公民人身或重大财产安全，需要立即处置的警情，主要包括重大刑事案件、群体性事件、重大灾害事故及紧急求助等。

3. 根据报警和案（事）发地域进行分类。按报警和案（事）发地域的不同，报警的种类可分为异地报警、异地警情和境外警情的报警。异地报警，是指报警人不在案（事）发地，向案（事）发地110报警服务台报警求助的情况。报警服务台对异地报警，需要即时派警处置的，应当受理；对需要履行法律手续的报案，应引导报警人按规定程序进行。异地警情，是指报警人不在案（事）发地，向本人所在地110报警服务台报警求助的情况，或报警人在案（事）发地，向非案（事）发地110报警服务台报警求助的情况。受理地110报警服务台应核实情况后，及时将警情通报案（事）发地110报警服务台。境外警情，是指案（事）件发生在境外的情况。对于案（事）件发生在境外的中国公民的报警求助，要询问报警求助人所在国家或地区的具体地点、联系方式及求助事项。

（三）报警的方式

1. 电话报警。电话报警，是指报警人通过拨打报警专用电话号码实施的报警。电话报警优点是直接、便捷、一般会就近接入当地公安指挥中心；缺点是特殊群体较难适用，受报警电话线路及报警环境的限制。电话报警应优先选用有线电话报警。拨打110报警的事项范围包括：①刑事案件；②治安案（事）件；③危及人身、财产安全或者社会治安秩序的群体性事件；④自然灾害、治安灾害事故、火灾、交通事故；⑤其他需要公安机关紧急处置的与违法犯罪有关的报警；⑥危及公共或群众安全迫切需要处置的紧急求助；⑦公安机关及人民警察正在发生的违法违规行为。

2. 短信息报警。短信息报警，是指报警人利用移动电话设备编辑短信息发送到110报警服务台的报警。短信报警是在电话报警基础上衍生出来的，此种报警方式将更好地方便听力、语言障碍等特殊群体和不便使用语音报警环境下群众的报警。公安部已与相关部门确定将"12110"作为全国公安机关统一的公益性短信报警号码，全国已经使用和正在建设短信报警的60多个地、县级市及更多地区将陆续启用全国统一短信报警号码。12110+本地电话区号后3位的短信报警，让当地警方第一时间接收到警情。例如，在济南短信报警，可编辑报警信息发送12110531，这样可以直接把短信发送到当地的公安局，便于更快更好地为报警人提供有效服务。

3. 固定目标报警。固定目标报警，是指重点单位、要害部门安装在固定地点的技防监控报警系统报警。接警人员对此类报警应当做到"逢报必接，逢接必处"。

4. 移动目标报警。移动目标报警，是指安装在金融押运车、出租车、租赁车、危险品运输车、公交车等车辆上的技防监控报警系统（GPS），通过人工触发报警装置实施的报警。接警人员接到此类报警，应迅速确定报警车辆用途、方位并判断警情性质，不宜与报警人直接进行语音通话。

5. 互联网报警。互联网报警是指报警人通过互联网向警方实施的报警。接警人员对此类报警应当迅速判断报警内容是否属于公安机关管辖，按相关规定处置。

（四）恶意报警处置

恶意报警，是指行为人为了报复社会和他人、发泄个人情绪、寻求精神刺激或追求其它不当利益，以虚构警情或其它扰乱接处警工作秩序的方式向公安机关报警的行为。常见的恶意报警行为主要有以下几类：

1. 捏造事实上并不存在的警情，或为得到警方重视，故意夸大甚至编造重大案事件警情；或因与人发生纠纷等矛盾，为报复故意诬陷；

2. 为发泄不满，故意拨打110，谩骂、侮辱接警员或出警、处警单位和民警，甚至扬言采取极端行为；

3. 报警已得到依法处置和明确答复后，仍然无理纠缠或多次重复报警扰乱正常接处警工作。

4. 为满足自身诉求，故意阻扰单位正常办公秩序或采取过激行为反映诉求的行为。

110是报警求助电话，负责受理各类刑事、治安案件，接受群众紧急危难求助。在危难情况出现的时候，110报警电话就是人民群众的"守护神"。恶意拨打110报警电话，会造成警力资源的浪费，增大人民群众生命财产安全的风险，必将承担行政甚至刑事法律责任。对故意谎报警情或拨打骚扰电话的，根据《治安管理处罚法》相关规定，散布谣言，谎报险情、疫情、警情或者以其他方法故意扰乱公共秩序的，处5日以上10日以下拘留，可以并处500元以下罚款；情节较轻的，处5日以下拘留或者500元以下罚款。此外，报假案、捏造事实陷害他人，编造、故意传播虚假恐怖信息等情况，情节特别严重的，还将依法追究刑事责任。如果情节恶劣、造成重大影响，将根据《刑法》291条之一第2款规定，编造虚假的险情、疫情、灾情、警情，在信息网络或者其他媒体上传播，严重扰乱社会秩序的，处3年以下有期徒刑、拘役或者管制；造成严重后果的，处3年以上7年以下有期徒刑。

二、接警

（一）接警的概念

接警即接受报警，是公安机关和110报警服务台（含指挥中心）的接警人员对报警、求助、投诉的案（事）件情况进行询问、登记，了解情况，判明性质和轻重缓急，下达处警指令的全过程。接警是公安机关和110报警服务台（含指挥中心）快速反应的第一个环节，是公安机关维护社会治安秩序，打击违法犯罪活动的一项有效手段，也是人民警察的责任和义务。

（二）接警的范围

根据《人民警察法》《110接处警工作规则》等法律规范以及公安机关的职责任务，公安机关接警的范围主要包括以下几个方面：

1. 报警。包括刑事案件、治安案（事）件，危及人身财产安全或者社会治安秩序的群体性事件，自然灾害、火灾、治安灾害事故、道路交通事故，其他需要公安机关处置的与违法犯罪有关的报警。

2. 求助。包括发生溺水、坠楼、自杀等危急情况，需要公安机关紧急救助的；公众遇到危难，处于孤立无援状况，需要公安机关立即救助的；水、电、气、热等公共设施出现险情，威胁公共生命或者财产安全和生产生活秩序，需要公安机关先期紧急处置的；其他可能引发人身伤亡事故或者公私财产重大损失的险情，需要公安机关紧急处置的。

3. 投诉。公安机关及其人民警察违反《人民警察法》《公安机关人民警察纪律条令》等法律法规和人民警察各项纪律规定，违法行使职权，不履行法定职责，不遵守各项执法、服务、组织、管理制度和职业道德的各种行为引发的各种投诉。

4. 其他。其他公安机关职责范围内应当接警的情况。

（三）接警的基本要求

接警工作人员在接受报警、求助、投诉时应当做到：

1. 文明接警。接警工作人员应当警容严整，语言文明，态度热情，语气平和，耐心解答，注意保密。接听电话时主动说："您好，××（市、县）110，××号接警员。"接警时，应当根据报警者心情和态度给予必要的答复和安慰。

2. 问明情况。受理报警、求助和举报时，向当事人问明案（事）件的主要情况及当事人的基本情况，了解警情的"何时、何地、何事、何人、何因、何物、何果"等基本要素，并针对具体警情，询问报警人姓名、单位、住址和联系电话。对于有疑问的报警，或者报警人未说清警情具体内容即挂断电话的，报警案（事）发地址无法明确的，及时回拨报警人电话，进一步了解情况；回拨电话无人接听的，警情发生地明确的，立即派人到场核实情况。

3. 指导急救。对情况紧急的违法犯罪、灾害事故、人身危险、严重伤病等报警、求助，可以视情况告知报警人、求助人有关应急处置办法，指导其救人或者自救。

4. 规范记录。按照统一的表格认真登记、存储，做好接报、指挥、处警工作记录，并立卷备查。

（四）接警注意事项

1. 重大突发事件的处置，应按时间顺序，详细记录接警调度处置过程。有条件的单位可以对电话报警录音。

2. 报警人到公安机关报警的，应制作询问笔录。

3. 对不属公安机关管辖的紧急事件或事故报警，应向领导汇报并根据领导指示派民警先期处置，并及时通知有关部门处理。

4. 属于公安机关应当救助的其他危难情形，主要是指公民因昏迷、受伤、分娩等处于孤立无援的状态，以及正在发生的火灾、煤气中毒、食物中毒等危急情形。求助报警应当问明求助具体内容，在向公安机关求助前还曾向何部门提出过求助；对不属于公安机关职责范围内的一般性报警求助，应根据报警者心情和态度给予恰当的答复和安慰。

5. 投诉类报警，问明被投诉人的基本情况以及投诉内容；同时，告知投诉人必须对投诉内容负责以及相应的法律责任；将告知内容如实记入询问笔录。

三、处警

（一）处警概念

处警是指接到指令或报警之后（公安部门）前去现场处置紧急或危险情况，以及对报警人或当事人了解情况。

（二）处警的基本原则

1. 一级处警：110报警服务台接电话报警后，直接指令处警人员赶赴现场进行处置。

2. 就近处警：110报警服务台接电话报警后，调动距离事发地最近的警力进行处置。

3. 分类处警：110报警服务台接电话报警后，调动有管辖权的警种部门的民警进行处置。属专业性较强的警情，如交通事故、火灾事故、危险品泄漏等，或专业单位（系统）如涉爆单位、金融系统等发生的警情，则应指令专业公安职能部门赶赴现场处置。先期到达的处警民警，应当做好协同配合及交接、衔接工作。

（三）处警的基本要求

1. 公安机关应当根据城市规模、地理环境、治安状况、警力部署、道路交通状况等实际情况，建立健全处警机制，确保处警民警能快速赶到现场。

2. 承担处警任务的相关警种、部门和基层单位，应当建立全天候响应机制，保证通信系统畅通，电台和电话应安排专人值守，确保随时执行处警指令。

3. 处警单位或处警民警接到110处警指令或群众报警后，必须无条件出警，不得以任何借口推诿或拖延出警，影响警情处置；遇警情管辖有异议的，处警民警到达现场后，再报请指挥部门向有管辖权的单位移交，不得拒绝出警或擅自离开现场。

4. 处警单位接到110指令后即被视为该警情现场处置的责任主体，出警力量的调派应能满足警情现场处置需要。处警民警在处置过程中需要帮助的，应首先向本单位求助；需要外单位增援的，应向110报警服务台报告。

5. 处警单位应合理安排处警力量，案件类警情先期处置的民警不得少于两人。出警方式可根据实际情况采取机动车、非机动车或徒步出警。特殊情况下，可依法征用民用交通工具。

6. 对紧急和非紧急报警求助的出警时限，由当地公安机关根据市区或城镇规模、警力资源和道路交通状况等情况决定，法律法规及相关专业技术标准有规定的，按规定执行；出警时遇到道路堵塞等非人为因素的情况影响出警的，处警民警应当立即向110报警服务台报告，并尽快赶到现场。110报警服务台应立即核实情况，向报警人做好解释，给予适当安抚，并就近调度其他警力先期处置。

（四）处警的协调

110报警服务台接到报警后，根据警情调派警力进行处置，并根据事件的性质协调好派警与报告的关系。

1. 先派警后报告。对危及公共安全、人身或者财产安全的紧急案（事）件、自然灾害事故，应当在派警处置的同时，立即向分管负责人报告，并向分管负责部门通报。

2. 先报告后派警。重大案（事）件、规模较大、行为方式较激烈的群体性事件因其事件复杂，应当根据警情的性质、事态规模、紧急程度，及时报告分管负责人，并按照工作预案和分管负责人的指示，迅速派警处置。

3. 先通报后酌情派警。对接报的规模较小、影响不大的一般性群体性事件，应当迅速将情况通报业务主管部门，同时酌情派警维持现场秩序，协助有关部门进行疏导劝阻，防止事态扩大。

4. 先派警后移交。对接报的管辖暂不明确的地区发生的案（事）件，应当先指定处警人员进行先期处置，必要时再移交属地公安机关有关部门进行处理。

工作流程

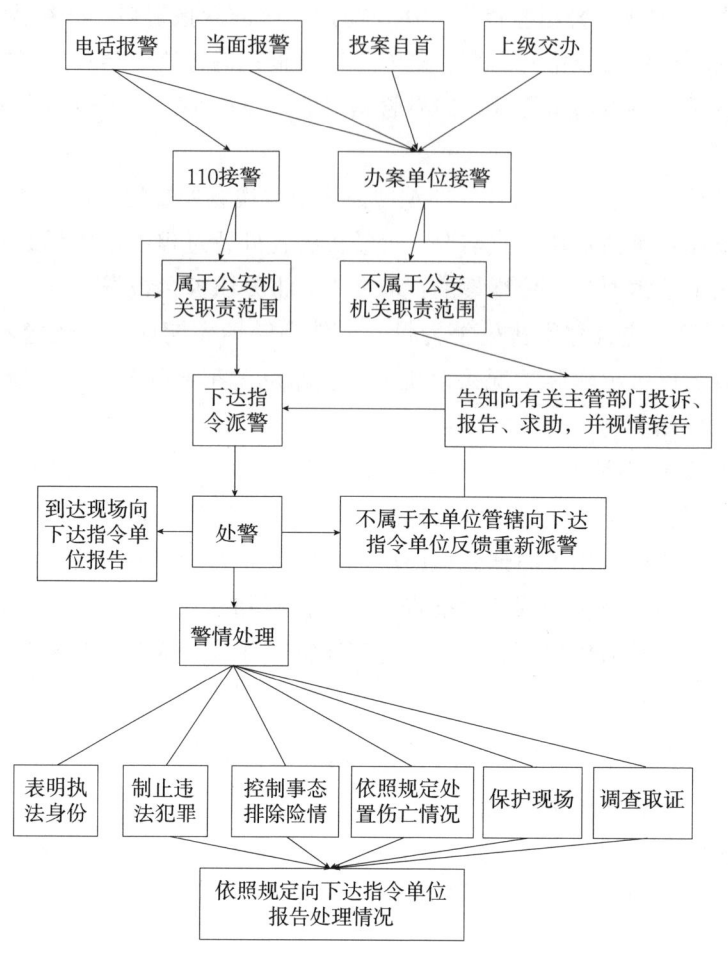

```
电话报警    当面报警    投案自首    上级交办
                ↓           ↓
          110接警      办案单位接警
              ↓              ↓
    属于公安机关        不属于公安
    职责范围           机关职责范围
         ↓                  ↓
    下达指令派警      告知向有关主管部门投诉、
                     报告、求助，并视情转告
         ↓
到达现场向     处警 ← 不属于本单位管辖向下达
下达指令单                指令单位反馈重新派警
位报告
              ↓
           警情处理
   ↙    ↙    ↓    ↓    ↘    ↘
表明执  制止违  控制事态  依照规定处  保护现场  调查取证
法身份  法犯罪  排除险情  置伤亡情况
              ↓
       依照规定向下达指令单位
           报告处理情况
```

报警与接处警工作流程图如上。

学以致用

一、实训案例

一天深夜，杨某、陈某夫妇的家中，他们6岁的小女孩一觉醒来，走出二楼的卧室，突然看到父亲赤裸着上身，只穿着一条短裤，倒在底楼至二楼的楼梯上，身下一大片鲜血。孩子急忙拼命呼唤母亲，可是也没有回应，她根本想不到，母亲已经被杀死在底楼的厨房里了。极度恐怖中小女孩拨通了"110"电话报警。

二、实训内容

突发事件报警、接警与处警工作演练。

三、实训要求

1. 将学生按将5—8人分成若干实训小组；
2. 各实训小组选定成员根据案例给定情境分配角色，进行接警处警模拟演练；
3. 各实训小组模拟演练结束后写出实训总结，进行交流。

拓展学习

经党中央批准、国务院批复，自2021年起，将每年1月10日设立为"中国人民警察节"。"中国人民警察节"的设立，充分体现了以习近平同志为核心的党中央对人民警察队伍的高度重视和关心关怀，是进一步健全完善人民警察荣誉制度和标志体系的重要举措，对于推动人民警察队伍革命化、正规化、专业化、职业化建设，增强广大民警职业荣誉感、自豪感、归属感，激励全警以强烈的担当精神履行好党和人民赋予的新时代使命任务具有重大意义。

1986年1月10日，广东省广州市公安局率先建立我国第一个110报警服务台。1996年，公安部在福建漳州召开全国城市110报警服务台建设工作现场会，全面推广"漳州110"经验。经过30多年的实践与探索，110已经成为人民警察队伍的标志性品牌，被誉为"人民的保护神"。近年来，每年1月10日公安部及各地公安机关都组织开展多种形式的110宣传日活动，这一日期具有极高的社会知晓度和群众认可度。将这一日期确立为"中国人民警察节"，体现了鲜明的政治性、广泛的人民性和警察职业的标志性。

以"中国人民警察节"的设立为激励，人民警察队伍将始终坚持以习近平新时代中国特色社会主义思想为指导，增强"四个意识"、坚定"四个自信"、做到"两个维护"，牢记初心使命，忠诚履职尽责，锐意改革创新，勇于砥砺奋斗，永葆绝对忠诚、绝对纯洁、绝对可靠的政治本色，忠实履行党和人民赋予的新时代使命任务，坚决维护国家安全和社会稳定，为实现"两个一百年"奋斗目标和中华民族伟大复兴的中国梦创造安全稳定的政治社会环境。

思考与讨论

1. 设立"中国人民警察节"的重大意义是什么？
2. "中国人民警察节"为什么设立在 1 月 10 日？

学习任务二　现场警戒与保护

案例引入

四川省仁寿县王某妨害公务案

2020 年 1 月 24 日，四川省委、省政府决定在全省启动突发公共卫生事件一级应急响应。仁寿县及下属各乡镇、街道和相关部门按照要求成立了疫情防控指挥、领导机构。

2 月 4 日 14 时许，被告人王某在仁寿县普宁街道一门市上班时，普宁街道办事处负责疫情防控的工作人员廖某、邓某与县委政法委工作人员杨某、方某等人按照当地新冠肺炎疫情联防联控工作指挥部安排，在旁边的小区外拉警戒带，设置卡点，测量小区进出人员体温，以确保进出人员平安。因王某停放的四轮电瓶车挡住卡点进出口通道，廖某等人向其表明疫情防控工作人员身份后，要求王某配合防疫工作将车挪走。王某先是称电瓶没电，打不着火，在廖某表示愿意帮忙推车后，又说廖某等人不是交警，无权要求其挪车。廖某等人向王某解释疫情防控工作要求，王某觉得廖某等人大惊小怪，没有必要搞那么严重，一边用手指着廖某，一边辱骂其"拿着鸡毛当令箭"。廖某要求其配合工作不准骂人后，王某愈发激动，趁廖某不备挥拳击打其脸部，致其面部软组织挫伤。为避免现场秩序混乱，廖某等人上前制止王某，将其摁住。王某仍用手不停抓挠廖某脸部，在其脸上抓出几道血痕。现场工作人员报警，民警赶到现场依法将王某抓获并立案。

2 月 5 日，仁寿县人民检察院采用电话、视频方式提前介入本案，引导侦查机关及时调取了政府疫情防控相关文件、案发现场监控视频等证明案件事实的关键证据。2 月 10 日，仁寿县公安局将本案移送检察机关审查起诉。仁寿县人民检察院审查认为，本案事实清楚，证据确实、充分，王某到案后如实供述，自愿认罪，符合认罪认罚从宽制度的适用条件。王某在检察机关讯问、告知诉讼权利并释法说理后，在值班律师在场且提供法律帮助的情况下，签署认罪认罚具结书并同意适用速裁程序。仁寿县人民检察院当日以妨害公务罪适用速裁程序提起公诉。2月11日上午，仁寿县人民法院远程开庭审理本案，并当庭宣判，采纳了检察机关指控的事实、罪名及量刑建议，以妨害公务罪判处王某拘役四个月。

以暴力、威胁方法阻碍国家机关工作人员（含在依照法律、法规规定行使国家有关疫情防控行政管理职权的组织中从事公务的人员、在受国家机关委托代表国家机关行使疫情防控职权的组织中从事公务的人员、虽未列入国家机关人员编制但在国家机关中从事疫情防控公务的人员）依法履行为防控疫情而采取的防疫、检疫、强制隔离、隔离治疗等措施的，依照《刑法》第277条第1款、第3款的规定，以妨害公务罪定罪处罚。暴力袭击正在依法执行职务的人民警察的，以妨害公务罪定罪，从重处罚。

需要注意的是，在疫情防控期间，对妨害公务罪的适用，需要把握：一是关于涉疫情防控妨害公务行为的对象。因疫情具有突发性、广泛性，为了最大限度防控疫情，各级政府需要组织动员居（村）委会、社区工作人员等落实防控职责，实施管控措施。因此，对于符合两高两部意见规定的三类人员的，均属于妨害公务行为的对象。二是在疫情防控期间公务行为具有一定的特殊性。对于妨害公务人员实施与防疫、检疫、强制隔离、隔离治疗等措施密切相关行为的，应认定为妨害公务行为。

结合引例思考：

1. 处置人员到达现场后，应如何进行现场警戒？
2. 对于破坏、冲闯警戒带或者擅自进入警戒区的行为如何处置？

理论导航

一、现场警戒和保护的界定

现场警戒是在突发事件发生后，现场处置人员对事发现场建立警戒区域，实施警戒，维护现场秩序的一项专门活动。

现场保护是对突发事件的现场在警戒封锁的前提下，及时采取措施保护现场的痕迹物证，使现场保持发现时的原始状态的一项专门活动。

(一) 现场警戒和保护的作用

现场警戒与保护工作在突发事件处置中具有非常重要的地位。现场保护的好坏直接影响到突发事件处置的质量及效率。

1. 保护现场有利于查明事件过程和案件情况。通常情况下，现场是处警民警最早也是最直观接触事（案）件的地方，对判断事件性质起着至关重要的作用。现场上任何一点小小的破坏性变动，都可能使侦查人员对现场的分析产生严重的失误。因此，保护好现场，对于勘查的顺利进行，正确判断事件和案件性质，有着极为重要的意义。多数现场能客观地反映犯罪行为人进行犯罪的整个过程，例如，从什么地点侵入，对什么进行了侵害，又从什么地点逃离现场。通过勘查后，侦查人员就能对犯罪行为人在现场的活动情况有全面的了解。

2. 保护现场有利于收集与事件行为有关的痕迹、物证。在刑事案件侦查过程中，许多重要的犯罪证据和线索都是在犯罪现场收集到的，如果现场保护得不好，犯罪的痕迹、物证（如犯罪行为人的足、手印、工具痕迹、交通工具痕迹等）就会遭到不同程度的破坏，无疑就会影响到对现场犯罪证据的收集。

3. 保护现场有利于保守勘查工作的秘密。由于现场勘查是一项重要的侦查措施，现场的情况和现场勘查的情要严格加以保密。一旦被犯罪行为人了解，其就会立即采取相应的反侦查伎俩，对案件的侦破。对在审讯过程中甄别犯罪嫌疑人口供极为不利。因此，保护好现场，禁止无关人员进入以及将现场与围观群众隔离开，注意保守犯罪现场和勘查工作的秘密，是极其必要的。

(二) 现场警戒和保护的具体要求

1. 划定警戒范围。现场保护应根据警情的具体情况、现场的位置、地势地形以及范围大小等情况来划定现场保护范围。划定现场保护范围时，必须将主体现场和关联现场都划定在保护范围内，以及案发中心现场和遗留有与警情有关的痕迹、物品的外围现场，都要划入其中。对外围现场的列入宁可划大，不可划小，以免部分外围现场划在保护范围外而遭到破坏，给后期的处置工作造成不可弥补的损失。

2. 设置警戒线和告示牌。处警民警应根据现场环境、条件、范围的大小和案件的重要程度等具体情况迅速部署保护力量对现场进行严密警戒。采用警戒带环绕、设置障碍物、告示牌等来标定警戒线。对室内的现场通常在房门或者在房间周围拉警戒线，条件允许的情况下可以将警戒范围扩大到通往案发房间的通道以及周围的房间等。在封锁室内主体现场的同时，必须对通道、周围建筑物进行巡视勘查，若发现可疑的痕迹，必须就地保护起来。对发生在院落或单位内部的警情现场，可采取关闭大门，张贴布告或者警示封条，控制人员出入，对警情现场拉警戒带、撒白灰、立警示牌的方式进行保护，对部分生产、生活活动不能停止的区域可以采取指定通道和圈定保护范围相结合的办法进行保护。

3. 设岗看守，阻止无关人员进入。处警民警应根据警情现场实际需要、警戒范围等情况，设岗派专人看守。针对室内现场，可以在门、窗等重点部位设岗看守，阻止无关人员接近。必要时，可在保护好门柄和锁头的情况下，将房门封锁起来，贴上警示封条，并且不能留下前期接处警民警个人的痕迹、物品。对于警戒范围较大的现场，应该在通往现场的各个道口设置岗哨，禁止无关人员进入。现场周围岗哨之间的距离，以互相能照应为度。在现场负责保护的民警未经现场指挥员批准，不得擅离警戒岗位。保护现场时，除抢救伤员、排除险情、保护物证等紧急情况外，现场保护民警不得进入现场，不得触动现场上的痕迹、物品和尸体，更不能擅自跨级进行勘查。

4. 适时采取紧急措施。现场保护民警在保护现场的过程中，若遇到被害人或犯罪嫌疑人身受重伤或生命垂危时，应立即采取措施抢救人命，并及时报告指挥中心。发现犯罪嫌疑人仍在现场实施犯罪的，应根据情况和事态果断地采取紧急措施予以处置。第一，要上报110指挥中心，报告现场情况和犯罪嫌疑人的情况。第二，喝令制止犯罪嫌疑人的犯罪活动，如若犯罪嫌疑人逃跑，应根据实际情况一边追缉，一边派专人保护犯罪现场。

(三) 现场警戒的方法

1. 设置"人墙"。在来不及设置障碍和现场警戒线，或者案情十分重大的现场，以及处于闹市区域的现场，现场警戒人员应组织群众或利用自己的身体组成"人墙"临时应急警戒现场。

2. 设置障碍物，划警戒线。利用警戒带、结实的绳索、铁丝或其他物品，在保护区外道路上摆放障碍物，设置警戒线。条件许可时，还可在现场周围拉绳索或撒白灰作为标记。警戒带的高度一般在人的腰部为宜，同时，在现场警戒线外设置岗哨看守，防止他人翻越障碍物出入现场。

3. 封锁交通道口，指挥现场交通。如果现场范围较大、案情重大，或者现场上存在险情需要排除，而现场周围来往的车辆、行人又很频繁时，应根据实际情况，封锁通往现场的交通道口，禁止车辆行人通过。同时，派出专人指挥现场交通，让车辆、行人绕道通行。

4. 张贴布告，划出通道。若现场在室内、院内的，可暂时将大门关闭，张贴布告，禁止无关人员进入，同时为不影响室内、院内住户的日常出入，应根据现场具体情况，划出供其出入的通道。

（四）现场保护的方法

由于每个案件发生的地点和环境不同，保护的方法也应有所不同，一般可以分为露天现场保护方法和室内现场保护方法。

1. 露天现场保护方法。如果案件发生在屋外，就要在发生案件的地点和遗留有与犯罪有关痕迹、物体的一切场所的周围布置警戒，并绕以绳索或用白灰粉画出警戒范围，禁止无关人员进入。对于通过现场的道路，根据情况，可临时停止交通，指挥行人绕道行走，如现场是重要路口，应布置专人看守，必要时可用布或木板挡起来。在勘查开始前，原则上应全面封锁，而后酌情缩小封锁范围。在城市，由于人口、车辆多，流动量大，封锁范围应尽可能缩小，以免影响交通。对于院内的现场，可将大门关闭，如果院内住有邻居，可划出一定通道行走。

2. 室内现场的保护方法。进入室内现场的通道是固定而明显的，如门、窗等，因此，室内现场的保护首先是在现场出入口布置一定的民警进行警戒，禁止无关人员进入现场。根据现场的具体环境，在现场外围划出一定的警戒范围，设立岗哨，禁止围观群众靠近现场。室内现场外围的保护方法，与室外现场一致。

无论露天或室内现场，对于血迹、脚印、手印、破坏工具痕迹、车辆痕迹、被破坏的物品以及尸体和其他遗留物品（如凶器、毛发、衣服、烟头、文件、纸张和排泄物等）均要特别加以保护，要防止触摸破坏，必要时可用粉笔或白灰粉标明。露天场所易被家禽、动物和刮风下雨等自然条件破坏的痕迹、物体，可用席子、塑料布、面盆遮盖起来，但不能用散发强烈气味的东西遮盖，以免破坏嗅源，妨碍使用警犬，对尸体，必要时也可用席子或其他物品妥善地遮盖起来。对吊死、勒死的案件，如果人已死亡，就不要任意将绳子解开，更不能移动尸体，等勘查人员到达后再作处理。

二、现场警戒与保护的职责

（一）现场警戒职责

突发事件发生后或将要发生时，为减少人员伤亡、财产损失和环境破坏，防止事态扩大，保护事故现场，有利于后期的调查取证，需要针对事故危险区域，在事故现场周边划设一定的区域范围，迅速疏散撤离区域内的人员和贵重物资，阻止无关人员和车辆进入，此区域称为现场警戒区域。

警戒区域是个相对于危险区域的概念。只有事故发生后或者将要发生时，根据危险区域内的划定，设置警戒区域。当事故结束，危险解除后，相应取消警戒区域。警戒区是个相对变化的区域。根据事态的发展变化，需要相应调整警戒区的大小和位置。事态扩大时，需要扩大警戒区域的范围；当事态减小或事故危害消除后，要减小或取消警戒区；如果发生次生灾害，则需要考虑次生灾害的类型和危害程度，重新划设警戒区。警戒区内的划分是可细分、分级的。根据警戒区内各位置的危险程度不同，可将警戒区划分为不同的警戒级别。越接近事发现场，危险程度越高的区域，警戒级别越高；远离事故现场的区域，警戒级别较低。

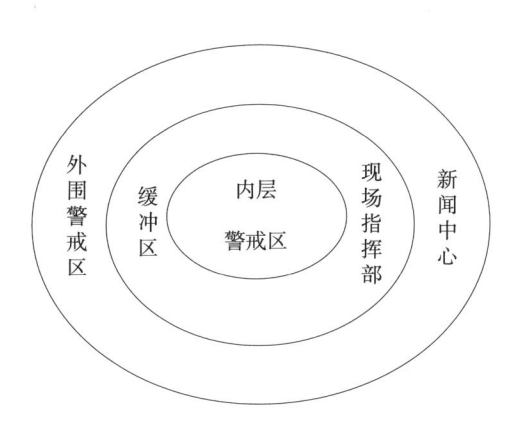

警戒区域分布图如上，缓冲区设现场指挥部，警察、专业处置和救援人员、应急车辆可入内；内层警戒区只有医疗救护及消防人员、警察、应急专家或专业应急人员可入内。

1. 在警戒区外围实施交通管制。

2. 在警戒区内实施人员撤离，保障车辆顺利通行，指引应急救援车辆进入现场，及时疏通交通。

3. 在撤离区和人员安置区加强治安巡逻工作。

4. 其他职责。

(二) 现场保护的职责

现场保护的原则是"保持原始状态，防止遭受变动"，最基本要求是"不能多什么也不能少什么"。

1. 划定保护范围，实施警戒。根据犯罪现场的情况和周围环境划定保护区的范围，布置警戒，是保护现场的主要措施。范围的大小原则上应包括中心现场和外围现场。划定范围后应布置警戒，将现场封闭，不允许任何人接近。保护现场的人员也不得无故进入，更不准擅自勘查，以免破坏犯罪分子遗留的痕迹和物品。

2. 采取措施保护现场证据。负责保护现场的工作人员对可能受到自然、人为因素破坏的现场，应当对现场上的痕迹、物品、尸体等采取相应的保护措施。

3. 及时了解有关情况，报告现场情况。到达现场后，首先应当对有关案件的情况进行初步的询问和了解，其要点是：什么时间、什么地点，发生或者发现了什么事件、发生或者发现事件的简要经过和现场的梗概情况等，经初步核查后，迅速向公安机关报告。

工作流程

一、现场警戒工作流程

1. 事故发生后，围绕事故发生点，由内及外拉设封锁线，设置警戒区。根据事故发生现场的地形（山地、平原、丘陵、盆地等）、周边环境（城市、农村、森林、水域等），事故种类（建筑物、装置、车辆、飞机及船舶等），事故性质（火灾、爆炸、毒气泄漏、放射性物质泄漏）、事故预警级别（特别严重、严重、较重、一般），以及其他影响因素，对灾害警戒区进行划定；对大部分事故，如火灾事故、有毒物质泄漏事故，通常设三条封锁线，由内及外分别为现场封锁线、警戒封锁线和交通封锁线，对应设置三层警戒区。

2. 警戒区划定后，在封锁线上设立警戒标志，布置警戒人员，禁止未被授权的人员、车辆进入警戒区，进入警戒区的人员、车辆要遵从警戒人员的指挥安排，遵守警戒区内的管理规定。采用事故后果计算模型，或者根据发生过类似事故的经验，对事态发展的趋势进行预测分析，因对灾害发展趋势的预测结果，扩大或减小警戒区的范围。

3. 实现交通管制，防止未被授权的干扰影响调查取证或财产保护；合理部署救援力量和分配救援物资，保护事故现场和维护当地治安，防止无关干扰影响救援行动，对事故救援行动提供有力支持，有效减少人员伤亡和财产损失，提高事故救援效率和效果。应急救援行动结束或灾害消除后，解除对事故现场警戒区的划定。

二、现场保护工作流程

1. 核实案件性质，对下一步如何进行现场保护工作心中有数。

2. 首先到达现场的警员（现场保护人员）必须划定现场保护范围，拉上警戒线，防止与案件现场勘查无关的人员进入现场，对于重大案件还需要派专人把守，尤其注意发现和抓获犯罪嫌疑人，注意现场的其他异常情况。

3. 保护现场的人员自己不能随意进入现场、移动物品，不能在现场及周围抽烟、吃零食。如果不得已要进入现场，必须戴上手套脚套，而且要记住自己如何进入现场，在现场做了什么，在勘查人员到达现场后将情况进行说明。

4. 如果遇到天气的变化可能会使现场痕迹、物证遭到破坏时，应采取适当的措施妥善保护现场。

5. 如果遇到有人员伤亡、重大危险情况时，应首先采取解救伤员、抢救财物、排除危险情况等措施，但进行这些措施时应尽量减少破坏现场，并且要记住现场变动前的情况、物体的位置。在对有生命危险的人员进行抢救时，要特别注意从这些人员当中了解与案件有关的情况，为后续的现场勘查工作提供帮助。

三、现场警戒与保护的注意事项

（一）警戒带的使用

警戒带，是公安机关按照规定装备，用于依法履行职责时在特定场所设置禁止进入范围的专用标志物。警戒区，是公安机关按照规定，在一些特定地方，划定一定的区域限定部分人员出入的地区。

根据现场需要并经公安机关现场负责人批准，在下列场所使用警戒带：①需要警卫工作的场所；②集会、游行、示威活动的场所；③治安事件现场；④刑事案件现场；⑤交通事故或者交通管制现场；⑥灾害事故现场；⑦爆破或者危险品实（试）验现场；⑧重大的文体、商贸等活动现场；⑨其他需要使用警戒带的场所。

使用警戒带，应当以既有利于履行职责，又不妨碍公民、单位的正常活动为原则。夜间使用警戒带应当配置警示灯或者照明灯。使用警戒带的情形消失时，应当立即停止使用和拆除。

（二）冲闯警戒带、警戒区的处置。

根据《公安机关警戒带使用管理办法》规定，公安机关及其人民警察在使用警戒带设置警戒区时，在场人员应当服从人民警察的指令，无关人员应当及时退出警戒区，未经允许任何人不得跨越警戒带、进入警戒区。对破坏、冲闯警戒带或者擅自进入警戒区，经警告无效的，可以强制带离现场，并可依法予以治安管理处罚。根据《治安管理处罚法》第 50 条的规定，强行冲闯公安机关设置的警戒带、警戒区的，处警告或者 200 元以下罚款；情节严重的，处 5 日以上 10 日以下拘留，可以并处 500 元以下罚款。构成犯罪的，依法追究刑事责任。《刑法》第 277 条第 1 款规定以暴力、威胁方法阻碍国家机关工作人员依法执行职务的，处 3 年以下有期徒刑、拘役、管制或者罚金；第 2 款规定，以暴力、威胁方法阻碍全国人民代表大会和地方各级人民代表大会代表依法执行代表职务的，依照第 1 款的规定处罚；第 3 款规定，在自然灾害和突发事件中，以暴力、威胁方法阻碍红十字会工作人员依法履行职责的，依照第 1 款的规定处罚；第 4 款规定，故意阻碍国家安全机关、公安机关依法执行国家安全工作任务，未使用暴力、威胁方法，造成严重后果的，依照第 1 款的规定处罚。

学以致用

一、实训案例

2015 年 10 月 13 日，包括鹤壁市人民医院在内的三家医院接治了一拨拨来自某幼儿园的小患者，部分孩子仍高烧不退。经咨询现场医生得知，儿童们出现这种症状属于肠胃道感染，疑似食物中毒。据了解，事发幼儿园的儿童们当日早饭吃的是牛奶、薯条、面包，晚上回家前吃了小食品。该市淇滨区委、区政府事发后启动应急预案。卫生部门积极协调医院，组织专家全力进行救治。卫生、食药监部门开展流行病学调查、封存食品原料并送检食品留样，查找发病原因。区教育、司法部门责令该幼儿园停办，并组织相关人员对事件进行调查。

二、实训内容

突发事件现场警戒和保护演练。

三、实训要求

1. 将学生按每组5—8人分成若干实训小组；

2. 各实训小组选定成员根据案例给定的情境分配角色，进行接警处警模拟演练；

3. 各实训小组模拟演练结束后写出实训总结，进行交流。

拓展学习

民警遇到现场记者不愿意配合离开警戒区域，怎么办？

1. 文明克制：要坚持理性平和文明规范，对记者礼貌周到，有礼有节，避免与记者发生言语或者肢体冲突，防止激化矛盾授人以柄。

2. 释法说理：要提醒记者警方正在设置警戒区域，依法执行公务，请记者退到警戒线外，配合执法。如果仍有记者不服从、不配合，民警可进一步告知依据《公安机关警戒带使用管理办法》，公安机关及其人民警察可以根据现场需要使用警戒带，其行为受法律保护，任何单位和个人不得阻碍干扰。

3. 强制带离：对不听警告仍擅自进入警戒区进行采访报道的，可以强制带离现场。

思考与讨论

1. 上述处置的法律依据有哪些？
2. 在对现场进行警戒与保护时应注意哪些问题？

学习任务三　应急疏散与安置

案例引入

2016年2月22日上午10时许，深圳龙华清泉路一家电子厂突然传出几声巨响，之后浓烟滚滚发生大火。着火地方是六楼天台排风机房，现场浓烟较大，明火被及时扑灭，无人员伤亡。火灾发生地点位于电子厂的楼顶，这里搭建有一排铁皮房。事故发生后，事故预防和控制的负责人员立即按照反复演练过的人群疏散与安置预案组织工厂员工迅速有序地撤离现场，通过口头疏散、广播引导等多种方式确保员工按指定路线有条不紊地安全疏散，疏散过程中没有发生拥挤踩踏事故，大批工厂员工被疏散到安全地点并得到妥善安置。

结合引例思考：

1. 如何制定人群疏散与安置预案？
2. 进行人群疏散时应注意哪些安全问题？

理论导航

一、应急疏散与安置的界定

（一）应急疏散与安置的概念

应急疏散是指发生重大突发事件，严重威胁现场及周围人民群众生命健康安全及财产安全时，组织人员、物质迅速有序地撤离现场的活动。近年来，在世界范围内具有灾难性后果的非常规突发事件时有发生，大规模群体疏散问题日益得到公共安全领域的高度重视。人群聚集场所意外事故的发生以及事故发生后不合理的人群疏散管理是造成严重后果的重要原因。人员疏散的过程中潜伏着巨大的安全隐患，一旦在疏散过程发生拥挤踩踏事故，轻则延误疏散进程，重则造成大量人员的伤亡。因此，对于大量人员聚集场所及大型活动的组织，必须制定合理的安全疏散预案以及开展人群疏散演习，以保障突发事件发生时相关人员能够在紧急情况下进行有序和有效的人群疏散。

应急安置是指将已实施临时疏散的人群引导至安置点，并对其做好临时生活安置，保障必要的水、电、卫生等基本条件。安置点作为应急疏散的目的地，应该具有安全性强、容纳能力大及相应的配套设施较为齐全等条件。一般利用广场、露天体育场、公园及绿地等场地，进行合理规范的规划和管理，使其在突发事件发生时具备避难和救援指挥的重要功能。应急安置点根据突发事件的类型，一般分为临时安置点和驻留安置点两种。临时安置点是指为处于危险区域的人员提供的临时避难场所，这一场所起到过渡的作用，在临时安置点内的被疏散人员逗留时间不长，在一定的时间内会被转移到其他的安全地点。用作临时安置点的场所主要为居住小区内及附近的小公园、广场以及绿地等；驻留安置点功能则更为齐全，在驻留安置点内的人员往往会驻留一段时间，等到突发事件完全处理得当，危险警报解除后，人们方才离开驻留安置点。所以这一类型的安置点不仅要保证人员的安全，还应能够提供人员基本生活所需要的配套条件，用作驻留安置点的场所主要为较大些的公园、体育场及停车场等。

（二）应急疏散方式

突发事件发生时，需要根据突发事件的严重程度和疏散人数规模及疏散距离等现实情况，进行疏散方式的选择。疏散方式主要有步行疏散、车辆疏散及混合疏散三种。

1. 步行疏散。步行疏散适用于突发事件紧急程度不太高，事件影响范围有限且时间充裕，危险区域范围不大且到安全点的距离较短的情况。一般居民小区内部的道路较窄，通行能力不高，且安全点距离较近，利用车辆疏散反而会降低疏散效率，所以通常居民小区内的人群疏散往往采用步行疏散的方式。

2. 车辆疏散。车辆疏散适用于突发事件较为严重，影响范围广且威胁大，疏散规模较大，人数众多的情况。利用车辆疏散时，往往从危险区域到安全区域的距离较远，疏散所花费的时间更多，疏散的紧急性更严重。这种疏散方式一般适用于台风、洪水、地震等大规模的自然灾害及各类严重的突发事件。

3. 混合疏散。混合疏散一般是突发事件比较紧急，且其影响范围随时间不断扩大，这时人员应首先采用步行疏散的方式由一级危险区域撤离到二级危险区域，紧接着再利用车辆疏散的方式由二级危险区域撤离到安全区域，这便采用了步行和车辆相结合的疏散方式。

（三）应急安置点的选择

安置点的选择方案，直接影响着疏散工作能否顺利进行。安置点选择合理，则有利于减少疏散的总时间,降低人员的伤亡。安置点选择需要考虑的因素很多,包括突发事件的类型以及事件的影响范围、安全区域的划分情况及疏散路网的形状和结构等因素。总体说来,应急安置点应该是具有很好的通达性、开阔性、安全性,选择安置点应注意以下问题:

1. 安全原则是应急安置点应具备的最基本条件。应急疏散的根本目的是将待疏散人群从危险区域撤离到安全区域,所以作为疏散目的地的应急安置点的最基本保证就是安全性,安置点必须在突发事件的危险区域以外,同时保证不能在安置场所内部发生次生突发事件,安置点范围内应配备一定数量的工作人员以维持秩序。

2. 容纳能力是安置点选择的重要因素。根据突发事件的类型和级别的不同,突发事件所需要的安全场所的容纳能力也相应不同。为了保证所选取的安置点能够容纳所有的被疏散人员,理想的安置点占地面积一般在一万平方米以上,为留有一定的应变能力,所选安置点的容纳能力应该在估计的被疏散人员数量的 1.2—1.5 倍之间,并且要同时选择 3—5 个备用的安全点,以应对各种突发状况。

3. 安置点的选择应坚持因地制宜的就近原则。对于以步行为主的居民区范围内的应急疏散,疏散安置点的服务半径应该在步行可接受的范围内,即不应超过 500 米。由于居民区内部的道路一般比较狭窄,且疏散规模不大,若安置点服务半径较大,则需要利用车辆疏散,在居民区狭窄的内部路网,车辆疏散反而会占用更多的时间,因此对于居民区内部的疏散,应该因地制宜,将安置点选择在步行可以接受的范围内。对于居民区来说,周边可以选为安置点的场地有广场、体育场、学校操场及大型停车场等场地。

二、应急疏散的基本要求及注意事项

(一)应急疏散的基本要求

突发事件发生时,相关场所的负责人及工作人员应立即组织人群疏散,同时向相关部门报警。应急疏散的基本要求表述如下:

1. 弄清事件情况,有的放矢。发生突发事件后首先要了解现场有无被困人员及其被困地点,然后根据现场情况确定疏散、抢救通道,指挥进行安全疏散。二层及以上的楼房发生事故灾情,应先通知事故层及其相邻的上下层;首层发生事故，应通知本层、二层及地下各层。

2. 稳定情绪，防止混乱。突发事件发生时，人们出于急于逃生的心理作用，可能会一起涌向有明显标志的出口造成拥挤混乱，疏散引导员应用镇定的语气通过喊话、广播等方式稳定现场人员情绪，消除恐慌心理，引导人群向安全地点疏散逃生，防止拥堵踩踏，通过宣传稳定人员情绪，告知最佳疏散路线、疏散方法及疏散过程中注意的安全问题。广播引导人员在疏散行动中起着重要作用。事故广播小组应将以下内容进行广播：①突发事件发生的部位、目前灾情发展的情况等；②需疏散人员的区域，指明比较安全区域的方位和标志，以便使被困者确认自己是否到达安全区域；③指示疏散的路线和方向，说明利用哪条疏散通道和出口、安全指示标志的高低位置及颜色；④对已经被围困的人员，要告知他们救生器材的使用方法以及自制救生器材的方法，使其树立起自救逃生的信心。

3. 正确通报灾情，疏散方法得当。在突发事件初起阶段，在人员密集、疏散条件较差的情况下，组织指挥人员应首先通知出口附近或最不利区域人员，让他们先疏散出去，然后视情况公开通报，让其他人员疏散；防止不分先后、一拥而上，这会影响疏散的安全性。若灾情发展猛烈，且疏散条件较好，可同时公开通报，让全部人员按既定计划迅速疏散；疏散组织指挥人员要采用正确的疏导方法，为人员指明各种疏散通道，劝说人员服从指挥，听从疏导。如果灾情无法控制，总指挥应及时通知所有参加救援人员撤离。

4. 鱼贯撤离，做好防护。疏散时，若人员较多或能见度很差时，应在熟悉疏散通道和现场情况的人员带领下，鱼贯地撤离事故现场。带领人可使用让疏散人员手握长绳进行牵领或让疏散人员前后扯着衣襟的方法，或相互用"跟着我"的喊话将人员撤至室外或安全地点。疏散中通过浓烟弥漫区域时，应采用低姿行走，如弯腰、蹲姿等或匍匐爬行的方法快速穿过烟雾区。当必须穿过烟火封锁区域时，应用水将全身淋湿，用湿布、湿衣服裹头，湿毛巾或手帕掩口鼻或在喷雾水枪的掩护下迅速穿过。

5. 强行疏导疏散，制止脱险人员重返事故现场。如果灾情较大，可能直接威胁人员的安全时，工作人员和到达事故现场的处置队员，可利用各种设施设备全力处置，掩护被困人员疏散。由于惊慌混乱而造成疏散通路和出入口堵塞时，要采取必要的手段强制疏导。有些人员逃离事故现场，脱离危险后，随着对自己生命威胁的减少，可能想到事故现场内还有自己的亲人尚未脱险或珍贵财物没有带出，往往重新返回现场，去抢救财物和亲人，这样不仅会使他们重新陷入危险境地，而且给处置、疏散和救人工作带来困难。所以，应组织专人安排好已疏散到安全区域的人员，做好安慰工作，制止他们的危险行动，以保证他们的安全。

(二) 应急疏散的注意事项

人群疏散过程中，要运用正确的疏散方法对人群进行引导，防止出现群集现象。人员聚集成群会产生群集现象，而这正是产生各种群体性挤踏事件的直接原因。群集现象主要有以下几种：

1. 成拱现象。当拥挤的人群从宽敞的场地涌向狭窄的通道时，除了正常的纵向人流之外，还存在从两侧进入通道的人流。而这种从两侧进入的人流会妨碍正常流向人群的通行，从而在通道口处形成滞留人群，人群密度逐渐增大，达到一定程度时，通道口处形成拱形的人流结构，瞬时所有人都无法通过。但这种平衡是不稳定的。一旦相持的力量不平均时，这种平衡将被打破，力量较强的一侧将导致拱的崩溃，该侧的一些人会被突然挤入通道。在这种突然失去平衡的情况下很容易造成人员伤害。

2. 异向群集。人群在疏散过程中会存在来自不同方向的群集，特别是在多个通道的交会处。在紧急情况下，各群集在各自前进的过程中会相互阻塞、冲突、碰撞。在这种混乱的局面下容易因拥挤和践踏而造成人员伤亡。

3. 异质群集。在同向流动的群集中，人们的步长和步频不可能完全相同，其中一些个体的运动速度明显低于一般个体，如老人、孩子和残疾人等。这些人便属于群集中的"异质"。疏散过程中，每个人都按照自己认定的最短路线前进，总希望超越那些比自己慢的人，由此会引起碰撞、拥挤，进而引发大规模的群体踩踏事件。

工作流程

一、应急疏散与安置预案制定

在疏散工作实施前，为保障疏散的高效率进行，使受威胁人群能够在最短的时间内撤离出危险区域到达安全范围，需要制定合理的应急疏散预案，在突发事件来临时，根据应急疏散预案的疏散程序，有步骤、有计划、有组织地对危险区域内的人群进行疏散工作。人群疏散与安置预案制定流程如下：

1. 收集和整理待疏散地区的相关基础数据。主要包括，该区域的相关历史数据（该地区历史上发生突发事件的基本信息等）、区域内人口情况（人口数量、人口密度及人口分布等)、区域内及周边道路网信息（道路网形状、道路等级及通行能力、道路管制情况等)、可选避难所情况及该地气象条件等。

2. 对该地区曾发生的突发事件分类及分级，建立历史突发事件库，并对其可能产生的影响范围和危害程度进行评估。预测所有可能发生的紧急情况，并对其做好相应的准备工作。

3. 以预测的突发事件影响范围和危害程度为依据，划分危险区域及安全区域，进而可以确定待疏散的人数及分布，并根据实际情况选定可用于避难的安全场所。

4. 根据疏散人数规模和疏散距离，选择合适的疏散方式：车辆疏散、步行疏散或两种方式的混合疏散。如需利用车辆，则要确定所需车辆的数量及需要借调车辆的情况。

5. 根据疏散规模、交通状况及疏散方式，制定交通疏散预案，确定危险区域内及周边的交通组织方案。

6. 对疏散过程进行模拟或仿真预演，规划最有效的疏散路径和避难所选择方案，并分析疏散过程中可能出现的问题，同时针对问题提出相应的解决方案，确保疏散工作有序有保障地进行。

二、应急疏散与安置预案演练

人群疏散演练就是将大量人员集中于某个公共场所内专门进行疏散演习，同时对所有人的相关属性及疏散轨迹进行跟踪记录，必要时还要进行演习后的问询和调查。通过疏散演练，提高应变能力，使疏散现场引导人员的实战能力与经验得到提高，疏散人群对疏散路线更加熟悉，管理部门对疏散秩序的维护、疏散过程的组织协调能力得到增强。疏散演习中应确保任何时间、地点都不发生混乱，因此，应指派专人对可能的出口进行检查、找寻走失者，在演习区域之外计数出来的人数、控制重返建筑的人数。事故预防和控制的管理人员应当对疏散演习计划负责，该计划应当进行广泛的研究和讨论。在疏散演习结束后，应当开会总结成功的经验并解决出现的问题，以便对制定的疏散预案及时进行修改，使之更加完善。

三、应急疏散与安置程序及方法

(一) 应急疏散与安置程序

1. 发出警报。事故灾情发生后,要通过机器设备、值班人员等多种方式多种途径发出警报,发出的警报越及时越准确,人群疏散的安全性就越高。

2. 迅速反应。人员得到警报后应迅速反应,相关工作人员要正确引导,安抚好被疏散人群的心理,避免出现因过激反应导致疏散混乱的情况出现。

3. 有序疏散。要按照指定疏散路线,在工作人员的引导下,将被疏散人员全部安全有序地疏散到安全地带,并做好人群安置工作。

(二) 应急疏散与安置方法

1. 合理布置疏散路线。所谓合理的安全疏散路线,是指突发事件时紧急疏散的路线越来越安全。例如,在火灾应急疏散时应该做到人们从着火房间或部位,跑到公共走道,再由公共走道到达疏散楼梯间,然后由疏散楼梯间到室外或其他安全处,一步比一步安全,不能产生"逆流"。

2. 疏散楼梯的数量要足够位置要得当。为了保证人们在突发事件发生时能顺利疏散,高层建筑至少应设两个疏散楼梯,并且设在两个不同的方向上,最好是在靠近主体建筑标准层或防火分区的两侧设置。这是因为人们在火灾时往往是冲向熟悉的楼梯或出口,但若遇到烟火阻碍就会掉头寻找出路,只有一个疏散路线是不安全的。两个疏散楼梯过于集中也不利于疏散。

3. 疏散顺序。疏散顺序,就是指先疏散哪部分人员,后疏散哪部分人员。这是制定疏散预案首先要考虑的。一般原则是先疏散着火层,然后是着火层以上楼层,最后是着火层以下楼层。

4. 疏散路线。疏散路线应选择离安全出口、疏散楼梯最近的路线,一般是沿疏散指示标志所指的方向疏散。但如果是着火层,应考虑着火的位置。着火房间附近房间的人,应向着火相反的方向疏散。竖向疏散一般先考虑向地面疏散,因为疏散到地面是最安全的。但也要考虑到万一竖向通道被封堵,也可以向楼顶疏散。设有避难间、避难层的高层建筑,可考虑向避难间、避难层疏散。

5. 疏散指挥。整个疏散过程必须在统一指挥下,按照预定的顺序、路线进行,否则,就可能造成混乱,影响疏散。总指挥应当在消防控制室,各楼层或防火分区要有现场指挥员(或称引导员)。现场指挥员要及时向总指挥报告疏散情况。

6. 避免设置袋形走道。袋形走道的致命弱点是只有一个疏散路线（或出口）。火灾时，一旦这个出口被火封住，处在这部分的人员就会陷入"死胡同"而难以脱险。因此，高层建筑应尽量不设置袋形走道。

7. 辅助安全疏散设施要可靠、方便使用。高层建筑应根据需要，除设置疏散楼梯外，增设相应的辅助安全疏散设施，如救生软梯、救生绳、救生袋、缓降器等。这些辅助安全疏散设施要构造简单，方便操作，安全可靠。疏散引导行动应与灭火行动同时进行。

学以致用

一、实训案例

2014年12月31日23时35分，正值跨年夜活动，因很多游客市民聚集在上海外滩迎接新年，上海市黄浦区外滩陈毅广场东南角通往黄浦江观景平台的人行通道阶梯处底部有人失衡跌倒，继而引发多人摔倒、叠压，致使拥挤踩踏事件发生，造成36人死亡，49人受伤。2015年1月21日，上海市公布"12·31"外滩拥挤踩踏事件调查报告，认定这是一起对群众性活动预防准备不足、现场管理不力、应对处置不当而引发的拥挤踩踏并造成重大伤亡和严重后果的公共安全责任事件。黄浦区政府和相关部门对这起事件负有不可推卸的责任。2015年1月21日，上海市公布上海外滩踩踏事件遇难者家属将获80万抚慰金。

二、实训内容

人员密集群体的应急疏散预案制定与演练。

三、实训要求

1. 将学生按每组5—8人分成若干实训小组；
2. 各实训小组选定成员根据案例给定的情境分配角色，进行接警处警模拟演练；
3. 各实训小组模拟演练结束后写出实训总结，进行交流。

拓展学习

近年来，由于重大自然灾害事件与突发性公共安全事件的频繁发生及其带来的严重后果，相应的安全管理以及应急措施越来越得到社会各界的重视。其中，校园安全与应急管理更不容忽视。2008年汶川地震后，全国各地区各学校掀起了开展应急疏散演练的热潮，取得了卓有成效的改变，但与此同时仍有少数意外发生，如在演练过程中发生踩踏事故等。为更好地规范应急疏散演练，2014年2月教育部出台了《中小学幼儿园应急疏散演练指南》，为学校层面应急疏散演练的开展情况做出了相应规定，但具体实操层面的指南仍需探索。

四川平安家园培训基地一直致力于应急管理与应急演练领域的研究与探索，在成都及四川其他地区的学校实践多年，积累了诸多实操经验。同时平安家园培训基地积极响应教育部号召，努力解决应急管理与应急演练这块校园安全短板，为打通应急疏散演练"最后一公里"做出贡献。

四川平安家园培训基地在校园安全管理领域起步较早，经验丰富，在积极落实教育部出台的《中小学幼儿园应急疏散演练指南》等文件要求的同时，不断在实践中完善指南的实操性，帮助每个学校有目标、有方向地进行应急疏散演练训练。具体而言，平安家园训练基地主要从以下五个方面着手宣传与实施。

一是分析现状，确定方向。2008年"5·12"大地震后，绵阳安县桑枣中学有一位叫叶志平的校长被大众所熟知，他长期组织学校开展应急疏散演练，所以在这次大地震发生时，该中学不仅建筑物没有倒塌，还做到了非常有序的组织师生应急疏散，2300多名师生，在这次地震中无一伤亡。该事件引发了国人对学校应急管理和应急疏散演练方面的极大关注。因此，教育部每年都会下达文件，要求各地相关部门定期组织开展应急疏散演练，全国各地中小学校也都在积极落实政策开展校园演练。但令人痛心的是，演练过程中的安全事故却时有发生。如海南临高一小学在演练过程中发生了严重踩踏事故，造成20余人受伤；甘肃天水一中学防火防空演练时，由于释放烟雾过量导致疏散过程中大量学生吸入烟雾，致使193人次学生受伤住院等等。为此，针对《中小学幼儿园应急疏散演练指南》等相关文件未涉及之处，平安家园培训基地于2016年初逐渐形成了《中小学幼儿园应急疏散演练技术规程》文稿，确定了按图索骥、照方抓药的应急疏散演练指导方向，打通《中小学幼儿园应急疏散演练指南》的"最后一公里"。

二是坚守原则，遵循理念。平安家园培训基地在调研与起草《中小学幼儿园应急疏散演练技术规程》过程中，始终坚持应急疏散演练的四项基本原则，确保规程的实操性与针对性。①坚持安全第一。打破追求疏散演练的"速度"与"难度"的旧标准，不将缩短疏散时间作为首要目标，而是着眼于演练程序的规范和师生行为习惯的培养。②严格演练纪律。为确保安全第一的原则，平安家园培训基地提出了"七不准"要求，即师生在各种演练中不准嬉笑、不准推拉、不准滞留、不准超速、不准超越、不准蹲下以及不准逆行。③强化常规演练，兼顾特殊场景。针对演练中个别学校的迷茫与错误方向，平安家园培训基地强调要求强化常规演练。地震或火灾发生后，楼梯或通道在大多数情况下不会垮塌或被烟气封堵，地震、火灾等突发事件时，师生们是可以通过疏散通道进行逃生，因此应该重点抓好通过楼道进行疏散的演练。针对极端情况下的特殊场景，例如火灾处置、人员搜救等，通常只开展对部分应急队员、领导及老师的专项演练即可兼顾，不宜大规模开展。④着眼实战，循序渐进。平安家园培训基地强调演练的目的在于实战，这与第三个原则是相辅相成的。学校要抓住基础、因地制宜，切忌为了面子工程，凭空想象地制定计划与措施。

三是掌握关键，把控环节。①健全机构，明细责任。调动学校各部门各级领导、老师的积极性，打破原有的一位校长或领导从头到尾独自制定演练方案、发号施令、总结点评的传统模式，强调全体工作人员、组织机构的参与性，明确细化各方责任，分头落实。②夯实基础，优化方案。演练方案是学校应急疏散演练的核心，制定和优化演练方案必须从学校实际出发。摸清校园具体情况，制定科学符合现实条件的方案。③培训先行，不留死角。建立逐级培训制度，如领导层培训、教师层培训，形成领导向教师传递理念和职责，教师再向学生宣讲演练流程和纪律等逐层传达的机制。④细化流程，监督到位。在演练的重点路段、危险路段设置安全岗，既起到引导和监督作用，紧急情况下还可以第一时间采取必要的扶持或救助措施，确保演练的顺利进行，保障参与演练师生的安全。⑤严格考评，奖惩分明。演练过程中，通过设置监控录像以及安全岗的反馈，对应急疏散演练过程进行记录与考评，奖惩分明，提高演练的质量与效果。

四是实践验证，积极推广。平安家园培训基地在 2016 年完成对《中小学幼儿园应急疏散演练技术规程》各章节文字修订，并以成都为中心，面向全国十多个省市开展了 16 期验证性培训。从 2016 年至今，平安家园培训基地共完成推广培训 82 期，参与培训的学校达 16 000 余所，与时俱进的应急疏散方法以及基地理念也逐渐被大众所接受。①演练方案是基础。全部学员需完成本校三个演练方案，合格者方可结业。平安家园培训基地通过手把手的教学，帮助学员制定符合自己学校实情的演练方案。②学以致用是重点。每个学员小组组织一项重点环节推演，及时发现演练组织中存在的问题。联系自身所在学校实际，如怎样在学校里召开专题办公会,怎么明晰任务,怎么拍板解决演练中的"疑难杂症"等问题,都需要在培训会上展示和评判。③实操演练是亮点。平安家园注重将大量校园安全相关的实操技能引入培训班,强调在真实的场景下组织学员进行疏散演练,以便于学员们有最真切的感受,回到学校可以第一时间准确有效地传达演练技巧与方法。④走出成都,服务全国。平安家园培训基地近年来正不断地走向全国,近三年在南通、烟台、苏州、镇江、泉州等地均开展了大规模的学员培训班,目前培训班已经覆盖了全国 80 多个城市、16 个省份,近 2 万所学校因此受益。

五是出版手册,惠及大众。平安家园培训基地在《中小学幼儿园应急疏散演练技术规程》的基础上,编写了具体的实操手册,将应急演练课程进行了详细的解读,并且附上了演练期间所需的大量工具。基地还录制了一些寓教于乐的演练视频,如地震、火灾、校车疏散的组织等,以通俗易懂的形式更好地服务师生。除此之外,平安家园培训基地根据多年实践的经验制作了应急疏散演练组织工作的标准化模板,避免了学校抓不住重点、走弯路的现象。

应急管理与安全预防始终是不可忽视的一个领域。四川平安家园培训基地为人们做好了表率,只有将应急管理工作规范化、常态化,才能在真正危险来临之际做到临危不乱。

思考与讨论

1. 应急疏散与安置预案制定与演练的重要性。
2. 如何开展安全有效的应急疏散演练?

学习任务四 现场救援与救护

案例引入

2019 年 11 月 27 日凌晨,台湾艺人高以翔在录制浙江卫视《追我吧》节目中,奔跑时突然减速倒地。虽经全力抢救,医院最终宣布高以翔心源性猝死,35 岁的生命戛然而止。据国家心血管中心统计,我国每年心源性猝死者高达 55 万,而我国心脏骤停的抢救成功率却不到 1%。一旦发生心脏骤停超过 4 分钟,脑组织会发生永久性损害,超过 10 分钟就会出现脑死亡。这是一次生命的警示!"黄金四分钟"内，事发现场没有专业的医护人员和急救设备，救护车因路障第一时间没有到位……或许，足够的健康意识和及时的抢救措施也不能将他挽回，但至少有可能保护住更多生的机会！

结合引例思考：

若发现有人出现呼吸、心跳停止等紧急情况，应如何开展现场救护？

理论导航

一、现场救援与救护的界定

（一）现场救援与救护的涵义

现场救援一般是指针对突发、具有破坏力的紧急事件采取的预防、预备、响应和恢复的活动与计划。救援的基本任务主要包括：立即组织营救受害人员，组织撤离或者采取其他措施保护危险危害区域的其他人员；迅速控制事态，并对事故造成的危险、危害进行监测、检测，测定事故的危害区域、危害性质及维护程度；消除危害后果，做好现场恢复；查明事故原因，评估危害程度。

现场救护，是指在现场对威胁人体生命安全的各类事故、意外灾害、中毒和各种急症等所采取的一种应急救援和紧急救护措施，以挽救伤病员或受害者的生命，并迅速将他们安全地送往医院，作进一步的抢救检查和治疗。

（二）现场救援与救护的范围

现场救援的范围主要是突发性、后果与影响严重的公共安全事故、自然灾害等突发事件。

现场救护的范围包括但不限于以下几个方面：流血不止，昏迷及呼吸、心跳骤停，溺水，烧烫伤，外伤缝合，骨折固定及伤员搬运，触电，食物中毒，急性传染病，眼内异物，动物、昆虫的咬伤，硫化氢中毒，高寒冻伤，化学药品灼伤。

在伤病员较多的情况下，判断病情轻重是十分重要的，如果不分病情轻重而盲目处理，有可能会出现危重病人因抢救不及时而导致伤员病情恶化，甚至死亡。在一般现场急救中，应首先抢救危重病人，然后再处理病情较轻病人，为此必须迅速对病情做出判断。有以下情况者属危重病人：

1. 神志昏迷、精神萎靡；

2. 呼吸浅快、极度缓慢、不规则或停止；

3. 心率或心律显著过速、过缓，心律不规则或心跳停止；

4. 血压显著升高，严重降低或测不出；

5. 瞳孔散大或缩小，两侧不等大，对光反射迟钝或消失；

对上述情况的病人，必须迅速抢救，并密切观察呼吸、心跳和血压等生命体征的变化。

二、现场救援与救护基本原则

（一）现场救援的工作原则

1. 以人为本，安全第一。将保障现场群众和应急救援人员的安全放在第一位，最大限度地预防和减少事故造成的人员伤亡、财产损失和环境污染。任何人员未经应急指挥部的指令或许可，不得擅自参加应急救援行动，严防因抢险过程中造成事故扩大或次生、衍生事故发生。

2. 统一指挥、分级负责。事故救援工作必须在应急救援指挥部的统一领导和指挥下展开，按照各自职责和权限负责应急管理和应急处置工作，做到协调有序、快速反应、资源共享。

3. 依靠科学，依法规范。遵循科学原理，充分发挥专业人员的作用，实现科学民主决策。依靠科技进步，不断改进和完善应急救援的方法、装备、设施和手段，依法规范应急救援工作，确保预案的科学性、权威性和可操作性。

4. 预防为主、平战结合。相关部门落实应急管理与预防工作，做好危险源辨识和风险评价、预防、预警工作，加强应急队伍建设，保证物资储备、装备完善，并定期组织培训和演练。

（二）现场救护的工作原则

1. 机智、果断。发生伤亡或意外伤害后4—8分钟是紧急抢救的关键时刻，失去这段宝贵时间，伤员或受害者的伤势会急剧变化，甚至发生死亡。所以要争分夺秒地进行抢救，冷静科学地进行紧急处理。发生重大、恶性或意外事故后，当时在现场或赶到现场的人员要立即向有关部门拨打呼救电话，讲清事发地点、简要概况，同时要迅速了解事故或现场情况，机智、果断、迅速和因地制宜地采取有效应急措施和安全对策，防止事故、事态和当事人伤害的进一步扩大。

2. 及时、稳妥。当事故或灾害现场十分危险或危急，伤亡或灾情可能会进一步扩大时，要及时稳妥地帮助伤（病）员或受害者脱离危险区域或危险源，在紧急救援或急救过程中，要防止发生二次事故或次生事故，并要采取措施确保急救人员自身和伤（病）员或受害者的安全。

3. 正确、迅速。要正确迅速地检查伤（病）员、受害者的情况，如发现心跳呼吸停止，要立即进行人工呼吸、心脏按压，一直要坚持到医生到来；如伤（病）员和受害者出现大出血，要立即进行止血；如发生骨折，要设法进行固定等等。医生到后，要简要反映伤（病）员的情况、急救过程和采取的措施，并协助医生继续进行抢救。

4. 细致、全面。对伤（病）员或受害者的检查要细致、全面，特别是当伤（病）员或受害者暂时没有生命危险时，要再次进行检查，不能粗心大意，防止临阵慌乱、疏忽漏项。对头部伤害的人员，要注意跟踪观察和对症处理。在给伤员急救处理之前，首先必须了解伤员受伤的部位和伤势，观察伤情的变化。需急救的人员伤情往往比较严重，要对伤员重要的体征、症状、伤情进行了解，绝不能疏忽遗漏。通常在现场要作简单的体检。

三、现场检查顺序

在意外伤害的事故现场，作为参与救护的人员不要被当时混乱的场面和危急的情况所干扰，应该沉着镇静地观察伤者的病情，在短时间内做出伤情判断，先对伤者的生命体征（神志、呼吸、脉搏、心跳、瞳孔、血压）进行观察判断，然后再检查局部有无创伤、出血、骨折畸形等变化。其具体检查顺序如下：

1. 检查神志是否清醒。神志是否清醒，是指伤员对外界的刺激是否有反应。可以大声呼喊病人，敲打病人脸颊或拧病人手脚等。如果伤员毫无反应，称为神志不清或消失，预示着病情严重，此时要保持伤员呼吸道畅通，谨防窒息。如伤员神志清醒，应尽量记下伤员的姓名，住址，受伤时间和经过等情况。

2. 检查呼吸是否正常。正常呼吸运动是通过神经中枢调节的规律运动。正常人每分钟呼吸 15—20 次。病情危重时出现鼻翼煽动、口唇紫绀、张口呼吸等呼吸困难的表现，并有呼吸频率、深度、节律的异常，甚至时有时无。首先可以观察胸壁有否上下起伏活动，也可将手掌心或耳朵贴在病人的鼻腔或口腔前，体察有否气流进出，或者用一薄纸片、棉花丝或一丝餐巾纸放在病人的鼻腔或口腔前，看看是否随呼吸来回摆动。以上方法检查，如无迹象的话，可以初步判定呼吸已经停止，必须马上做人工呼吸抢救。

3. 观察脉搏是否正常。脉搏即动脉血管随着心脏节律性的收缩和舒张引起血管壁相应地出现扩张和回缩的搏动。手腕部的桡动脉、颈部的颈动脉、大腿根部的股动脉是最容易触摸到脉搏跳动的地方。正常成年人心率为60—100次/分，大多数为60—80次/分，女性稍快。一般以手指触摸脉搏即可知道心跳次数。用食指和中指轻轻地触及病人手腕桡侧的动脉，如果感觉不清楚，可以触摸病人颈动脉。对于危重病人无法摸清脉搏时，可将耳紧贴伤员左胸壁听心跳。如果脉搏消失了，要马上做胸外心脏挤压进行抢救。

4. 检查心跳是否正常。心跳是指心脏节律性的收缩和舒张引起的跳动。心脏跳动是生命存在的主要征象。将耳紧贴伤员左胸壁可听到心跳。当有危及生命的情况发生时，心跳将发生显著变化，无法听清甚至停止。此时应立即对伤员进行心肺复苏抢救。

5. 检查瞳孔是否正常。正常人两眼的瞳孔等大等圆，在光照下迅速缩小。对于有颅脑损伤或病情危重的伤员，两侧瞳孔可呈现一大一小或散大的状态，并对光线刺激无反应或反应迟钝。

6. 检查伤员是否有大出血。大出血时有3种明显症状：出血性休克，脸色苍白，出冷汗；脉搏弱而快，一分钟120次以上；身体耷拉，反应淡漠。大血管破裂和头颅、胸、腹部等的内出血，从外部很难发觉，需马上送医院。

经过上述检查后，基本可判断伤员是否有生命危险，如有危险，则立即进行心、脑、肺的复苏抢救。如无危险，则对伤员进行包扎、止血、固定等治疗。

工作流程

一、止血

人体组织损伤、血管断裂后，最易引起大量出血。短时间内大量失血，可使有效循环血量迅速减少，引起失血性休克，严重者，会危及生命。因此，及时有效止血是维持伤病员生命的一项重要措施。

（一）出血种类

按照出血部位，可以将出血分为：

1. 外出血：身体表面受伤引起的出血，血液从伤口流出。

2. 内出血：体内的脏器和组织受损伤而引起的内出血，血液流入体腔内，外表看不见，如肝破裂，胸腔受伤引起的血胸等。

3. 皮下出血：皮肤未破，只在皮下软组织内出血，如挫伤，瘀斑等。

（二）外伤出血的临床表现

1. 动脉出血：由于动脉血管内压力较高，所以出血时呈泉涌、搏动性，尤其是大的动脉血管破裂，血液呈喷射状，颜色鲜红，常在短时内造成大量失血，易引起生命危险。

2. 静脉出血：出血时缓缓不断地外流，呈紫红色。如大静脉出血，往往受呼吸运动的影响，吸气时流出较缓，呼气时流出较快。

3. 毛细血管出血：出血时，血液成水珠样流出，多能自动凝固止血。

（三）止血的急救方法

1. 指压止血法。在伤口的上方，即近心端，找到跳动的血管，用手指紧紧压住。这是紧急的临时止血法，与此同时，应准备材料换用其他止血方法。采用此法，救护人必须熟悉各部位血管出血的压迫点。

（1）面部出血：用拇指压迫下颌角与颏结节之间的面动脉。

（2）前头部出血：压迫耳前下颌关节上方的颞动脉。

（3）后头部出血：压住耳后突起下面稍外侧的耳后动脉。

（4）腋窝和肩部出血：在锁骨上凹，胸锁乳突肌外缘向下内后方，对准第一肋骨，压住锁骨下动脉。

（5）前臂出血：在上臂肱二头肌内侧沟处，施以压力，将肱动脉压于肱骨上。

（6）手掌和手背出血：在腕关节内，即我们通常按脉搏的地方，按到跳动的桡动脉血压住。

（7）手指出血：用健侧的手指，使劲捏住伤手的手指根部，即可止血。

（8）大腿出血：屈起其大腿，使肌肉放松，用大拇指压住股动脉之压点（在大腿根部的腹股沟中点），用力向后压，为增强压力，另一手的拇指可重叠压力。

（9）足部出血：在踝关节下侧，足背跳动的地方，用手指紧紧压住。

2. 加压包扎止血法。本方法适用于小动脉、小静脉和毛细血管的出血。用大块干净的敷料（毛巾、手帕）将伤口覆盖（敷料要超过伤口周边3厘米），再用三角巾或绷带加压包扎。使用加压包扎止血法时，要观察末梢血液循环。如果伤口较深，先用干净的敷料将伤口填塞，再加压包扎止血。此法应用普遍，效果也佳。

3. 止血带止血法。止血带是1886年埃斯马赫发明的，它是一种橡皮管，主要用于较大的动脉血管破裂，在用其他止血方法无济于事时采用。使用止血带时，应绑在四肢出血伤口的上方（以能止住血为度），事先将患肢抬高数分钟，局部垫上毛巾或其软组织物，以防组织擦伤。由于用止血带后，结扎部位下方组织血液供应中断，时间一久易致组织缺血坏死，所以绑止血带的时间不宜过长，每隔30分钟应放松一次，每次约半分至一分钟，以使血液流通。为此，凡上止血带的地方应有明确标记，注明绑止血带时间，以便转运，接收单位能据此作必要处理。

如果没有止血带，也可以用宽的布条、毛巾、绷带等代替，但要严防勒伤组织。

二、包扎

在外伤急救中，常常用到包扎。包扎伤口除了具有保护伤口、预防感染外，还有止血功能，某些包扎又可以作为固定患肢的方法。

伤口是细菌侵入人体的门户，如果伤口被细菌污染，就可能引起化脓或并发败血症、气性坏疽、破伤风等，严重影响和损害健康，甚至危及生命。所以在急救现场上如果没有条件做清创处理，一定要先进行包扎，因为及时妥善的包扎，可以达到压迫止血、减少感染、保护伤口、减少疼痛、固定敷料和夹板的目的。

包扎时，动作要轻巧、迅速、准确，做到包住伤口、严密牢固、松紧适宜。包扎时一般使用绷带，绷带通常分硬绷带和软绷带两大类。硬绷带是在布制的绷带上洒以石膏粉，干涸而成石膏绷带。在急救中通常使用软绷带。软绷带又分为多种，如粘膏，即橡皮膏；卷轴绷带，即纱布卷带，是用途最广，使用最方便的一种包扎材料。卷轴绷带根据卷轴形式又分为单头带、两头带，即一条绷带从两头卷起，也可以用两个单头带联结起来等。

应用绷带包扎，应注意如下几项使用原则：①急救人员必须面向伤员，取适宜位置。②必须先在创面覆盖消毒纱布，然后使用绷带。③包扎时左手拿绷带头，右手拿绷带卷，以绷带外面贴近局部。④包扎时应由伤口低处向上，通常是由左向右，从下到上进行缠绕。⑤包扎绷带不宜过紧，以免引起局部肿胀，也不宜太松，以免滑脱。⑥为了保持肢体的功能位置，一般包扎手臂时要弯着绑，包扎腿部时，腿要直着绑。

三、固定

固定术在救护中是以预防及处理休克，防止增加创口污染，固定患肢避免神经、血管遭受附加损伤为主要目的的。急救固定尤为重要。固定器材可因地制宜，就地取材，可选用木制夹板、铅丝夹板，或其他制式夹板，以及木棍、树枝条、硬纸板等。

（一）适用情形

1. 头颈部损伤，尤其颈椎损伤，搬动时应特别小心，经常保持头颈部与躯干成直线位置，可以两肩作支持，在颈部两侧填塞大量棉花，将两块铅丝夹板绑在一起，按正常人的头型弯曲成适当曲度，一人从患者的头下、背部将手插入，另一人轻扶上半身，将夹板安放好，从躯干开始向上包扎，以固定肩胛、背及头部。

2. 单纯锁骨骨折，可用三角巾托住前臂或用绷带在背后以 8 字形固定。

3. 肩部严重损伤时，在腋下垫一软垫，然后将上臂固定于胸壁，再用三角巾托住前臂。

4. 脊柱骨骨折时，应仰卧于硬板床上，搬运伤员时应有 3—4 人，一人托住肩胛部，一人扶住腰部，另一人托住双下肢，同时行动，把伤员搬到担架上。防止脊柱屈曲及扭转，最好使用硬担架，如用帆布软担架搬运，应采取俯卧位（颈椎损伤者例外）。

（二）注意事项

1. 有伤口和出血时先止血、包扎伤口，然后再固定骨折。如有休克，应先进行抗休克治疗。

2. 骨折临时固定的目的，只是为了制动，保证伤员安全运送。因此，对骨折畸形不要整复，只作一般矫正后固定即可。在处理开放性骨折时，不要把刺出的骨折端送回伤口，以免加重污染。

3. 夹板的长度和宽度，要与伤肢相称，它的长度应超过骨折部的上、下两个关节。

4. 夹板不要与皮肤直接接触，要用棉花或代用品垫在夹板和皮肤之间，尤其要垫好夹板两端、骨突部和空隙部位，以防局部感不适。

5. 上夹板时，除固定骨折的上、下两端外，还要固定上、下两关节，以保证骨折部的固定。

6. 固定要牢固可靠，不可过松或过紧。

7. 四肢骨折固定时，要露出指（趾）端，以便观察血液循环。

四、搬运

伤病员在现场进行初步急救处理后和在随后送往医院的过程中，必须经过搬运这一重要环节。规范、科学的搬运术对伤病员的抢救、治疗和预后都是至关重要的。从整个急救过程看，搬运是急救医疗不可分割的重要组成部分，仅仅将搬运视作简单体力劳动的观念是一种错误的观念。

（一）搬运方法

搬运方法有徒手搬运和器械（工具）搬运两种方法。现代各种灵巧、实用搬运工具的问世，住房和道路交通条件的改善，为正确、规范和科学的院前急救搬运创造了良好的条件。

1. 徒手搬运。指在搬运伤员过程中凭人力和技巧，不使用任何器具的一种搬运方法。该方法常适用于狭窄的阁楼和通道等担架或其他简易搬运工具无法通过的地方。此法虽实用，但因其对搬运者来说比较劳累，有时容易给伤病员带来不利影响。

（1）搀扶。由一位或两位救护人员托住伤病员的腋下，也可由伤病员一手搭在救护人员肩上，救护人员用一手拉住，另一手扶伤病员的腰部，然后与伤病员一起缓慢移步。搀扶法适用于病情较轻、能够站行走的伤病员。作用是不仅给伤病员一些支持，更主要能体现对伤病员的关心。

（2）背驮。救护人员先蹲下，然后将伤病员上肢拉向自己胸前，使伤病员前胸紧贴自己后背，再用双手反托病员的大腿中部，使其大腿向前弯曲，然后救护人员站立后上身略向前倾斜行走。呼吸困难的伤病员，如心脏病、哮喘、急性呼吸窘迫综合征等，以及胸部创伤者不宜用此法。

（3）手托肩捐。有两种方法：①将伤病员的一上肢搭在自己肩上，然后一手抱住伤病员的腰，另一手起大腿，手掌托其臀部；②将伤病员捐上，伤病员的躯干绕颈背部，其上肢垂于胸前，搬运者一手压其上肢，另一手托其臀部。

（4）双人搭椅。由两个救护人员对立于伤病员两侧，然后两人弯腰，各以一手伸入伤病员大腿下方面而相互十字交叉紧握，另一手彼此交替支持伤病员背部；或者救护人员右手紧握自己的左手手腕，左手紧握另一救护人员的右手手腕，以形成口字形。这两种不同的握手方法，都形成类似于椅状而命名。

此法要点是两人的手必须握紧，移动步子必须协调一致，且伤病员的双臂都必须搭在两个救护人员的肩上。

（5）拉车式。由一个救护人员站在伤病员的头部，两手从伤病员腋下抬起，将其头背抱在自己怀内，另一救护员蹲在伤病员两腿中间，同时夹住伤病员的两腿面向前，然后两人步调一致慢慢将伤病员抬起。

2. 器械搬运。指用担架（包括软担架、移动床轮式担架）等现代搬运器械或者因陋就简利用床单、被褥、竹木椅、木板等作为搬运器械（工具）的一种搬运方法。

（1）担架搬运。担架搬运是院前急救最常用的方法。目前最经常使用的担架有普通担架和轮式担架等。我国目前大多数住宅的楼道狭窄，高层建筑虽有电梯，但难以容纳平放的普通担架或轮式担架，给搬运伤病员带来了困难。用担架搬运伤病员必须注意：①对不同病（伤）情的伤员要求有不同的体位；②伤病员抬上担架后必须扣好安全带，以防止翻落（或跌落）；③伤病员上下楼梯时应保持头高位，尽量保持水平状态；④担架上车后应予固定，伤病员保持头朝前脚向后的体位。

（2）床单、被褥搬运。遇有窄梯、狭道，担架或其他搬运工具难以搬运，且天气寒冷，徒手搬运会使伤病员受凉的情况下所采用的一种方法。搬运步骤为：取一条牢固的被单（被褥、毛毯也可）平铺在床上，将伤病员轻轻地搬到被单上，然后半条被单盖在伤病员身上，露出其头部（俗称半垫半盖），搬运者面对面紧抓被单两角，脚前头后（上楼则相反）缓慢移动，搬运时有人托腰则更好。这种搬运方式容易造成伤病员肢体弯曲，故胸部创伤、四肢骨折、脊柱损伤以及呼吸困难等伤病员不宜用此法。应该强调的是，在目前软担架已逐渐在院前急救机构使用的情况下，我们提倡专业急救机构应该用软担架替代这一搬运方法。

（3）椅子搬运。楼梯比较狭窄和陡直时，可用牢固的竹木椅作为工具搬运伤病员。伤病员采用坐位，并用宽带将其固定在椅背和凳子上。两位救护人员一人抓住椅背，另一人紧握椅脚，然后以45度角向椅背方向倾斜，缓慢地移动脚步。一般来说，失去知觉的伤病员不宜用此法。

（二）注意事项

搬运时，原则上应有2—4人同时均匀进行，动作一致。切忌一人抱胸另一人搬腿双人拉车式的搬运法，因它会造成脊柱的前屈，使脊椎骨进一步压缩而加重损伤。

1. 遇有颈椎受伤的伤病员，首先应注意不轻易改变其原有体位，如坐不行，马上让其躺下，应用颈托固定其颈部。如无颈托，则头部的左右两侧可用软枕衣服等物固定，然后一人托住其头部，其余人协调一致用力将伤病员平直地抬到担架上。搬运时注意用力一致，以防止因头部扭动和前屈而加重伤情。

2. 颅脑损伤。颅脑损伤者常有脑组织暴露和呼吸道不畅等表现。搬运时应使伤病员取半仰卧位或侧卧位，易于保持呼吸道通畅；脑组织暴露者，应保护好其脑组织，并用衣物、枕头等将伤病员头部垫好，以减轻震动，注意颅脑损伤常合并颈椎损伤。

3. 胸部伤。胸部受伤者常伴有开放性血气胸，需包扎。搬运已封闭的气胸伤病员时，以座椅式搬运为宜，伤病员取坐位或半卧位。有条件时最好使用坐式担架、折叠椅或担架调整至靠背状。

4. 腹部伤。伤病员取仰卧位，屈曲下肢，防止腹腔脏器受压而脱出。注意脱出的肠段要包扎，不要回纳，此类伤病员宜用担架或木板搬运。

5. 休克病人。病人取平卧位，不用枕头，或脚高头低位，搬运时用普通担架即可。

6. 呼吸困难病人。病人取坐位，不能背驮。用软担架（床单、被褥）搬运时注意不能使病人躯干屈曲。如有条件，最好用折叠担架（或椅）搬运。

7. 昏迷病人。昏迷病人咽喉部肌肉松弛，仰卧位易引致呼吸道阻塞。此类病人宜采用平卧头转向一侧或侧卧位。搬运时用普通担架或活动床。

五、心肺复苏

心肺复苏术是心跳、呼吸骤停和意识丧失等意外情况发生时，给予迅速而有效的人工呼吸与心脏按压，使呼吸循环重建并积极保护大脑，最终使大脑智力完全恢复。简单地说，通过胸外按压、口对口吹气使病人恢复心跳、呼吸。一般来说，徒手心肺复苏术的操作流程分为以下五步：

1. 评估意识。轻拍患者双肩、在双耳边呼唤（禁止摇动患者头部，防止损伤颈椎）。如果清醒（对呼唤有反应、对痛刺激有反应），要继续观察，如果没有反应则为昏迷，进行下一个流程。

2. 求救。高声呼救："快来人啊，有人晕倒了。"接着联系120求救，立即进行心肺复苏术。注意保持冷静，待120调度人员询问清楚再挂电话。

3. 检查及畅通呼吸道。取出口内异物，清除分泌物。用一手推前额使头部尽量后仰，同时另一手将下颌向上方抬起。注意，不要压到喉部及颌下软组织。

4. 人工呼吸。判断是否有呼吸，一看二听三感觉（维持呼吸道打开的姿势，将耳部放在病人口鼻处）。一看：患者胸部有无起伏；二听：有无呼吸声音；三感觉：用脸颊接近患者口鼻，感觉有无呼出气流。如果无呼吸，应立即给予人工呼吸2次，保持压额抬颏手法，用压住额头的手以拇指食指捏住患者鼻孔，张口罩紧患者口唇吹气，同时用眼角注视患者的胸廓，胸廓膨起为有效。待胸廓下降，吹第二口气。

5. 胸外心脏按压。心脏按压部位——胸骨下半部，胸部正中央，两乳头连线中点。双肩前倾在患者胸部正上方，腰挺直，以臀部为轴，用整个上半身的重量垂直下压，双手掌根重叠，手指互扣翘起，以掌根按压，手臂要挺直，胳膊肘不能打弯。一般来说，心脏按压与人工呼吸比例为 30∶2。

学以致用

一、实训案例

2020年11月28日20时许，某市高铁站二楼第二候车室有人呼喊"救命"，原来一名旅客患有癫痫疾病，在候车过程中突发疾病，出现昏厥、抽搐、意识模糊等症状。

二、实训内容

执勤民警及工作人员应当如何处置？

三、实训要求

1. 将学生按每组5—8人分成若干实训小组；

2. 各实训小组选定成员根据案例给定的情境分配角色，进行相应的模拟演练；

3. 各实训小组模拟演练结束后写出实训总结，进行交流。

拓展学习

某年6月3日，Y省A市N县发生6.4级严重破坏性地震。震源中心为N县城郊，地震波及周边4县区，灾情极为严重，共造成51个乡（镇）、53万多人受灾，18余万人房屋受到破坏需要临时异地安置。N县地震震级高，震源浅，破坏性大，但公路破坏不严重，共造成现场死亡3人，313人受伤。震后现场医疗急救主要开展了如下工作：

1. 成立现场医疗救援指挥部和抗震救灾领导小组。6月3日凌晨，地震发生后，A市委、市政府和市卫生局领导马上到市地震局了解地震情况，确定地震中心是N县县城城郊后，对现场伤亡情况做了快速评估，市卫生局成立了现场医疗救援指挥部，迅速启动《突发公共事件医疗卫生救援应急预案》《破坏性地震医疗救治工作应急预案》，在灾后第一时间开展了现场急救，降低伤员死亡率。市卫生局局长率领市级医疗机构应急队伍迅速行动，立即赶赴N县县城，从凌晨5：45起，市人民医院、市中医医院、市精神病医院、市妇幼保健院等9支42名医务人员组成的抗震救援医疗队，分别赶赴距离约20公里的N县开展紧急医疗救援工作。在震后1个多小时，A市卫生局直属医疗卫生单位1000余名、N县500余名医务人员已经到医疗救援岗位上，认真履行救死扶伤，全心全意为伤病员服务的宗旨，投入到医疗救治的工作的第一线。在积极进行医疗救援的同时，A市卫生局及时向上级领导汇报有关医疗救援的情况并接受指令。

Y省卫生厅于6月3日启动《Y省卫生救灾防病应急处置预案》，成立了"6·3"抗震救灾领导小组，组建由省卫生厅厅长任组长的指挥协调组和主管医政的副厅长任组长的现场工作组。主管医政的副厅长于6月3日上午率省级医疗队赶赴 N 县重灾区。指挥协调组按预案要求开展工作；现场工作组由厅医政处领导、A 市卫生局局长任副组长，省、市、县三级卫生部门和医疗卫生单位的负责人为成员，协调指挥灾区伤员急救、转诊、医疗资源调配等工作。

2. 现场医疗急救。现场抢救是对地震灾区伤病员给予及时有效的救护，它是灾区抢救工作的重要环节，也是人员脱险、伤员获救的基本保证。

N 县 "6·3" 地震后，N 县人民医院、县妇幼保健院、中医院用房在震中受到严重损毁，已不能在院内开展正常的伤病人员诊疗活动。市、县卫生局领导果断决策，在空旷、安全、集中便利的 N 县某广场搭建临时医院，设置简易病区、治疗室、药房，迅速组织开展灾区医疗救援工作。

现场医疗救援工作分为四个应急小组，一组开展现场初步检伤分类和转运伤员；二组在医院门诊大厅前空地上建临时医疗点开展震后伤员的医疗救治工作，同时积极开展伤员自救知识的宣传工作，动员伤情较轻的病人自行到临时医院就诊；三组做好临时医院的诊疗工作；四组将所有医院住院部患者转移到某广场安全地带。

（1）自救互救，挽救伤员生命，阻止伤情恶化。地震发生后，最先的反应者是没有受伤的幸存者和伤情较轻的伤员，这些人会主动承担起自救互救的责任，把伤员尽快送往临时医疗点或临时医院，而伤情较轻的伤员会自行到医院就诊。

（2）检伤分类。N 县急救站在接到地震中受伤人员或家属、朋友、路人的 120 呼救电话后，立即通知救护车前往。医师到达现场后确定受伤者的伤情，按轻、中、重、死亡进行初步检伤分类。

将病人送达临时医疗点或临时医院后，由具有丰富临床经验的外科医生再次进行检伤分类，通过查看病人伤情，进行生命体征、受伤部位检查登记、简单急救处理后，确定需转送当地医院的专业科室或上级医院。

（3）现场急救。在现场急救过程中，本着先救命后治伤、先治重后治轻的原则处置。6 月 3—4 日，N 县灾区现场共抢救伤员 313 人。

第一，现场初步救治。N 县急救站的医师主要急救措施是止血、包扎、固定、搬运和对症用药，尽快把伤员送到临时医院进一步救治。

第二，临时医疗点或临时医院救治。对轻度伤员的救治：血压、呼吸、脉搏等基本生命体征正常，可步行，症状较轻，一般对症处理即可，如挫伤、擦伤等；对中度伤员的救治：伤情较重度轻，只要及时得到处理，一般不危及生命，如单纯性骨折、外伤出血、眼外伤等,需手术的病人转入 A 市人民医院治疗;对重度伤员的救治:危及生命者立即抢救,如窒息、颅脑外伤、大出血、严重中毒、休克及呼吸、心跳骤停等,病情稳定后转入 A 市人民医院治疗。

第三,心理治疗。地震造成人们恐慌、紧张,在伤员不断增加,救治场地拥挤的情况下,尤其是伤员情绪波动更为突出。这些不良情绪不利于控制伤情,会使伤员血压上升、出血加重、心率和呼吸增快及降低机体免疫力和环境适应能力。所以,要做好伤员心理疏导,消除恐惧心理。伤员抵达医院后,医务人员应用医学心理学知识,坚持以人为本,安慰伤员,缓解伤员的紧张情绪,以沉着冷静、温和关怀的态度增进伤员信任感,使伤员积极配合治疗能收到较好的效果。

3. 伤员转运。

(1) 现场转运。伤员经 N 县急救站医师初步检伤分类、现场处置后,根据伤情用救护车向临时医疗点或临时医院转送,并合理分流伤员,同时报告相关医院领导,通知做好接诊准备。

(2) 转院。危重病人、需紧急手术者立即转入 A 市医院治疗。在转送路途中车速宜平稳,避免颠簸增加病人损伤和痛苦,保持病人呼吸道、各种管道通畅。

思考与讨论

发生火灾等突发事件时,应如何及时、有序、高效地组织实施现场医疗急救工作,保障人民群众身体健康、生命安全和社会稳定?

学习任务五　调查访问

案例引入

2020 年 6 月 26 日凌晨 4 时 30 分许,王某(男,25 岁)醉酒后,在上海巨鹿路一酒吧门口与麦某(男,25 岁)、马某(女,34 岁)等人发生争执,并引发肢体冲突。王某与马某在推搡中共同摔倒在路边绿化带,王某对马某有撕咬行为。路过此处的李某(男,37 岁)见状即上前制止,被王某咬伤左耳,后王某逃离现场。

结合引例思考:

公安机关工作人员如何对此案开展调查访问？

理论导航

一、调查访问的界定

（一）调查访问的涵义

调查访问又称调查询问，通俗来讲即征求意见、向人打听情况。现场调查访问是突发事件调查的主要方式之一，指突发事件发生后，相关调查人员为查明事件发生的时间、地点、经过、责任及其他重要信息，向被害人、事主、见证人和其他知情人了解、查证有关情况，并取得证人证言、发现线索、收集证据的工作。

（二）调查访问的特性

调查访问具有以下特性：一是访问主体的特定性，调查访问一般由具有调查资格的相关部门及工作人员担任。二是访问对象的特殊性，即调查访问的对象应该是有民事行为能力的自然人，对无民事行为能力的自然人的访问则应该有其监护人在场。三是访问活动的规范性，在对访问对象进行访问时，应严格遵守相关程序规定。

（三）调查访问的作用

1. 为现场勘验提供线索，指明勘验方向。访问知情人，可知道突发事件最先起于何处，向何处蔓延，能为现场勘验提供帮助。

2. 帮助发现、分析和判断痕迹物证。通过访问知情人，可以了解现场中物品等情况。

3. 验证现场情况。利用访问中获取的证据来验证现场勘验过程获取的情况，特别是查证现场出现的可疑物品。

4. 有利于分析判断事件情况。可以了解现场的人、物、事以及相互间的关系，从而分析判断突发事件的性质、确定调查的方向，及时控制相关责任人。

5. 固定证据。证人证言一般是口头陈述，可以把存在于大脑中的现场情况通过语言陈述以访问笔录的形式固定下来，形成言词证据。

调查访问是一项涉及面广、时效性强、要求严谨的工作，突发事件的调查访问人员需要具备过硬的素质，在调查访问中坚持及时、全面、客观、细致、合法的原则，使调查访问顺利进行，并取得成效。

二、调查访问基本原则

突发事件处置过程中，开展调查访问应遵循下列原则：

1. 及时原则。这是由人的记忆会随时间推移而迅速减退（记忆曲线）这一客观规律决定的，访问必须及时进行。

2. 合法原则。这是由访问的规范性特性决定的，访问必须合法，否则不具有法律效力。

3. 客观原则。访问过程中不可仅凭个人理解擅自对访问对象的陈述进行语言加工，否则不能真实反映访问对象陈述的内容。

4. 全面原则。表现为访问的人员和内容要全面这两个方面。

5. 个别访问原则。每次访问只能对一个证人进行，其他证人或无关人员不得在场。

6. 有计划原则。调查访问人员展开访问前，应当熟悉事件情况，明确访问的目的和要求。

7. 实事求是原则。访问不得带有倾向性，不能诱导，应当如实反映被访问人的陈述，不能按自己意愿加以取舍和修改。

三、调查访问的对象

1. 事主、被害人及其亲友。主要了解事发现场的有关情况。

2. 知情人与目击者。主要了解事件的相关人、事、物的情况，事件发生与发现的相关情况。

3. 报警人。主要了解事件的来源渠道，掌握初步证据。

4. 有关行业的专业人员。主要了解某些专门技术问题。

四、调查访问的内容

调查访问期间，因具体事件性质、访问对象、所要查明问题的不同，其访问内容是有区别的，每个事件都有访问的重点。一般来说，有以下几方面：

1. 突发事件发生、发现的情况。突发事件发生的具体时间、地点，发现的详细经过；发现时现场的状况是否变动过，变动的原因及变动变化的具体情况；发现时有谁在场或出入过现场；发现后采取了哪些措施。

2. 突发事件中相关责任人的情况。包括人数、基本情况、个体特征、财产、经济状况、职业特点等情况。

3. 突发事件中被害人的情况。被害人的基本情况、思想品质、人际交流、财产、经济状况、职业特点、婚恋状况、心理生理状况以及事前事后的言行表现等；被害人生活习惯、作息规律和个人爱好情况等；被害人受害经过；被害人家庭及社会关系的情况。

4. 现场遗留物的情况。现场遗留物不但是现场勘验的客体，也是调查访问期间重点查询的内容，查明现场遗留物的情况对发现线索和证据有重要的意义。

5. 突发事件发生前后的疑人疑事。突发事件发案前后的疑人疑事，很可能成为重大线索。在调查访问期间，要特别注意发现和收集这方面的情况，它主要包括以下几方面：事发前后有无可疑人在现场附近徘徊、逗留；在现场周围有无发现或捡到过可疑物品；事发后有无可疑人员言行举止反常；有无人员处理过现场中损失的物品，打听过与事件有关的情况；有无其他可疑迹象出现过。

五、调查访问的基本方式

访问往往因任务不同而需要采取不同的方式，最基本的方式为正面调查访问与侧面调查访问两种。

1. 正面调查访问。即调查人员以公开的身份，直接与被访问人员进行接触，询问了解与事件有关的情况。正面调查访问一般有四种方式：走访询问、查询与诘问、个别询问、集体座谈。

2. 侧面调查访问。即调查人员在不暴露自己身份或意图的前提下，就事件中的某些问题进行调查。主要有隐蔽询问、间接询问、秘密调查询问等方式。

工作流程

一、访问前的准备

1. 了解基本事件情况。调查访问前，调查工作人员应该了解已有的事件材料，从而确定具体调查访问时，哪些内容要重点详细了解，哪些内容只须简单了解；哪些情况要直接正面了解，哪些情况只能间接侧面了解；哪些问题需要通过访问调查查证证实，哪些问题要通过调查访问拓展线索等等。

2. 确定访问对象的范围。要把访问对象的范围确定在一个合理的、科学的范围内，既能取得有关信息，又能在访问调查中节省人力、物力。访问调查对象是与事件有关的人或了解事件有关情况的人。

3. 了解访问对象的基本情况。这是取得访问对象合作的关键之一，是确定调查方式、方法及策略的基础。应了解：①访问对象与本事件的关系。了解这一点便可把握住访问对象的心理特点，采取合适的方式方法展开工作。②访问对象的个人情况。包括：年龄、性别、民族、职业、文化程度、健康状况、性格特点、社会经历、个性爱好、生活习惯等等。掌握以上情况，有助于访问调查工作顺利进行。

4. 确定合适的时间、地点。对访问时间的选择要考虑：访问对象是否方便或有时间；情绪是否稳定；精力是否充沛。对地点的选择要考虑：是否利于保密；是否不易受外界干扰；是否有利于访问对象无拘无束地谈话。

5. 拟定访问提纲。调查人员往往要访问多名对象，由于每个人的个人情况不同，与事件关系不同，接受访问的心理状态不同，了解事件情况的侧面与角度不同，访问的内容、方式应各有差异。为防止张冠李戴，应拟定一个简要的提纲，包括：访问的目的、要求；访问的主要内容及侧重点；访问的方式方法；可能出现的问题及解决的办法。

6. 注意访问时的仪表神态。只有访问对象通过对调查人员的仪表、神态、举止的观察，从心理上接近并接受了调查人员，才会信任调查人员，进而进行配合工作。访问中，调查人员应衣着朴素且整洁大方，要遵守一般的社交礼节，以礼待人、以诚待人，且不可居高临下、盛气凌人。

7. 注意使用合适的访问用语。调查访问工作是以语言为媒介，通过调查员的问、访问对象的答进行的，讲究语言运用的策略非常重要。此外，语音、语调、语速等也是应注意的问题。

8. 稳定访问对象的情绪。若访问对象是被害人或亲属时，他们因遭受伤害，往往思想紧张，情绪紊乱；若访问对象是一般知情人时，容易产生警惕、戒备心理。所以，调查人员要根据调查访问对象的具体情况，选择合适的话题，稳定对方的情绪，造成无拘无束的访问氛围。

9. 消除访问对象的思想障碍。由于访问的对象不同，他们的思想和态度也不一样。如被害人和家属因为身心受到打击，情绪偏激，容易夸大事实，或不敢吐露真情，或谎报案情等等。调查人员应首先分析访问对象存在何种思想障碍，然后对症下药，一方面通过语言、方法和态度，促进与被访问者的心理接触；另一方面要加强对访问对象的思想教育，晓之以理，动之以情，消除其思想障碍。

10. 促使访问对象回忆情况。为帮助访问对象再现事件的过程，调查人员可寻找一定的线索，使用接近回忆、相似回忆、对比回忆、关系回忆等方法，促进回忆有关案件事实和情节。

二、接近被访问者

1. 对被访问对象使用恰当的称呼。①要入乡随俗，亲切自然。如北方人把妻子叫媳妇，南方人说的媳妇是指儿子的妻子。②要符合双方的亲密程度和心理距离。一般地说，初次见面的人，不能直呼其姓名，而应称"经理"、"局长"等头衔或"先生"、"女士"等一般的尊称。③既要尊重恭敬，又要恰如其分。避免用对人极不尊重恭敬的"喂"、"伙计"，也不要一味奉承，一见面就叫"老首长"、"老前辈"。④要注意称呼习俗的发展和变化。20世纪五六十年代人们习惯称"同志"，六七十年代多称"师傅"，改革开放后喜欢称"先生"、"小姐"、"老板"。不要乱称呼。

2. 接近被访问者的方法。①自然接近。即在某种共同活动过程中接近对方，如一起工作、开会、乘车、就餐等。这种方式是访问者有心，被访问者无意，有利于在对方不知不觉中了解到许多情况。②求同接近。即在寻求与被访问者的共同语言中接近对方，如同乡、同学、同龄、同行，共同的经历、爱好等。③友好接近。即从关怀、帮助被访问者来联络感情、建立信任，如被访问者家里有病人，就谈如何治病、买药和调养。④正面接近。即开门见山，先自我介绍，说明调查的目的、意义和内容，然后做正式访问。⑤隐蔽接近。即以某种伪装的身份和目的接近对方，并在对方没有觉察的情况下访问。如微服私访。

三、建立良好的人际关系

1. 说明来意，消除疑虑。先自我介绍，说明调查的目的、意义和内容，消除疑虑。

2. 虚心求教，以礼待人。尊重被访问者。

3. 平等交谈，保持中立。以平等态度对待被访问者，对于一切敏感的或有争议的问题，要保持客观、中立的态度。

四、实施访问

（一）提出问题

1. 选择提问的方式，应考虑的因素。①要考虑问题本身的性质和特点。对于尖锐、复杂、敏感和有威胁性的问题，要谨慎、迂回地提出；反之，则大胆提出。②要考虑被访问者的具体情况。若顾虑重重、性格孤僻，则要循循善诱、逐步前进地提出问题。③要考虑访问者与被访问者之间的关系。在访问者与被访问者互相不熟悉、尚未建立基本信任和初步感情的情况下，应采取耐心、慎重的方式提出问题。

2. 提问所使用的语言要求。要做到"一短三化"，即提问的话语应尽量简短，提问的语言要通俗化、口语化并尽可能的地方化。

（二）有效听取回答

1. 要排除听的障碍。如偏见性障碍、判断性障碍、心理性障碍等。
2. 要有正确的态度。要认真地听、虚心地听、有感情地听。
3. 要提高记忆能力。
4. 要善于做出反应。

（三）有效引导

如被访问者有顾虑，要摸清有什么顾虑，然后对症下药消除顾虑。

（四）深入追询

方法有正面追询、侧面追询、系统追询等。追询要适时适度。引导要及时，但追询要放在访问后期进行。

五、做好访问记录

（一）调查访问笔录

调查访问笔录，是工作人员在进行调查访问时，依法制作的如实记载调查人员的提问和访问对象陈述的文字记录。

（二）亲笔证词

亲笔证词是在调查办案过程中，应调查人员的要求或证人的申请，由证人自行书写的有关事件情况的文字材料。访问对象的亲笔证词经过查证属实后，是认定事实的证据之一。

（三）调查访问录音

调查访问录音可以更加客观、全面地记录访问的全过程，有利于对访问对象所陈述的问题进行分析研究，有利于调查访问工作的质量。

1. 录音的方法。

（1）录音时，最好选用体积小、性能好、便于携带或隐藏的录音设备。

（2）针对不同的访问对象采用公开录音或秘密录音。

（3）公开录音时，要打消被访问对象的顾虑。

2. 录音的要求。

（1）访问中的录音要做到完整、准确、全面、清晰。

（2）制作录音时要将交谈双方的谈话内容都录制下来。

（3）访问结束后，将录音进行编号登记并妥善保存。

六、访问结束

每次访问时间不宜过长，一般以一两个小时为宜；访问必须在良好气氛中进行；要善始善终；要表示感谢和友谊；要为以后的调查访问做好铺垫。

学以致用

一、实训案例

某年3月4日下午，在某市湖滨街道民生路一处出租房门外，房东听到邻家小孩哭声不断，房门又紧锁，因担心小孩发生意外，立即报了警。13时29分，某市消防大队和湖滨派出所接到报警后，先后赶到现场。隔着门，可以听到一个小孩正在号啕大哭，救援人员只好一面安慰着哭泣的孩子，一面轻微地操作着顶门器……当房门被缓缓打开的一刻，屋里的视线很模糊，但救援人员可以看到一个女子躺在床上，声息皆无，一个女童正在抽泣。

经现场医护人员确认，女子已无生命迹象。

二、实训内容

在调查此案的过程中，应当如何有效展开访问？

三、实训要求

1. 将学生按每组 5—8 人分成若干实训小组；

2. 各实训小组选定成员根据案例给定的情境分配角色，进行相应的模拟演练；

3. 各实训小组模拟演练结束后写出实训总结，进行交流。

拓展学习

在突发事件的调查过程中，针对不同访问对象，需要采取不同访问策略：

1. 对未成年人的访问。对未成年人访问可以通知其家属、监护人或者其他法定代理人到场，听取访问情况。调查人员应与未成年证人、被害人的家长、监护人或其他法定代理人进行思想上的沟通，让法定代理人配合调查人员做好访问工作。

2. 对老年人的访问。对老年人的访问应注意：一是要持尊重的态度；二是要放慢访问时问话的节奏，让其有足够的时间去回忆和陈述；三是提问应简单明了；四是访问老年人的时间不宜太长并注意让其休息。

3. 对女性的访问。女性是现场访问经常遇到的对象，她们由于生理、心理的差异，有许多不同于一般对象的特点。访问时调查人员要注意：一是要提供良好的谈话环境，营造平和的谈话氛围，让对方感到安全、宁静、信任；二是访问时，要有女调查人员参加，如果一时无女调查人员时，可邀请女干部或老年妇女同志陪同。在访问前要动其感情、消其顾虑，使其认识到作证的意义和作用。

4. 对聋哑人的访问。访问时调查人员应注意：访问前，应了解其属于先天聋哑还是后天聋哑，对于受过教育的聋哑人可用笔谈的方式进行访问；对于未受过教育无法以文字表达意思的聋哑人，则只能通过通晓哑语的人与其通过手势交谈。访问时调查人员的态度要诚恳、真诚，要表现出对聋哑人的尊重，要耐心听取其"陈述"，要仔细观察其"陈述"的表情和动作，以便准确理解其所要表达的意思。

5. 对盲人的访问。调查人员在访问盲人之前应了解其是先天失明还是后天失明，了解其智力发育情况以及听觉、触觉和嗅觉的灵敏程度，特别是要注意其有无习惯性感知误差。访问盲人时要特别注意语言和语气，要表现出诚恳的态度和对盲人的尊重，要努力打消对方心中的疑虑，取得其信任；要耐心听取其陈述，不要干扰其回忆过程，要注意发挥盲人的感知优势，对于其感知能力较强的那些方面的情况可以要求其详细描述，对于其感知不清的情况不要反复追问，以免引起其反感或为了证明自己的能力而随口编造谎言。

思考与讨论

在调查过程中，如何根据访问对象的特点，做好心理转化工作？

学习任务六 安全检查

案例引入

2019年12月16日8时左右，于女士乘坐JD5531航班前往石家庄。当该女子通过安检通道接受人身检查时，安检员发现该旅客行为异常。当安检员与其对话询问，该旅客仅用摇头、点头的方式回答。

这一异常行为引起安检人员警觉，遂对于女士的口部进行检查，在她的嘴中发现一把长约7厘米的水果刀。

结合引例思考：

在机场、火车站、法院等场所，设置安全检查的用意及相关操作流程？

理论导航

一、安全检查的界定

安全检查是公共场所（口岸、机场、火车站、汽车站、地铁站等）进出通道检查的内容之一，是相关人员必须履行的检查手续。具体而言，安全检查是指在特定的区域内，为保障广大人民群众的人身安全、公共设施的安全以及相关活动的顺利开展，所采取的一种运用特定技术、手段，对相关场地、设施和人员实施检查，依法防止限制物品、管制物品、易燃易爆物品、强腐蚀性物品等危险物品进入相关场所的职务行为。安全检查不存在任何特殊的免检对象，所有外交人员、政府首脑和普通被检人，不分男女、国籍和等级，都必须经过安全检查。

二、安全检查的原则

1. 以人为本原则。维护广大人民群众的根本利益，保护群众的生命财产安全，是安检工作的出发点和宗旨。积极预防和最大限度地减少突发事件危害，是安检的重要职责。

2. 预防为主原则。把应对突发事件的各项工作，落实到安检的日常管理之中，加强基础工作，完善安全网络建设，增强预警分析，做好预案演练，提高防范意识，将预防与应急处理有效结合起来，有效控制危机，力争做到早发现、早报告、早控制、早解决，将突发事件造成的损失降到最低。

3. 安全系数最大化原则。建立健全系统的处理方法，严格控制事态的发展发生，在最短的时间、最小的范围处理，避免事态严重化。

4. 严格原则。总的要求是在安全检查中要合法、合理、适度，严格控制限制物品、管制物品、易燃易爆物品、强腐蚀性物品等危险物品进入相关场所。具体要求：一是必须做到依法检查和按照规定的程序进行检查；二是要自觉遵守党和国家的各项法律法规及政策规定，严格遵守安检纪律，自觉抵制权力观、人情观；三是对每一项工序、每一个环节，安检人员都要做到一丝不苟、全神贯注，严把验证、人身检查、物品检查关，做到万无一失。

5. 文明原则。文明原则体现的不仅是一个工作方法问题，更是一个思想态度问题。因此，在安全检查中要讲究方式方法，提高工作效率。注意工作态度，做到以理服人，不蛮横粗暴，以实际行动赢得人民群众的支持。要做到文明原则，必须从以下三个方面入手：一是必须端正态度。安检人员以满腔热情对待工作，以主动热情、诚恳周到、宽容耐心的服务态度对待被检人员，反对冷漠、麻木、高傲、粗暴、野蛮的恶劣态度；二是必须摆正严格检查与文明服务的关系，两者是相互联系的整体。

三、安全检查的常见种类

1. 人身安检。此类安全检查主要是指对乘坐飞机、车船等交通工具的乘客，进入公共场所以及其他重要驻地的人员进行检查。它虽然没有高深的技术，但要准确、快速地做好这项工作也是一门学问，它不仅需要掌握一定的技术要领，还需要熟能生巧的经验和百分百的责任心。因此，每名安检人员都应有一个坚定的信念，绝不错检、漏检，绝不放过一丝一毫的疑点。

2. 物品安检。此类安全检查是指在特定区域内，为保证广大群众及公共设施的安全，针对出入公共场所的物品所采取的一种强制性的技术性检查，通过采用仪器与手工相结合的方法，对有可能存在的安全问题进行检查，达到防范危险、保障安全的目的。

3. 车辆检查。在此类检查中，安检人员要熟悉车辆基本结构，掌握重点检查部位，检查时要认真细致，仔细核对装载货物信息，并对车辆及人员进行严格安检，无异常则开关放行，如有异常则需重新检查。可按要求将事先有车证的车辆或特殊车辆提前输入数据库内，当车辆经过时可及时提醒操作人员此车辆的相关信息（免检车辆、内部车辆、工作应急车辆）。

4. 场地检查。这里的场地，一般是国家政要、重要外宾出席活动或涉足的场地。另外还有两种场地，一种是已经发生过爆炸的现场，为了防止发生连环爆炸，需要对其进行检查；另一种是可能发生爆炸的未爆现场，为了防止爆炸案的发生，也要对其进行检查。

工作流程

一、对人身的安全检查

（一）人身检查的界定

采用公开的仪器和手工检查相结合的方式，对被检人员人身进行检查，其目的是为了发现被检人员身上藏匿的危险品、违禁品，保障相关场所及人员的安全。

1. 人身检查的重点对象。①精神恐慌，言行可疑，伪装镇定者；②冒充熟人，假献殷勤，接受检查过于热情者；③表现不耐烦者，催促检查，或者言行蛮横，不愿意接受检查者；④窥视检查现场，探听安全检查情况等行为异常者；⑤匆忙赶到安检现场者；⑥公安部门，安全检查站掌握的嫌疑人和群众提供的有可疑言行的被检人；⑦上级或者有关部门通报的来自恐怖活动频繁的国家和地区的人员；⑧着装与其身份不相符或不合时令者；⑨检查中发现的其他可疑问题者。

2. 人身检查的重点部位：头部、肩胛、胸部、手部、手腕、臀部、腋下、裆部、腰部、腹部、脚部。

（二）安全门检查的方法

被检人员通过安全门之前，安全门前的引导人员应当首先让其取出身上的金属物品，然后引导被检人按次序逐个通过安全门（要掌握被检人的流量）。如发生警报，应使用手持金属探测器或者人身检查的方法进行复检，彻底排斥疑点后方能放行。

(三) 人工复检

1. 手持金属探测器检查的程序。从前衣领——右肩——右大臂外侧——右手——右大臂内侧——腋下——右上身外侧——右前胸——腰腹部——左肩——左大臂外侧——左手——左大臂内侧——腋下——左上身外侧——左前胸——腰腹部——从右膝部内侧——裆部——左膝部内侧。

从头部——后衣领——背部——后腰部——臀部——左大腿外侧——左小腿外侧——左脚——左小腿内侧——右小腿内侧——右脚——右小腿外侧——右大腿外侧。

2. 手工人身检查操作。

(1) 手检员面对或侧对安全面站立，注意观察安全门报警状况及动态，确定重点手检对象。

(2) 当被检人员通过安全门报警或者有可疑情况时，手检员请被检人员在安全门一侧接受检查。检查时，金属探测器所到之处，手检员应用另外一只手配合捏、摸、按的动作。

(3) 手检过程中，应注意对手腕、头部、肩胛、胸部、臀部、腋下、裆部、腰部、腹部、脚部、衣领、领带、鞋、腰带等部位进行重点检查。

(4) 当检查到脚部有异常时，应让过检人员坐在椅子上，请其脱鞋进行检查。方法是：用手握住其脚踝判断是否藏有物品，确定其袜中是否夹带物品，检查完毕，将被检人的鞋过 X 光机检查，确认无问题后放行。

二、对物品的安全检查

(一) 违禁品、危险品的界定

为了保证公共安全，预防和制止恐怖袭击事件、严重犯罪案件以及各类突发事件，按照国际惯例和我国相关法律法规，在安检活动现场中，都规定了人员进入安保单位的禁限带物品。

违禁物品主要有：

1. 枪支和警械：各种类型的军用、民用枪支、运动枪、猎枪、信号枪、麻醉注射枪、样品枪和逼真的玩具枪等。

2. 弹药和爆炸物品：炸弹、手榴弹、子弹、照明弹、教练弹、烟幕弹、炸药、引信、雷管、导火索、导雷索及其他爆炸物品和纵火器材。

3. 管制刀具、匕首、三棱刀（包括机械加工用的三棱刮刀、带有自锁装置的弹簧刀以及其他属于管制刀具类的单刃、双刃、三棱刀）。

4. 管制刀具以外的利器或钝器：菜刀、大剪刀、大水果刀、大餐刀、工艺品刀、剑、文艺体育单位表演用刀、矛、钗、戟、少数民族生活用的佩刀、佩剑、斧子、短棍、加重或有尖钉的手杖、铁头登山杖，以及其他被认为可能危害航空安全的各种器械。

5. 易燃易爆物品：酒精、煤油、汽油、硝化甘油、硝铵、松香油、橡胶水、油漆、白酒（限一公斤）、丁烷液化气罐及其他瓶装压缩气体和液化气体、硫化磷、闪光粉、黄磷、硝化纤维胶片、金属钠、金属钾、烟花、鞭炮等。

6. 毒害品：氰化钾、砷、有毒农药、氯气、有毒化学试剂、灭鼠药剂等各种有机、无机毒品。

7. 氧化剂、烟雾剂、发光剂、过氧化钠、过氧化钾、硝酸铵、过氧化铅、过氧醋酸等各种无机、有机氧化剂和过氧化物。

8. 腐蚀物品：硫酸、硝酸、盐酸、氢氧化钾、氢氧化钠、有液蓄电池等具有腐蚀作用的物品。

9. 放射性物品：放射性同位素等放射性物品。

危险物品主要分为以下几类：

1. 爆炸品。本类货物系指在外界作用下（如受热、撞击等），能发生剧烈的化学反应，瞬时产生大量的气体和热量，使周围压力急骤上升，发生爆炸，对周围环境造成破坏的物品，也包括无整体爆炸危险，但具有燃烧、抛射及较小爆炸危险，或仅产生热、光、音响或烟雾等一种或几种作用的烟火物品。

本类货物按危险性分为五项。

（1）具有整体爆炸危险的物质和物品（如硝酸甘油），一般的压缩气体受撞击均会发生爆炸（如液态二氧化碳）。

（2）具有抛射危险，但无整体爆炸危险的物质和物品。

（3）具有燃烧危险和较小爆炸或较小抛射危险或两者兼有，但无整体爆炸危险的物质和物品。本项货物危险性较小，万一被点燃或引燃，其危险作用大部分局限在包装件内部，而对包装件外部无重大危险。

（4）无重大危险的物质或物品。如演习手榴弹、安全导火索、礼花弹、烟火、爆竹、手操信号装置等。

（5）非常不敏感的爆炸物质（如硝酸铵）本项货物性质比较稳定，在着火试验中不会爆炸。

2. 易燃物。

（1）易燃气体。本类物质系指易燃的气体、混合气体（如甲烷（CH4），氢气）。

（2）易燃液体。本类货物系指易燃的液体、液体混合物或含有固体物质的液体，但不包括由于其危险特性列入其它类别的液体。其闭杯试验闪点等于或低于61℃，但不同运输方式可确定本运输方式适用的闪点，而不低于45℃。

（3）易燃固体。本项货物系指燃点低，对热、撞击、摩擦敏感，易被外部火源点燃，燃烧迅速，并可能散发出有毒烟雾或有毒气体的固体，但不包括已列入爆炸品的物质（如红磷、硫磺、镁粉）。

3. 氧化剂。本项货物系指处于高氧化态，具有强氧化性，易分解并放出氧和热量的物质。包括含有过氧基的有机物，其本身不一定可燃，但能导致可燃物的燃烧，与松软的粉末状可燃物能组成爆炸性混合物，对热、震动或摩擦较敏感（如氯酸钾、高锰酸钾、高氯酸、过硫酸钠）。

4. 毒害品。本项货物系指进入肌体后，累积达一定的量，能与体液和组织发生生物化学作用或生物物理学变化，扰乱或破坏肌体的正常生理功能，引起暂时性或持久性的病理状态，甚至危及生命的物品。经口摄取半数致死量：固体 LD50≤500mg/kg，液体 LD50≤2000mg/kg；经皮肤接触24h，半数致死量 LD50≤1000mg/kg；粉尘、烟雾及蒸气吸入半数致死浓度 LC50≤10mg/L 的固体或液体，以及列入危险货物品名表的农药（如苯酚、甲醇）。

5. 放射线物。本项货物系指有放射性的物品（如镭、铀、钴-60、硝酸钍、二氧化铟、乙酸铀酰锌、镧片）。

6. 腐蚀品。本类货物系指能灼伤人体组织并对金属等物品造成损坏的固体或液体。与皮肤接触在4h内出现可见坏死现象，或温度在55℃时，对20号钢的表面均匀年腐蚀率超过6.25mm/a的固体或液体。

7. 杂类、海洋污染物。

（二）物品检查的程序

1. 人员检查。人员进入相关区域时，首先将大型物品放入X射线安检设备的传送带上，工作人员通过电视荧光屏检查确定物品的安全。

2. 开箱包检查。

（1）适用范围。用X射线机检查时，图像模糊不清，无法判断物品性质的；用X射线机检查时，发现有疑似电池、导线、钟表、粉末状、液体状、枪弹状物品的；用X射线机检查时，显示有容器、仪表、瓷器等物品的；携带者特别小心或时刻不离身的物品；携带的物品与其职业、事由及季节不相适应的；携带人声明不能用X射线机检查的物品；现场表现异常的携带者所持物品。

（2）开箱包检查的程序。①观察外层；②检查内层和夹层；③检查包内物品；④善后处理。

（3）开箱包检查的方法。主要有以下几种方法：看、听、摸、拆、掂、嗅、探、摇、烧、敲、开等。

（4）开箱包检查操作。①开箱包检查员，应站立在X射线机行李传送带出口处疏导箱包，避免受检箱包被挤、压、摔倒；②当有箱包需要开检时，开机员给开包员语言提示，待物主到达前开包员控制需开箱的箱包，物主到达后，开包员请物主自主打开箱包，对箱包实施检查；③开包检查时，开启的箱包应侧对物主，使其能通视箱内物品；④针对开机员的提示对箱包进行有针对性的检查，已查和未查的物品要分开，摆放要整齐有序；⑤检查过程中，开包员应根据物品的种类采取相应的方法，看、听、摸、拆、掂、嗅、探、摇、烧等检查；⑥开包员将检查出的物品请开机员复核。

（5）开箱包检查的要求及注意事项。①开箱包检查时，物主必须在场，并请物主将箱包打开；②检查时要认真细心，特别要注意重点部位如箱包的底部、角部、外侧小兜，并注意有无夹层；③没有进行托运行李改造的要加强监控措施，防止已查验的行李箱包与未经安全检查的行李箱包相调换或夹塞违禁物品；④被检人员的物品应轻拿轻放，如有损坏应照价赔偿。检查完毕后，应尽量按原样放好；⑤开箱包检查发现危害大的违禁物品时，应采取措施控制住携带者，防止其逃离现场，并将该箱包重新进行X射线机检查，以查清是否藏有其他危险物品。必要时，将其带入检查室彻底检查；⑥若被检人员申明携带物品不宜接受公开检查时，安检部门可根据实际情况避免在公开场合检查；⑦对开箱包检查的行李必须再次进行X射线机检查。

（6）移交。移交是指安检部门在安全检查工作中遇到的问题按规定移交给各有关部门。①移至公安机关。安检中发现炸药、武器、管制刀具以及假冒证件等，应连人带物移交至所属辖区公安机关审查处理。②移至其他有关部门。安检中发现的被认为是走私物品的黄金、文物、毒品等，应连人带物移交至其他有关部门处理。

三、对车辆的检查

（一）检查车辆的程序

从车辆前方、后方、上方、下方、左右两侧进行检查；对车辆人员及货物进行检查，排除可疑物品；对车辆信息及人员进行登记，排除疑点后可放行。

检查前机器盖、驾驶位、副驾驶位、后备厢、车底，各个死角都查到。

（二）检查车辆的方法

1. 车底窥视镜。直接打开开关，置于车底，按照由边缘至中间的轨迹进行无差别扫描，观看显示器的状况，如有生命迹象，图像将做出闪动提示。

2. 车底检查镜。直接打开开关，置于车底，按照由边缘至中间的轨迹进行无差别扫描，观察镜面上所有的隐藏物体。

3. 车底安全检查系统。采用彩色扫描式成像，自动检测通过车辆，视角不小于135°，图像清晰，输出图像无畸变，采用19寸高清晰液晶显示器可更方便快捷，大画面来察看车辆底盘图像。

可准确识别出被盗、被抢、报废等危险车辆并以警示信息提醒和蜂鸣声提醒两种报警方式，杜绝危险车辆进入，防患于未然。

可按照要求将事先有车证的车辆或者特殊车辆提前输入数据库内，当车辆经过时可及时提醒操作人员此车辆的相关信息（免检车辆、内部车辆、工作应急车辆等），通过此项功能可大大提高车辆通过速度，减少工作强度。

四、对场地的检查

（一）检查程序

1. 确定目标。在安全检查之前，安检指挥人员要详细查看活动场所及其环境。确定场所内外的结构及特点，确定疑点部位。

2. 制定计划。安检指挥人员根据敌情、社情等具体情况，制定详细的实施计划，规定安检单位的人数、使用器材、检查时间及突发事件的应对方案等。

3. 实施检查。计划一旦确定，要严格按照场所安检原则，遵照计划实施。安检过程中，首先清理现场的无关人员，排爆小组携带器材现场待命。如发现可疑物，通知排爆小组就地作技术处理。对一些重要的技术性较强的部位，如电工房、电梯间，活动场所的管理者事先留下足够的专业人员，以配合安检人员进行检查。

4. 封闭控制。当安检结束之后，安检指挥员要与受检场所的保卫人员签订交接责任书，将检查后的场所交给现场保卫人员，由他们对现场进行封闭控制。对室内场所可采取贴封条并派人值守的措施；对室外场所，可布置保安人员采取拉警戒线封闭、凭证进入的方法对安检完毕的目标进行控制，确保安检结果。

（二）注意事项

1. 保证安全第一。一是要确保被检查后的场地内没有爆炸物或其他不安全因素；二是在检查中注意自身安全。

2. 封闭控制措施到位。场地安检一定要在清场、控制以后或有效封闭的条件下开始进行，并要求在检查完毕后有控制措施。

3. 文明执勤，照章作业。注意保护公共场合的秩序与整洁。

4. 运用逆向思维，注意发现"空间"。检查时，我们经常会想"哪里能藏炸弹呢？"而逆向思维则是：把炸弹藏在哪儿才不会被发现呢？所谓发现"空间"，就是要发现那些表面看似实体，而非实体的暗藏空间，如壁画后可能有空穴、墙壁可能有夹层，这类"空间"，最有可能被利用来设置和藏匿炸弹。

5. 宁可交叉重复，不能留有死角。两个人或不同单位协同作业时的接合部，不能互相依赖，而是主动工作或达成默契。

6. 做好登记。登记的内容主要包括：作业人员、检查时间、检查对象、检查情况（包括发现的问题或查出的危险物品，封条编号等）。

学以致用

一、实训案例

2005年2月25日，湖南永兴县法院院内发生了一宗爆炸案，造成一死两伤。死者是法院执行局副局长曹某，伤者为法院院长李某某和院办公室主任曹某某。爆炸案的发生具有偶然性，但从中却折射出安全检查的重要性。人民法院在解决民事纠纷，打击刑事犯罪时不可避免地会得罪一些人，有些情绪激动的当事人或当事人的亲戚朋友甚至会采取过激行为威胁法官的人身安全。例如在一些离婚案件中，一方当事人将管制刀具带入法庭，扬言如不满足其诉讼请求便要和对方当事人以及法官同归于尽。为保证庭审程序的顺利进行，并保障法院工作人员的人身安全，需要对进入法庭的相关人员实施人身及物品检查，依法防止危险物品进入。

二、实训内容

人身、物品安全检查的基本操作流程。

三、实训要求

1. 将学生按每组5—8人分成若干实训小组；

2. 各实训小组选定成员根据案例给定的情境分配角色，进行相应的模拟演练；

3. 各实训小组模拟演练结束后写出实训总结，进行交流。

拓展学习

一、各类安检突发事件的处置

为更好地保证安检工作顺利开展，安检人员要本着"超前预想、完善预案、确保安全、妥善处置"的原则，认真执行有关安检工作的法律法规，坚决服从现场指挥，严格落实各种安检突发事件的应急处置措施，具体而言可包括如下方面：

1. 发现违禁物品的应急处置措施：①不能惊慌失措，要保持镇定，并注意观察对周围环境的影响；②根据查出的违禁品类别，严格按处置预案操作；③协助执勤民警将人、物分离并进行控制，防止违禁物品发生危害或携带者逃逸；④遇到疑难问题或危急情况，不要自作主张、越权行事、以身犯险、轻率处置，应当立即上报，请示处理意见，并按要求妥善处置。

2. 发现疑似爆炸物的应急处置措施：①疏散人员。根据实际情况，或配合执勤民警迅速将人员疏散到安全地带，或引导人员到其他安检通道进行安检；②控制人员。配合执勤民警迅速查找、控制疑似爆炸物携带者，坚决实行人、物分离，安排专人分别看管，并对携带者进行人身安检；③先期处置。协助执勤民警使用警戒带设置警戒区，组织保护现场。在条件允许的情况下，由执勤民警将疑似爆炸物覆盖防爆毯或者投入防爆罐内；④情况上报。在进行先期处置的同时，协助执勤民警迅速将情况上报，并等候专业处置人员到达现场进行处置。

3. 当发现安检对象随身携带枪支的处置措施：①示意协助。安检人员应立即提高警惕，加强安全防护，示意执勤民警或者其他安检员予以协助；②控制人员。要求持枪人不许动、高举双手、岔开双腿，由执勤民警或者安检员亲自将枪去下，然后有效控制持枪人，并将其带至公安机关处理；③迅速上报。协助带班民警迅速将情况上报。

4. 当发现安检对象随身携带管制刀具的处置措施：①注意防护。安检员应立即调整到不易受到袭击的位置，与受检人保持一定的反应距离，提高警惕，注意受检人的神态、动作；②收缴上报。安检员应要求受检人高举双手勿动，示意执勤民警或其他安检人员前来协助，然后亲自或由执勤民警将管制刀具取出并收缴，将管制刀具及其携带人交公安机关审查处理，同时上报相关情况。

二、机场安全检查小常识

1. 哪些物品是禁止随身携带也禁止托运的？枪支弹药、管制刀具、警械、易燃易爆物品（如打火机气、酒精、油漆、烟花爆竹）、腐蚀性物品、剧毒物品以及其他危险品。

2. 水果刀可以带上飞机吗？不可以。刀具不可随身携带，必须托运。

3. 液体、凝胶及喷雾类物品是指什么物品？液体、凝胶及喷雾类物品包括：饮品，例如矿泉水、饮料、汤及糖浆；乳霜、护肤液、护肤油、香水及化妆品；喷雾及压缩容器，例如剃须泡沫及香体喷雾；膏状物品，例如牙膏；隐形眼镜药水；凝胶，例如头发定型及沐浴用的凝胶产品；任何稠度相似的溶液及物品。

4. 乘坐国内航班，是否也要把液态物品装在不超过100毫升的容器，然后放在可重复密封透明塑料袋内？不用，目前我国只针对乘坐国际、地区航班旅客（含国际中转国际航班旅客）执行ICAO指导原则。

5. 乘坐国内航班有什么要求么？乘坐国内航班，每人每次可随身携带总量不超过1升的液态物品，且须开瓶检查确认无疑后，方可携带。超出部分必须交运。酒类物品必须托运。

6. 乘坐国际航班，是否可以带水、饮品或附有液体的食物，通过首都机场的安全检查？乘坐从中国境内机场始发的国际、地区航班，此类物品必须盛在容量不超过100毫升的容器内，并放在一个容量不超过1升、可重复封口的透明塑料袋中。每名旅客每次仅允许携带一个透明塑料袋，超出部分应交托运。

盛装液态物品的透明塑料袋要单独接受安全检查。

在控制区内，有免费提供的旅客饮用水，也可在商店购买水或其它饮品。航空公司在飞机上也会提供饮用水。

7. 应怎样准备以加快安全检查的流程？前往机场时，请预留时间接受安全检查。不在飞机上使用的物品尽可能放在托运行李内托运。接受安全检查前，请将盛放液体、凝胶及喷雾类物品的1升透明塑料袋准备妥当，并与其它手提行李分开，以便进行安全检查。

8. 这些可重复密封的透明塑料袋，在形状及大小方面是否有任何具体的规定？在哪里可以找到合乎规格的透明塑料袋？民航总局建议使用的塑料袋，是规格为20厘米×20厘米，容量为1升，可重新封口的透明塑料袋。通常可在超级市场及家庭用品店找到。如果旅客没有带这种塑料袋前往机场，机场会向国际出港旅客提供，每位旅客只可取得一个。

9. 在容量1升的塑料袋内，所盛容器的数量是否有限制？容器数量没有限制，但每个容器的容量不可多于100毫升，并可完全放在一个容量1升的塑料袋内，而且不显得拥挤。一般来说，一个1升的塑料袋可以放置五个容量100毫升的容器。

10. 什么药物可获得豁免？液体、凝胶及喷雾类药物（包括中药）如附有医生处方或医院证明，可获得豁免，药物数量以旅客在飞机上所需为准。容器和塑料袋无要求。药物应另行交给安全检查人员，以便接受X光检查，安全检查人员应要求旅客出示医生证明书或医生处方。

11. 携带的液体药物是在药房购买的成药，并没有医生处方。这些药物是否可以通过安全检查？如液体药物盛于容量不多于100毫升的容器内，并放在一个不超过1升、可重复封口的透明塑料袋内可通过安全检查。

12. 旅客如果是糖尿病患者，药物限制又如何？旅客如患有糖尿病，可以携带足够的胰岛素制剂及带针头的皮下注射器在飞机上使用，但须出示医疗证明。

糖尿病旅客如须携带个人的规定食物（例如无糖果汁）在飞机上食用，若容器的容量多于100毫升须出示医疗证明方可携带。豁免的药物及食物应与其它手提行李分开，以便接受检查。

13. 可以携带多少婴儿食用的奶、果汁或食品通过安全检查？旅客可携带在飞机上所需数量的婴儿食用的奶、果汁、食品。如果容器容量多于100毫升，则应另行交给安全检查人员，以便接受检查，且应与同行的婴儿一起接受安全检查。

★ 思考与讨论

安全检查过程中还应当注意哪些安全事项？

第二编　突发事件处置分论

学习单元三
群体性突发事件处置

学习目标

1. 了解群体性突发事件、新闻舆论引导和舆情应对、聚众械斗事件和群体性上访事件应急处置工作的基本含义与内容。
2. 掌握群体性突发事件、新闻舆论引导和舆情应对、聚众械斗事件和群体性上访事件应急处置的工作流程以及处置措施。
3. 能够综合运用所学知识做好群体性突发事件应急处置工作。
4. 能够综合运用实务技能并处理好群体性突发事件。

学习任务一 群体性事件处置概述

案例引入

2006年8月18日凌晨5时许,浙江温州市下辖的瑞安市塘下镇肇平垟中村,浙江群英电工有限公司的一名保安意外地发现公司大院内的花坛边上,一名身穿内衣内裤的女子仰面躺在地上,头颅破裂。保安随即报警。5点15分,塘下派出所民警赶到现场,经过辨认,认定死者为该公司经理谢德永的妻子戴海静。民警将现场情况反馈给瑞安市公安局110指挥中心,瑞安市公安局刑侦大队的民警随后赶到现场进行勘查,认定死者为自杀身亡,不予立案。

据媒体报道,当天几名男学生赶到现场,同她的家人碰面后发现诸多疑点,如戴海静身上到处都是"瘀青",脖子上出现2处浅色"斑点"等。怀疑戴海静死亡另有隐情的学生当即致电温州和瑞安警方,均未引起重视,失望至极的学生随后致电温州各条媒体热线,但只要开口提到戴海静死亡一事,对方均立刻挂断电话。

当天晚上,一批愤怒的学生以"瑞安三中高三段全体同学"名义,在网上发表了他们的公开信——《冤比窦娥,八月飘雪——我们的老师就这样走了吗?》。在公开信中,学生们对警方认定戴海静系自杀身亡的武断做法非常不满。

由于当地媒体对戴海静死亡事件不正常的集体失声,一些愤怒的学生在互联网上设立灵堂,并通过论坛、博客对外发布消息、评论是非。学生们的帖子很快引起了人们的注意,温州论坛上讨论戴海静死亡系自杀还是他杀的帖子也越来越多。参与讨论的人们产生了种种似乎是"合情合理"的联想和推测,随着种种猜测在四乡八邻和网络上迅速传开,越来越多的人开始参与到这场讨论中,网上的声援更是呈一边倒势态,戴海静的夫家成为舆论攻击的焦点。

在悲愤心情的裹挟下,20日下午,塘下镇上千名学生自发前往戴家悼念,学生们举着条幅,声泪俱下地为戴海静之死喊冤。学生们的集体悼念活动震动了瑞安市政府,市长随即带领一帮人面见学生代表,并表示会重视戴老师的死因调查。事后,各大网站纷纷开辟专题讨论区,"戴海静"在一些搜索引擎中的排名连续数日居于前五位。

8月29日下午,瑞安市公安局就"戴海静非正常死亡事件"召开"征求意见暨事件调查进展情况通报会"。参加会议的除戴家代表外,还有鲍一村的干部和群众。会上瑞安警方通报了调查的进展,称"根据法医的检验报告,结合事件分析,警方目前没有掌握'他杀'的迹象和证据"。戴家的代表对警方通报的情况很不满意,愤而离场。

9月5日,温州市公安局刑事科学研究所完成尸检报告。6日,瑞安警方将尸检情况告知戴海静家属。尸检报告称,经法医专家的检验分析,死者戴海静系生前高坠致严重颅脑损伤而死亡。报告肯定了戴海静是摔死的,但对于亲属关注的如何摔死的问题没有给予准确的回答,戴海静家属对此不服,决定向上一级公安机关申请重新鉴定。当地民众的猜疑和不满情绪也没有因此而平息,反而强化了"官商勾结、欺压民众"的印象。

在已经连续两天发生群体性事件的情况下,当地党委政府出于公开戴海静死亡事件真相,缓解民众的猜疑心理考虑,以"瑞安日报特约记者"的名义在《瑞安日报》发表了题为"女教师坠楼事件调查结果:抑郁症引发跳楼自杀"的长篇报道。报道对公众的最大刺激,来自抑郁症引发跳楼自杀这一定性。报道不仅公开了戴海静患抑郁症的病史,其中的一些采访报道涉及戴海静身前的一些隐私,呈现出了一个令人陌生的戴海静形象,引起了民众的强烈反感。一些报道材料和用语更是被一些民众视为是恶意亵渎死者的尊严,有意向死者身上泼脏水。

《瑞安日报》不尊重死者的言辞,特别是其对民众心目中怀有的对死者的美好印象和同情心的伤害，极大地激怒了关注这一事件的民众。随着《瑞安日报》文章被迅速传阅、议论，不满情绪在瑞安城乡迅速弥漫、升温。

当天下午，大批群众向瑞安日报社、市政府聚集。傍晚，集聚、围观的人数达到几万人。瑞安再次出动防暴警察，手持警棍和盾牌阻止群众冲入大楼内部。对峙数小时后，下午5时终于发生了警民之间的严重冲突。一些群众拿起垃圾、石块扔向市政府东西大门，特警随即采取强制措施。在警民的相互推搡、厮打过程中，共有几十人受伤，酿成较大规模的流血事件，在国内外造成了很大的影响。

结合引例思考：

1. 群体性事件处置中主要有哪些问题？
2. 群体性事件的主要处置策略有哪些？

理论导航

一、群体性事件的界定

（一）群体性事件的概念

群体性事件是指由某些社会矛盾引发，特定群体或不特定多数人聚合临时形成的偶合群体，以人民内部矛盾的形式，通过没有合法依据的规模性聚集、对社会造成负面影响的群体活动、发生多数人语言行为或肢体行为上的冲突等群体行为的方式，或表达诉求和主张，或直接争取和维护自身利益，或发泄不满、制造影响，因而对社会秩序和社会稳定造成重大负面影响的各种事件。

（二）群体性事件特点

1. 群体性。指每一起群体性事件是由某一身份的一群人制造和参与的。这是群体性事件的最基本特征。从总体上看，我国群体性事件参与人数呈上升趋势，群体性事件的参与人员常常达到了成百乃至上千，甚至上万人参与的事件在全国也已屡见不鲜。群体性事件涉及行业越来越多，主体成分也呈多元化。因此对应发生的群体性事件已遍及各个省（区）、市、县，涉及城市、农村、厂矿企业、机关、学校等众多行业和领域。过去参与群体性事件的多是农民、厂矿企业退休人员，现在则是在职和下岗职工、农民、个休业主、复转军人、教师、学生、技术人员、干部等各阶层人员。起因具有一定的合理性，从一些突出的群体性事件的起因分析，应该说绝大多数集体上访甚至闹事都有一定的理由，即有其合理的部分，而真正无理取闹是极个别的，因此往往容易引起社会的关注。

2. 组织性。当前的群体性事件已由自发松散型向组织型方向发展，事件的聚散进退直接受指挥者和骨干分子的控制和影响。尤其是一些参与人数多、持续时间长、规模较大的群体性事件往往事先经过周密策划，目的明确、行动统一，组织程度明显提高，甚至出现跨地区、跨行业的串联活动。有的还集资上访，并聘请律师，寻求媒体支持。

3. 仿效性。指当前群体性事件具有广泛的示范性和传播性。一些群体事件在开始之初，大多仅限于少数人及个别区域。随着事态的发展，影响力的扩大，引起周围区域或利益相关者心理共鸣，一旦甲地发生群体性事件，乙地、丙地便纷纷效仿，互相传染，使参与人数及区域不断增多和扩大，甚至出现互相串联，互相取经现象。

4. 破坏性。当前群体性事件常常对国家的法制秩序、治安秩序、交通秩序产生冲击和破坏，影响社会安宁，扰乱了社会的正常工作、生产、生活秩序。特别是一些群众抱着"大闹大解决，小闹小解决"的思想，越来越多地采取各种极端行为发泄不满情绪，给国家和社会造成了较大的损失，严重影响了局部地区的社会稳定。其危害主要表现为：一是冲击党政机关，扰乱办公秩序。为了迫使政府和有关部门解决其问题，许多群众较多地采取在政府机关和有关主管部门办公场所前聚集、静坐的方式。少数群众情绪激烈，甚至强行冲击政府机关，打伤政府工作人员，砸坏办公用具和交通工具，严重危害社会稳定。二是堵塞铁路、公路等交通要地，给国家和社会造成重大损失。三是极易引发暴力，造成严重的人员伤亡。群体性事件的参与者在发泄不满时，常常难以控制其情绪，往往形成大规模的械斗，或与政府工作人员和执法人员发生冲突，从而造成较大规模的人员伤亡。

5. 反复性。由于群体性事件反映的问题错综复杂，涉及社会生活领域的方方面面，而且不同矛盾主体、合理的要求与不合法的行为、不同的原因动机、历史纠纷和现实矛盾相互交织、相互作用，由此引发的群体性事件处置难度大，所以经常反复。同时部分群众把政府或有关单位化解矛盾及时解决一些问题，误解为群体性事件"闹"的结果，错误地认为"大闹大解决，小闹小解决，不闹不解决"，造成事件反复不断。

二、群体性事件的原因

引发群体性事件的原因是多方面的,有社会环境、政策等宏观方面的原因,也有个体、群体心理等微观方面的因素。概括起来说,导致群体性事件发生的原因主要有以下五个方面:

1. 体制机制转换和利益格局调整,导致部分群体心态失衡,这是产生群体性事件的深层次原因。当前,改革正在向纵深推进,新旧体制矛盾交织凸现,体制机制转换、利益格局调整和社会财富的再分配,直接或间接影响部分人的利益。在这样的新形势下,人们的旧思想和旧观念受到冲击,思维方式发生了巨大变化。其中一部分小农经济意识较强,守旧思想较重的人的思想观念难以适应形势发展,出现了因利益失衡而产生的心理失衡,这一失衡直接导致思想方式的失衡和行为规范的失衡。特别是近年来,随着社会贫富差距的拉大,一些人对分配不公、不正当致富,表现出强烈的不满情绪,当弱势群体的利益受到损害或忽视时,他们极易产生相对剥夺感,不满和对抗情绪往往以群体性事件的形式表现出来。

2. 农村基层组织战斗力不强,这是引发群体性事件的根本原因。一是有的村"两委"班子不团结,意见不统一,相互拆台,或者在办理关系群众切身利益的事务时,决策随意,方法简单,态度粗暴,工作不具体、不到位,出现矛盾时处理不及时,对群众的合理要求推诿扯皮、敷衍塞责,使小矛盾酿成大矛盾,加之防范工作不到位,给个别别有用心者提供了可乘之机;二是有的村干部在做思想政治工作或处理政策问题时方法失当,缺乏民主,办事透明度不高,群众误认为囊中有鬼,失去群众信任,或让个别群众借机"搭车",使一些立场不坚定又不明真相的群众就容易被人利用、煽动,从而激化了矛盾。三是有的村党员干部正义感不强,怕得罪人或受气,不敢站出来讲公道话,助长了别有用心者的气焰,有的甚至就是闹事的支持者、组织者、策划者。

3. 群众经济利益和民主权利受到侵犯,导致群众利益受损,这是酿成群体性事件的直接原因。主要集中在以下几个方面:农村土地征用中,补偿金偏低、征地手续不齐全、补偿费用不到位、补偿分配不合理、失地后农民生活无着落;城镇房屋拆迁中,补偿标准低、政策不透明、补偿标准不一致;因土地的升值而产生的组与组之间,户与户之间的耕地、林地及林木权属和边界纠纷没有得到及时调处或调处不力而升级,如正化村十组与同村九组村民米吉香的林地边界纠纷，正化村八组与同村六组的林地权属纠纷等；部分非公企业中，企业任意压低、拖欠和克扣工人工资，不缴或少缴养老保险、医疗保险，工伤赔偿不到位；经济发展与环境保护相矛盾时，相关部门往往重经济轻环境，致使一些地方环境受到严重污染，影响群众的身体健康和生产生活等等，当群众经济利益和民主权利受到侵犯时，极易引起群体性事件。

4. 群众自我保护意识增强与其自身的法律素质之间的差异，导致维权行为失控，这是形成群体性事件的重要原因。随着法律知识的普及和社会主义法制的日益完善，人民群众依法办事的自觉性有所提高，自我保护意识增强。但不少群众对法律法规了解不深，理解不透，有的甚至断章取义，为我所用，片面强调政策、法律法规中有利于自己的一面。也有一些群众由于法律意识淡薄，道德失范、心理失衡，不知道或不愿意通过法律程序解决问题，当群众之间、上下级之间出现利益摩擦或纠纷时，存在"大闹大解决，小闹小解决，不闹不解决，快闹快解决"的错误心理，误以为聚众闹事、集体上访可以对领导造成压力，能较快解决问题，使本来能通过法律程序或者其他方式得到解决的矛盾演化成群体性事件。

5. 职能部门不负责任，把关不严，这是形成群体性事件的重要诱因。一些相关职能部门工作不负责任，作风不够深入，使群众办事难，利益受损，或职能部门为了让业主单位早日发挥投资效益，在工程建设项目审批手续未齐全的情况下也让业主单位先行施工，而忽视了群众的切身利益，让群众抓住了不"依法施工"的把柄，造成了工作被动，导致矛盾激化。

三、群体性事件处置的基本原则

（一）以人为本原则

在处置群体性事件中坚持以人为本，就是要做好预警防范工作，尽量防止突发群体性事件的发生，保障人的生命安全。当事件发生后，要通过预案程序，最大程度地保护、挽救尽可能多的人的生命安全。如果采取的措施和行为有可能损害到人的生命安全和人民群众的根本利益，一定要慎重。

（二）尽早化解原则

尽早化解是防止事态进一步扩大，减轻群体性事件对社会危害程度的关键所在。事件一旦发生，应当马上采取相应行动，着眼于把事态化解于初始阶段，化解于基层，化解于当地。在方法上，即按照"可散不可聚、可解不可结、可顺不可激"的工作规律，以教育疏导为主，千方百计、冷静稳妥地缓解、化解矛盾。在处理过程中还要防止无原则地迁就不合理和不正当要求，因为无原则迁就虽然可能使事态暂时得以平息，但从长远来看，则会造成利益失衡和心态失衡，使部分人感到只有闹事才能解决问题，产生"不闹不解决，小闹小解决，大闹大解决"的思维惯性，造成群众的效仿心理，从而导致群体性事件的频发态势。

（三）统一领导原则

为了确保处置工作的协调一致、迅速及时，必须坚持在政府统一领导下，组织实施方案，是处理群体性事件的关键阶段。这一阶段，按照"谁主管、谁负责"的原则，各有关部门密切配合，精心组织部署，明确责任分工，各方联合行动，才能形成合力，也才可能全面解决问题。各级党政领导要统一思想，统一认识，统一指挥，形成坚强有力的领导核心，绝不允许紧要关头互相指责，推卸责任，各自为政。同时党政群部门、公安机关、新闻媒体、基层干部等还要层层落实责任，各司其职，各负其责，分别做好各自的工作。

（四）依法处理原则

依法处理就是要在正确分析群体性事件性质的基础上，在总体上采用合法形式，有正当事由的事件，有关部门要明确处置的基本原则，肯定群众诉求中合理的一面，与群众共商解决办法，保护群众合法权益；对超越合法形式的事件，要向参与者明示违法后果及应当采取的正当合法形式，通过说服、教育、劝阻、解释等方式，示之以法，使他们按照合法途径和方法来解决问题，从无序转化为有序，从对抗转化为对话，从非法转化为合法；对于不听劝阻，继续违法行为的，严格按照法律、法规的有关规定开展处置工作。

（五）慎用警力原则

公安机关在处置群体性事件中，必须坚持"三个慎用"，即慎用警力、慎用武器警械、慎用强制措施，坚决防止因用警不当、定位不准、处置不妥而激化矛盾，坚决防止发生流血伤亡事件。

拓展学习

事件时间：2012年7月28日清晨

事件地址：中国江苏省启东市

事件主角：王子造纸厂

事件规模：游行示威人群加上集会人群将近10万人

事件概括：在2012年7月28日清晨，中国江苏省启东市发生一起大规模的群体事件，称之为启东事件。日本王子造纸厂在启东开设废水排污管道，引起广大启东市民的反对，因此举行了以"保卫家园"为口号的游行示威活动，游行示威人群将近10万人，引起了当地政府的重视。

事件经过：2012年7月28日，由于担心日本王子纸业集团准备在当地修建的排污设施会对当地民众生活产生影响，数万名启东市民于清晨在市政府门前广场及附近道路集结示威，散发《告全市人民书》，并冲进市政府大楼，并从市政府中搜出了许多名贵烟酒等物品，并在警察到来之前将这些物证陈列在政府办公楼前，这就是启东事件的具体经过。

1. 警方采取了默认的态度。武警于上午9时许抵达现场，但只是维持现场秩序，并未采取以往群体性事件中发生的强制驱散等强制性措施。在民众示威过程中，出现了民众掀翻汽车、捣毁市政府办公电脑等暴力行为，而警方保持了相当程度的克制。

2. 市委书记被扒光上衣。在冲突过程中，启东市市委书记孙建华遭民众扒光上衣，市长徐峰被强行套上抵制王子造纸的宣传衣，但启东市领导并未下令警方采取进一步强制措施。可以看出当时的市政府对人民群众的行为还是理解的。

当天下午，冲进政府大院的上千民众全员撤出，之后当地警方封锁周边道路，抗议活动基本平息。有维权报道，来自无锡、常州、扬州的特警和武警部队也于当天午后陆续抵达启东封锁道路。下午有一段时间，整个网络都被屏蔽，市民无法上网。

由于缺乏官方数据，该事件的示威人数并没有一个准确的数据，据媒体估计，有超过2万人参加，也有的媒体估计有超过3万人，游行示威人群加上集会人群将近10万人。

事件结果：当天上午，政府妥协。并且江苏省人民政府新闻发言人授权发布：南通市人民政府决定，永远取消有关王子制纸排海工程项目。与此同时，市长在政府的官方网站上发布一个名为"启东市发布致全体市民的一封信"的视频，这个视频声明了政府的态度，即应市民的要求，这个项目永远不会启动，并要市民注意身体，不要再举行示威游行的活动。

> **思考与讨论**
> 1. 群体性事件有什么特点？
> 2. 群体性事件处置过程中有什么注意事项？

学习任务二　新闻舆论引导与舆情应对

案例引入

2016年5月31日，中午11点左右，西安市最为繁华的钟楼、小寨两大闹市区附近同时聚集了大量出租车在两大闹市区街道内"散步"，并引发当地政府紧急维稳。上述被出租车司机言称的"停运"抵制网约车行为，曾一度导致西安市北大街和长安中路严重拥堵。随后经过警方劝解和疏导，这些出租车缓缓离开了现场，11点50分左右，交通恢复。

6月1日，西安市出租车管理处一位新闻负责人表示，关于此次出租车事件，西安市维稳办曾紧急召开会议处置。对于出租车的此番过激行为，出租车管理处这位负责人称，不便评论及回复更多内容。西安市交通运输局办公室一位负责人也称，此次事件较为敏感，相关信息需市委宣传部统一发布。

西安市委宣传部一位负责人说5月31日下午，该市维稳办等部门曾紧急召开了一个专题会议，就相关问题进行应急处置。西安市出租车管理处上述人士表示，处置方案需市维稳办发布。

在出租车"停运"当日，网络上相关画面也被"接力"传播。不过，有网友表示，西安出租车要"打铁还需自身硬，应该以提高服务质量来赢得市场，而不是不理性的抵制网约车。"部分当地出租车业内人士则表示，西安约有1.2万辆出租车，目前在网约车的竞争下，其从硬件到软件、服务都不具备优势，况且份子钱带来的压力不小。因此，其行业处境相对艰难。由此，才发生部分车主抵制事件。

当地多位受访学者也分析指出，无论是传统出租车，还是网约车，都应该按照市场规则运营。由于传统出租车行业，过去多年都是地方垄断行业，牵扯地方、部门利益，因此面对新兴的网约车模式带来的竞争，确实有些不太适应。

在此次出租车"停运"事件前，西安市相关部门对部分网约车进行了多起严厉处罚。因有网约车被处罚数万元，而引起网约车主状告当地交通主管部门。

结合引例思考：

1. 针对社会事件新闻媒体报道应当特别注意什么？
2. 如何有效应对社会舆情？

理论导航

一、新闻舆论引导与舆情应对概述

（一）新闻舆论发酵点

事故发生后，事故原因、救援情况、追责问责这三个方面是社会主要关注点，也是安全突发事件易引爆舆论的主要发酵点。

1. 事故原因。一般而言，事故发生后舆论的第一反应就是，事故原因是天灾还是人祸？天灾不可控，属"不可抗力"，舆论质疑会相对减少，政府救援正能量则成为"主角"，如汶川地震、长江沉船事故等；但如果是人祸，则属"人为因素"，主观可控，故"不能原谅"，像天津爆炸事件、深圳滑坡事件等，事后追责的声讨就此起彼伏。同样是山体滑坡，事故原因不同，舆论反应也是大相径庭。2015年11月13日丽水市莲都区雅溪镇里东村发生山体滑坡，造成38人死亡、1人受伤。浙江省人民政府成立的事故调查组认定，该事故为地震灾害事故，随即救援就成为舆论关注点。2015年12月20日深圳市光明新区一淤泥渣土受纳场的人工堆土发生滑坡事故。事发突然，事故现场还没有进行深入的调查，许多媒体就从表面现象入手，纷纷报道是"山体滑坡"。后国土资源部发布官方微博，通报事故原因，认定人为原因导致垮塌。社会关注点开始从"山体滑坡"说的质疑转向对渣土来源的讨论，以及事后追责问题。

2. 救援情况。在安全突发事件中，政府部门的救援情况往往就会成为舆论的关注点。目前，各地政府在救援行动上的努力有目共睹，新闻发布与宣传机制正不断完善。但实际操作中，政府救援却常常会成为次生舆情的多发地。失利表现在：其一，救援存在判断力和技术性差错，导致救援行动不力，如2011年温州动车事故、天津港爆炸事故等；其二，灾难事故报道被本地弱化引发质疑，存在故意弱化舆论嫌疑；其三，救援过程的报道重点有失偏颇，过多强调领导救援情况，而事件本身救援进展情况报道少。可以说，灾情信息的发布已经被视作政府救灾能力的评价指标,其发布的数量质量、时效平台等都成为舆论评价政府态度的重要参考。

3. 问责程度。重大事故发生后,除了事故的原因,外界普遍还关注事后追责问题,即便是在事实不清的情况下,人们都倾向于希望有人能站出来承担责任,相应的责任处理自然成为舆情的关注点。如 2017 年 12 月 13 日,北京朝阳区十八里店乡白墙子村一村民自建房发生火灾,致 5 死 8 伤。事故发生后,有关部门迅速启动问责程序,力度也是不同凡响,媒体对问责的报道可以说是"轰炸型",新京报《北京自建房火灾事故问责启动,安监科科长被立案》、凤凰资讯《北京朝阳火灾事故调查通报:副乡长等 7 人被问责》……漫天的报道都体现了媒体及社会对事故问责的关注。事实上,政府问责的"程度"也是舆论解读政府对待事故反省决心的一个重要参考。当然,这种舆情表现的背后还是公众对政府执法能力和监督落实的期待。

(二) 舆情特点

要做好安全突发事件的舆论引导工作,就需要对此类事件的舆情特点有全面把握,进而才能提出解决方案。总的来说,安全突发事件的舆情具有以下几个特点:

1. 社会关注度高。安全突发事件,是当下最受群众关注的社会风险之一,加之其具体发展情况的不确定性会大大降低公众的安全感,因而引发社会高度关注。2015 年,天津港爆炸事故就充分体现了这一点。事故发生后,相关信息第一时间在各大新媒体平台中迅速传播,社会关注度骤然提高。会不会引发二次爆炸,污染的程度有多大,爆炸后遗留的化学品是否会威胁周边居民的身体健康?各种各样的担心和疑问,显然已经打破了一般性安全生产事故中公众的"旁观者"心态,许多人都将自己也视为事故灾害的直接关联者。因此,社会关注度高这一特点,是舆情引导工作需要特别重视的。

2. 专业性强。安全突发事件往往涉及很多专业领域,比如存在的安全隐患,专业的应急方式等,公众对事故原因存在困惑在很大程度上源于对专业问题的不解和陌生。2015 年 6 月 1 日发生的湖北监利"东方之星"号沉船事件就面临这一问题。442 人的死亡,调查报告公布之时,舆论便炸开了锅。事件调查组认为,"东方之星"号客轮航行至长江大马洲水道时,突遇下击暴流袭击,虽然采取了相应的稳船抗风措施,但强风暴雨持续下,系数最大风压倾侧力矩达到该客轮极限抗风能力的2倍以上，船舶倾斜进水并在1分钟之内倾覆。普通受众听了这些解释大多仍是一知半解，交通运输部等相关部门第一时间协调领导和权威专家，对沉船原因、打捞采取措施等专业问题进行解读，很大程度上降低了公众对事件的质疑，扼杀了谣言的源头。

3. 动态性强。重大突发事件往往情况复杂，事件也会随着时间的推移产生许多不确定性。如果真相不能及时公布于众，谣言就会漫天飞，甚至会影响事件的发展趋势。"8·12"天津港特大火灾爆炸事故发生后，央视新闻在凌晨00：41首发简短新闻。之后的24小时内，央视新闻在微博平台上连续发稿58篇，报道事态的最新进展情况。紧接着的10天内，央视新闻微博以211篇的密集报道对事故进行了全方位的呈现，解释事故原因、普及安全常识，跟进事故救援情况，从而把公众的关注点引导至事实层面，稳定了舆情。

二、新闻舆论引导和舆情应对原则

舆情应对，首先是要快，其次手段要新，而且姿态要低，不能动不动就问"你是哪个单位的？""叫你们领导来？"还要态度要真，最终立场要对。真正做到权为民所用，情为民所系，利为民所谋，加强自身管理和监督，这样其公信力自然得到提升，舆情环境也会风平浪静。

如何引导网络舆论？应对网络舆论，要学会"适应"，再学会"识别"，最后才是"引导"和"管理"。做好网络舆论引导应掌握几点原则：

一是要坦诚，只要我们的出发点是为了大多数人的利益，为了促进工作更好的开展，只要不为个人谋利，就没有什么好隐瞒的，工作中有差错也要坦诚接受舆论监督，不能有私心；

二是第一时间处理，发现舆情后，要第一时间了解是不是有这回事，如果调查属实就要立刻反应，很多地方没有处理好的网络突发事件，跟没有做到第一时间处理有直接关系。

三是要有法治意识。无论如何都不能突破法律底线是最起码的要求。

四是要有民主意识。网上舆论更多的是公民政治参与的一种表现。要创造条件让公民参与制度化、经常化。

五要讲究领导艺术，善于疏导和引导，切忌"硬来"，避免"火上浇油"。最后是要在"网下"多下功夫，多掌握应对突发事件的方法技巧。

三、新闻舆论引导与舆情应对策略

从舆论发酵点到舆情特点，去挖掘安全突发事件的本质特征，探索其存在的规律，尽快完善安全突发事件舆情的引导应对机制。

1. 健全新闻发布制度。我们一直在强调安全突发事件的信息发布要快，这其中强调的是不要失语，要抢占先机，争取主动。过去总习惯"只处理，不报道"或"先处理，后报道"，如今已完全不可取了，及时主动发布信息、引导舆论，才是正确的做法。但"快"的同时也强调不能妄语。如何把握这一尺度？当务之急是建立健全新闻发布制度。健全新闻发布制度是做好舆论引导的重要手段，媒体有责任有义务及时发布新闻信息，而相关职能部门面对突发性新闻时，同样应该以按照"快报事实、慎报原因"的原则，"忠实说、迅速说、首先说"，及时发布正确的新闻信息。也就是说，对于突发性新闻事件的报道，需要相关部门、媒介的支持和协助。上海踩踏事件中，上海市政府一开始即由上海市政府新闻办公室官方微博为统领，作为对外信息发布的主窗口，协同相关信息部门，成为社会、媒体、网民等获取权威信息的唯一窗口，有效满足了公众对此事强烈的信息需求。反观天津港爆炸事故，天津政府对事件信息通报的最大问题在于在新闻发布会准备不足的情况下还过度依赖新闻发布会，发布渠道过于单一、时效滞后、统筹不足。

2. 掌握好发布时机，主动引导舆论。自媒体时代，大众就自己所见所闻披露信息、发表意见，还可以通过转发、评论、点赞等方式为已经形成的舆论"添柴加薪"。比如2010年江西宜黄拆迁事件、2011年甬温线"7·23"动车事故等等，首发信息的都是自媒体。自媒体影响力的逐步扩大，要求安全突发性事件的报道不仅要在内容和报道形式上遵守已有的制度，而且要掌握发布的时机，主动引导舆论向正面方向发展。对安全突发事件而言，新闻发布的时效性非常关键，但此类事件往往原因复杂，需要一定的时间去调查，报道时机的抉择显得尤为重要。笔者认为，在安全突发事件中，报道的准确性和时宜性应该优于时效性。成熟的新闻从业者，往往能在把握时效性的同时做好对舆论引导效果的预判。

3. 及时关注舆情动向。在新闻信息采集、整理、准备报道的同时，做好舆情的收集研判，发现并有效预警是做好突发事件舆论引导的重要环节。一方面要利用科学技术，完善大数据平台，加强对信息的过滤与判断能力，准确把握舆情方向，及时做好相应风险评估。另一方面要加强舆情监测队伍的建设。发掘和吸收一批对舆情较为敏感、能熟练应用互联网的人才队伍,深入不同的新媒体平台,认真研究采集与提取技巧、追踪技巧、倾向性分析等,比如可以对微信朋友圈、微博热搜等平台网友的反应做出一个科学准确的判断,在舆论还未形成之前就采取有效的应对措施,有效防范负面舆论的扩大。

4. 善于运用新兴媒体。在新媒体时代,新闻消息传播的渠道颠覆了传统媒体的想象,微博微信、短视频、各类APP、手机客户端等,都是安全突发性事件报道的重要渠道。新媒体时代,受众有了自己的"麦克风"。比如微信公众号、微博等平台开通评论区,人们可以自由发表言论,表达自己对该事件的看法,甚至成为"意见领袖",引导舆论态势。对于媒体而言,通过新闻评论区的大数据统计,也可以进一步了解群众的口味和偏好,从而为受众提供更有吸引力的新闻,增强自身的影响力。另外,传统媒体还可以借助新媒体平台设立点赞和投票环节,来了解公众普遍采取的价值观,也让受众对事件有更强的参与感,从而疏散社情民意,起到"减压阀"作用。因此,要加大与新兴媒体的合作力度,争取让全民在切身参与中意识到事故的危害性和严重性,从而在日后做好防范工作。

工作流程

一、全面掌握情况

众多社会舆情的产生和发酵,自媒体往往占据了发声的第一时间和话语主动权,而涉事部门和单位则处于被动的状态。在这种情况下,对公众所关注的事件及焦点有一个全面的了解是基础的基础。

首先,必须对事件的过程有一个全面而不是片面、完整而不是碎片、还原而不是假想的了解和掌握。在现实生活中,一些地方和单位在面对"抠事实、抠细节"的发问时,往往是表现出"情况不明决心大"的姿态,从而使舆情持续发酵。事情的发生都有其具体的原因和发展的过程,全面掌握,意味着要对事件的来龙去脉非常清晰;同时,也必须有相应的物证作支撑。在被人问到细节的时候能够对答如流、不至于用"大概""可能""听说"等字样含糊其辞。"7·23动车事故"发生后,原铁道部发言人王勇平一句"不管你信不信,我反正信了",既反映了他随口一说的轻率,也是他对事实不够了解的无奈之言。

其次,也应对公众关注的焦点做出研判,以便精准无误地做出坦诚的回应。

2011年7月15日，杭州钱江三桥北引桥的桥面突然塌落，一辆大货车从桥面坠落，又将下匝道砸塌。事发后，有关部门召开了一个五分钟的新闻通报会，将原因归咎于超载车辆的碾压，却避而不谈杭州市民关注已久的桥梁质量问题。面对记者"三桥是否经过竣工验收"的追问，发布人面露难色、起身离场。一般说来，发生舆情的地区或单位对焦点的判断不会出现大的偏差，问题在于有关部门愿不愿、敢不敢于让公众知晓对焦点问题的基本态度。

二、理性分析是非

所谓理性，不是屁股指挥脑袋的自说自话；不能以职业、地域、身份、单位等的异同作为辨别是非的基础立场。而是要依据党的理论、路线、方针、政策，依据国家的法律法规，依据社会主义核心价值观，依据公众的主流认知来做考量。

2014年12月，山西省太原市龙城派出所民警王文军等人在处置一起工地警情期间，发生了河南籍女民工周秀云非正常死亡的案件。2016年5月，北京市昌平区发生了"雷洋事件"，当地警方罔顾事实真相，试图动用一些媒体自圆其说。这两起涉警事件都引发广泛关注，社会舆论对警方的一些做法和态度提出了质疑和批评。但同时，个别获得认证的基层公安机关自媒体账号也"义愤填膺"地发声，为涉事警员寻找"执法依据"。大多是说，公众的批评是对警察的污名化，是仇警心态的表现，引发争议的警察行为"合理合法"，甚至以"出发点是好的"说辞来掩饰明显的问题……

上述现象，反映了这些警方自媒体自身思想水平和法律素质低下，"帮亲不帮理"的立场。而这些非理性的观点在特定系统内互相影响、互相发酵，不仅无助于化解矛盾，反而导致民众更多的质疑，使问题更加复杂化。

这种不理性的思维和言论具有一定的典型性，2013年10月，温岭市人民医院发生了一起患者杀死医生的事件。网络上又是一片为医生鸣冤叫屈的声音，一些媒体也大肆报道某地医生上街游行、停工悼念受害医生的举动。2014年1月，国家卫计委主任李斌在全国人大的记者招待会上发布一个数据：2013年，全国门诊患者为73亿人次，而医疗纠纷只有7万件。十万分之一的纠纷率，故意伤医害医的事件更是极个别的现象，可是在一些不理性的声音被人为地放大之后，夸大和渲染了医患矛盾极其严重的假象，这样的舆论氛围撕裂了社会群体，丝毫无助于解决医患矛盾。如果站在法理的基础上，这类个案完全可以由现行法律来规制；从社会稳定的角度出发，也完全无须如此对立。

需要强调的是，理性分析是非，还有一个很重要的视角——社会观感。广大民众对某个问题的看法如何，也应该作为重要的考量元素。

三、客观陈述事实

在现实生活中，一些单位在回应社会关切时，回避事实真相，只做轻飘飘的表态，甚至在表态中强词夺理、自我表扬。这显然违背了回应的初衷，不仅没有起到灭火的效果，反而是火上浇油，成了舆情发酵的助燃剂。

2016年12月8日，北京一位家长在网上发布了题为《每对母子都是生死之交，我要陪他向校园霸凌说NO!》的文章，叙述了她的孩子在学校受到其他同学欺负，学校在处理该事件时的冷漠态度，引发了社会的广泛关注。时隔两天，涉事的中关村二小发布了一则声明，表达了四层意思：学校始终坚持"关心、爱护学校的每一位学生"；"一直在积极努力协调，客观、公正地处理几方家长间的相关诉求和矛盾纠纷"且还将持续努力；学校保留通过法律途径追究发布不实言论者责任的权利；最后还呼吁"让教育问题回归校园进行处理"。

有网友"翻译"了这则声明的潜台词："第一段，我校很牛×；第二段，我校已在处理；第三段，再在网上议论我校，分分钟给你发律师函；第四段，快散了吧，虽然你们不能把我校怎样，但还是挺烦人的"。这一"声明"是假大空加傲慢的经典范文，它的硬伤在于既没有对这一事件核心事实的说明，也没有学校如何"客观、公正地处理"的论证，更没有对自身的反省和检讨，并呈现出"拒绝围观"的态度。虽然该校后来又发了一篇回应，叙述了事发的过程，又表达了"深深自责"和"深表歉意"，但在面临信任危机的情况下，已难以取信于众，人们对其所述事实的真实性和客观性以及道歉的诚意继续抱有疑问。

这个事例足以说明，公众首先关注的是事实，而后才是是非。不谈事实的"回应"，只会引来更多的质疑。同时，即使是叙述事实，也不能以对自己是否有利来筛选事实，不能挑战社会公众的智商，不能文过饰非。

四、公正表达立场

应对负面舆情时，表态是一个不可或缺的内容。表态的关键点在于"公正"，而公正的标准还是党的理论、路线、方针、政策、国家的法律法规、社会主义核心价值观和社会公众的主流认知。前述中关村二小揽功诿过的"声明"，表态很充足，却毫无公正可言，自然起不到消弭舆情的效果。

2016年10月27日，永嘉县一名交警身着警服，在一所学校对无意中用指甲划伤其孩子额角的一名女教师实施殴打。视频上传网络后，引发关注。事发当天夜晚，县公安局在官方微博发布消息，确认了这一事实，也把公安局相关领导登门道歉的信息告知公众，并公布了对涉事警察执行禁闭、并将作出进一步处理的决定，做出了绝不护短的表态。次日凌晨，县公安局发布第二条消息：给予涉事警察行政记大过处分，并因其违反《治安管理处罚法》，被处以行政拘留6天、罚款200元的治安处罚。同时，再次强调了欢迎群众监督的态度。事后，该局局长林志佩谈起此事时说：快速、公正、精准、细致是处置这次舆情的关键所在。

公正，是广大人民群众对社会的基本诉求。不公正，无以服众；不公正，民怨滔滔；不公正，纲纪不再；不公正，形象顿失。

舆情处置的上述四步骤，虽然有阶段之分，但却不是孤立的单元，而是一个整体，需要通盘考虑。舆情应对事关党和政府的形象、事关涉事单位的社会评价、事关群众的切身利益，不能简单地就事论事，而应认真对待、精心实施、谨言慎行、举一反三，避免类似舆情的再度发生，切不可因为思想变形而导致动作变形。

学以致用

一、实训案例

2016年12月，有自称吉林省四平市铁西区红黄蓝幼儿园学童家长的网友在互联网上发布孩子疑似被教师针扎的贴文及图片，市互联网信息中心发现此舆情后，及时向市委宣传部有关领导汇报，并按市委宣传部要求第一时间将此舆情专报转至市教育部门和铁西区相关部门。同时，网贴被新华社、央广等中央级媒体发现并给予关注，联系市委宣传部了解事件相关情况。鉴于红黄蓝幼儿园为铁西区教育部门审批的民办教育机构，同时幼儿园驻在地和事件发生地也在铁西区，并且事件调查处置主要由铁西区负责，按照属地管理原则，市委宣传部并不直接了解事件情况及处理进展，故将铁西区委宣传部等相关部门与中央级媒体记者间做好衔接联系，并指导铁西区委宣传部做好媒体应对和舆论引导工作。铁西区按照市委宣传部指导建议，第一时间将事件调查进展情况通过市政务微博等官方渠道向广大市民群众通报情况，回应社会关切，理顺家长情绪，压制不良炒作，同时通过向新华社、央广等中央级权威媒体提供及时、准确、透明的信息，引导国内媒体舆论走向，调控舆情，保持平稳，至2017年1月中旬，随着调查结果的逐步公开，舆情得到有效控制。此后，随着案情进展，相关人员被刑事拘留和刑事审判结果等关键环节的信息，也通过市政务微博和新华社等权威发布渠道向社会推送，充分保障媒体、大众知情权。

2017年10月，北京红黄蓝幼儿园发生虐童事件，在国内产生较大波澜，央视新闻频道法治在线栏目因此对四平市红黄蓝虐童事件刑事审判处理情况再次关注，11月中旬三名记者专程赴四平采访报道，并与市委宣传部取得联系，要求采访铁西区公安、法院和教育部门相关人员。市委宣传部第一时间向省委宣传部和市有关领导进行汇报，同时派出专人专车陪同记者开展采访工作，联系沟通铁西区教育、公安、法院等部门做好配合工作，将刑事审判过程中有关真实、权威信息，部分提供给央视记者并接受采访。12月上旬，该案民事赔偿部分正式开庭审理，央视三名记者再次来四平，联系市委宣传部要求对庭审进行采访。市互联网信息中心及时将情况向市委和省委宣传部做了汇报，并按照省委宣传部相关要求，采取有效措施。

二、实训内容

新闻舆论引导与舆情应对演练。

三、实训要求

1. 将学生按10人一组分成若干实训小组；

2. 各实训小组选定成员根据案例给定的情境分配角色，按照处置程序和处置对策进行相应的模拟演练，教师跟踪指导；

3. 各实训小组模拟演练结束后写出实训总结，进行交流，教师简单点评，全体学生投票选出优秀小组。

拓展学习

2016年10月12日，江苏新闻广播发布消息称，9月开学以来，苏州、无锡、南京、常州等多地学生集中出现流鼻血、头晕、起红疹等症状，疑似与学校的塑胶跑道"放毒"有关。消息发出后，舆论给予高度关注，"毒跑道"一时间成为舆论热词。14日上午，江苏省教育厅对该事进行了回应，一方面不否认

"有毒"跑道进入校园，另一方面指出消息所涉的几个塑胶跑道均为当地自筹自建，将对全省范围内的塑胶跑道项目，进行全面回访检查。

1. 媒体观点："标准空白"不能成为"监管缺失"的遮羞布。梳理媒体关于此事的评论，可以发现三大焦点：

第一点，破除室外塑胶跑道的检测标准和监管真空迫在眉睫。新华社评论《别让有毒跑道泛滥，需建立相关检测标准》表示，检测标准的缺失、相关部门监管的缺位，让本该"更安全"的塑胶跑道，变成了"更不安全"的存在。新华网评论《让孩子们奔跑在安全的跑道上》、光明网评论《"标准空白"只是"毒跑道"的遮羞布》均指出，杜绝校园"毒跑道"，制定检测标准、填补行业空白当然有必要，但目前最关键的是相关部门应在招标、施工、验收、检测等关键环节加强监管，杜绝层层转包、以次充好等问题，严把入口关，才能把"三无"塑胶跑道拒之校园门外。

第二点，疑似"毒跑道"流入校园，学校和教育主管部门责无旁贷。《北京晨报》评论《谁让孩子跑在毒塑胶跑道上》指出，劣质塑胶跑道只要铺出来，难闻的气味就掩盖不掉，学校作为采购单位，怎会完全不知情？如果学校知情，又是以怎样的价格从谁手里采购了劣质的塑胶跑道？有没有权钱交易与利益交换存在？文章分析，体育器材利润率很高，塑胶跑道造价尤其昂贵，"毒跑道"进校园怕是少不了各种商业贿赂与腐败回扣夹杂其中。《京华时报》评论《"毒跑道"害人，主管部门何在》认为，已建室外塑胶跑道相应标准空白不能成为问题的最终解释。事实上，从学校到教育主管部门乃至各有关部门，都没有把学生的生命安全真正放在心上才是关键原因。在此次事件中，除学校以外，首先更该追问的是，教育主管部门哪里去了？作为主抓学校管理的教育部门，在学生集体出状况、塑胶跑道被指为元凶的情况下，肯定责无旁贷。

第三点，塑胶跑道是否适合普通学生运动？《生命时报》评论《毒跑道害人？！日本中小学不用塑胶跑道》，通过引鉴日本学校的经验指出，塑胶跑道并非学校运动场首选，一是它的造价及维护成本高，二是其中包含的化学原料不利于学生健康，三是塑胶跑道作为专业比赛场地，并不一定适合学生运动。由是，在教育主管部门经费有限的情况下，不妨考虑采用沙质跑道代替塑胶跑道。

2. 网民观点："自筹自建"看不到认错诚意。"毒跑道"曝光后，网民第一反应主要集中于以下三点：第一点，指出"有毒"跑道并非孤例，而是大量存在于各类公共场所，希望相关部门能对此给予高度关注。第二点，质疑"毒跑道"出现是教育腐败的恶果，严重怀疑相关学校及教育主管部门存在权钱交易与利益交换。第三点，认为有毒检测一直空白说明政府办事不力，未将学生安全放在心上，放任无良商家、企业残害下一代。

其后，随着官方回应公开，网民讨论重点有所转移。多数网民关注官方回应中的"自筹自建"说法，认为这是典型的推托之辞，表示难以认同。如网民"zhouge383"表示，"学校自筹自建，政府就没有监管责任吗？"网民"马邓三"指出，"责任推的真快，中小学现在都是财政拨款，哪来的自筹？"部分网民关注事件处理中受害学生是否会获得赔偿。部分网民期待相关部门能真正落实校园安全，少一点事后诸葛，多一点事前严格把关。部分网民希望调查结果能尽快公布，呼吁严肃处理涉事学校及教育主管部门。

思考与讨论

1. 如何把握新闻舆论引导与舆情应对的主动权？
2. 新闻舆论引导与舆情应对工作最需要注意什么？

学习任务三　聚众械斗事件处置

案例引入

2013年5月12日上午，陆丰市桥冲镇东竹村委会松竹村民小组发生一起聚众斗殴案件，造成十多人受伤。经公安部门初步侦查，以松竹村村民陈某珠为首的部分陈姓村民因对该村村民小组长刘某茂不满而发生矛盾，陈某珠与刘某茂胞弟刘某互不服气而提出"摆场"。当天上午10时左右，刘某茂带领胞弟刘某等及串招的外乡人约20多人持土制猎枪、刀具、木棍等器械，冲进本村陈厝巷大垾与陈某珠等陈姓村民进行打斗，刘某等人持猎枪朝参与打斗的对方人员及围观的村民开枪，造成参与打斗的村民陈某珠及围观的群众近十人受枪伤，刘某怀及其胞弟刘某乙等4人受刀、棍伤。整个行凶过程持续了大约半个小时，14名村民受伤的部位多在腿部、背部和颈部。其中，受伤的村民中，年纪最小的只有11岁，最大的66岁。受伤最严重的是一名叫黄某税的孩子，其脑部和心脏等部位被击中，已转到汕头市人民医院抢救。

事件发生后，汕尾市、陆丰市、桥冲镇党政和公安部门领导高度重视，靠前指挥、妥善处置。陆丰公安机关马上启动应急预案,迅速组织力量赶往现场处置。同时组织医护人员全力救治伤者,当天下午伤者已分别送至汕尾市人民医院、汕头市人民医院、陆丰市人民医院治疗,部分轻微伤员经包扎治疗后已出院。陆丰市和桥冲镇马上组成工作组进村入户,稳定伤者及家属的情绪,避免事态恶化,维护稳定。陆丰市公安部门已控制了刘某等6名涉案人员,其中犯罪嫌疑人刘某茂、刘某怀、刘某维、陈某珠等已被刑事拘留。

结合引例思考:
1. 聚众械斗事件处置程序主要包括哪些步骤?
2. 聚众械斗事件的主要处置策略有哪些?

理论导航

一、聚众械斗事件的界定

1. 聚众械斗事件的概念:聚众持械斗殴是为了报复他人或争霸一方等目的,纠集多人成帮结伙地用随身携带的凶器殴斗的,或利用殴斗现场原有器物殴斗的互相殴斗行为,一般从以下几个方面对"持械聚众斗殴"进行认定:

(1)"械"是指各种枪支、治安管制器具、棍棒等足以致人伤亡的工具。对于持砖块、酒瓶类一般工具进行斗殴的,要结合所持一般工具在斗殴中的使用情况及造成的后果等情节,认定是否为"械"。

(2)"持械"是指参加聚众斗殴的人员直接使用器械斗殴,或者在斗殴中携带并且显示但实际未使用的情形。

(3)持械既包括事先准备器械并在斗殴中使用,也包括在实施斗殴过程中临时就地取材获得器械并使用。对于夺取对方所持器械并使用的,以持械聚众斗殴论处。

(4)参与预谋持械聚众斗殴,或者明知本方人员为斗殴而携带器械,即使本人未携带和使用器械,构成共同犯罪的,也均以持械聚众斗殴论处。对于预谋持械聚众斗殴但没有将器械带到斗殴现场或对本方人员为斗殴而携带器械进行积极阻止的,可不以持械聚众斗殴论处。

(5)聚众斗殴中,一方持械而另一方未持械的,对持械一方以持械聚众斗殴论处,对未持械一方不认定为持械聚众斗殴。

二、聚众械斗事件特点

1. 团伙性。聚众械斗事件呈现团伙性质，参与者往往达10多人，甚至几十人、上百人。参与人员多，场面大，影响大，严重扰乱社会治安。

2. 暴力持械性。群体暴力已成为聚众斗殴事件的重要特征，而为实施暴力，冷兵器已成为他们的必备之物。铁棍、铁链、砍刀等冷兵器成为械斗人员斗殴时的常用武器，殴斗时往往不计后果。

3. 公开性。公开斗殴是聚众械斗事件的另一重要特征。往往凭借团伙力量和各种凶器，不分时间、场合、地点，无所顾忌地公开进行殴斗，公然挑衅社会秩序。

4. 社会危害性大。在聚众斗殴时，往往事先购买砍刀、长矛等管制刀具，有的甚至购买枪支，暴力性大大增加，且聚众斗殴多选择在公共场所进行，社会影响恶劣，危害社会和谐稳定，应引起高度重视。

二、聚众械斗事件处置原则

1. 统一指挥、整体作战原则。处置突发聚众械斗事件要及时明确各级指挥部的指挥人员，实行指挥首长负责制，避免多头指挥。各相关单位要严格按照党委、政府指示，统一组织，整合资源，实施整体作战。同时，要严格现场处置纪律，做到令行禁止。

2. 因情施策、区别对待原则。要严格区别对待聚众械斗事件中的组织策划者与一般参与者。对一般参与者，要本着"宜散不宜聚，宜顺不宜激，宜解不宜结"的原则，认真做好宣传疏导劝阻工作；对组织策划者，要密切关注动态，把握有利时机，根据上级指示，严密控制，妥善处理。

3. 慎用警力、强制措施原则。处置聚众械斗事件时，既要防止使用警力和强制措施不慎而激化矛盾，又要防止警力和强制措施当用不用而使事态扩大。是否使用、使用多少和如何使用警力要根据聚众械斗事件的性质、起因和规模来决定，是否采取强制措施要根据事态的发展情况来决定。

4. 快速反应、依法果断处置原则。处置聚众械斗事件，要坚持做到早发现、早报告，信息灵敏，闻警而动，快速反应，依法果断地高效处置。尤其是对阻断交通、骚乱以及打砸抢烧等违法犯罪活动，要抓住时机，坚决依法果断处置，控制局势，防止事态扩大蔓延，力争尽快平息事态，恢复正常的社会秩序。要严格把握处置工作的各项法律、政策界限，讲究策略、方法，防止由于工作失误或处置失当而授人以柄，激化矛盾，扩大事态。

三、聚众械斗事件处置对策

根据现场情况和处置聚众斗殴案件的需要，结合职责分工，果断处置。

（一）现场指挥

处置人员迅速赶赴现场，立刻在便于观察、指挥、机动的位置设现场指挥部，及时搜集掌握各种情报信息，掌握事件的现场情况，传达基本指挥部的指示和上级命令，组织和协调各种力量的处置行动。

（二）控制目标

防暴突击小组进入现场，选择合适的位置抵进隐蔽，在各出口处设卡，设置警戒标志，控制现场；安排观察哨，密切观察现场情况；疏散群众，禁止无关人员进入警戒范围内。同时用各种方法尽量接近械斗人员观察，确认械斗人员所持的器械情况，为现场指挥部制定攻坚方案提供参考。逐步缩小包围圈，防止斗殴人员逃窜。

（三）政策攻心

谈判小组进行政策攻心，依据国家法律和党的政策进行政治攻心，迫使其立即放下凶器、听候处理。谈判成功犯罪嫌疑人投降后，对其全身彻底检查，犯罪嫌疑人被带离现场后，处置人员对现场进行排查和清理。

（四）武力攻坚

谈判无效或者发现其主观恶意程度高，防暴突击小组根据现场指挥的命令，制服或击毙犯罪嫌疑人。对于携带杀伤性武器的械斗人员，不能靠近制服或解救，可使用非杀伤性武器。犯罪嫌疑人被制服后，处置人员要先对其身上可能隐藏的械具进行鉴别，迅速进行人物分离。

工作流程

1. 接到指挥中心指令后，迅速集结警力，进行战斗编组，作战前动员，10分钟内赶到现场，根据现场情况，确定指挥部地点，成立现场指挥部。通讯保障组立即架设机动应急转讯电台一套，保持现场指挥部与指挥中心及各小组间的无线通讯畅通，立即向指挥中心和党委、政府报告到位时间、指挥部地点及简要案情。

2. 警戒组安排观察哨，迅速了解情况，绘制现场地形图，及时通报现场情况；同时迅速控制各出口处，设置警戒标志，疏散群众，禁止无关人员进入。指挥部根据案情及现场情况，迅速部署警力，拟定处置方案，10分钟内上报指挥中心，同时按预先的分工和警力部署将处置指令下发给有关小组负责人。

3. 包围组迅速到达现场，占据有利地形包围斗殴双方，并逐步缩小包围圈。宣传组讲明法律法规和政策，责令双方迅速分开，停止斗殴、放下凶器。

4. 现场访问组立即开展现场访问，迅速了解械斗原因、规模、参加人员等基本情况。

5. 如有斗殴人员不听劝阻，双方仍呈对峙态势，穿插隔离组迅速果断穿插于斗殴队伍，将双方隔离。发现伤员立即向现场指挥部报告，并将伤员转移至安全地带进行紧急处理。现场指挥部指挥中心要求急救车增援。

6. 缉捕组对斗殴人员逐个进行缴械、搜身，带离现场加以控制，将组织者、为首者、持枪持刀者押解上车。如有反抗逃跑者，坚决制服抓获。

7. 安排机动组在现场适当位置，机动待命。完成控制局势后，机动组清理现场，进行现场搜查。

8. 现场指挥部及时向指挥中心报告现场处置结果，向指挥中心提出撤离现场的要求。

9. 指挥中心同意撤离后，指挥部通知各小组有序撤离。

学以致用

一、实训案例

2018年10月20日下午，几段学生打架视频在宁都县多个微信群流传，引发大量关注。视频流出后，宁都县公安局赖村派出所向县公安局汇报并展开核查。经初查，这是一起因在校学生发生口角引发的聚众斗殴案。经查，10月18日，赖村某校九年级学生黄某（女）等几名女生与同年级曾某萍（女）等女生发生口角后引发打架。事后，曾某萍的男友宋某辉邀集何某龙（男，18岁，宁都县城某校高三学生）等人来赖村"帮忙"，黄某等人则邀集了同年级的宋某龙等人，双方约定在赖村人民广场解决此事。10月20日下午，何某龙纠集十余人统一戴黑色口罩来到赖村人民广场。在宋某龙等人到来后，何某龙等人手持电棍、甩棍等器械对宋某龙等人实施殴打，致宋某龙、胡某林、宋某豪等人不同程度轻微受伤。在此过程中，何某龙等人还对围观学生黄某平、肖某二人随意殴打，致使二人不同程度轻微受伤。之后，何某龙等人逃离现场。10月23日下午，专案民警在核实清楚嫌疑人身份信息后，将参与聚众斗殴的何某龙、赖某（男，18岁）、封某辉（男，18岁）、廖某（男，17岁）等四人抓获归案。审讯中，何某龙等人如实交代了持械前往赖村实施聚众斗殴的犯罪事实。

二、实训内容

聚众械斗事件的应急处置对策演练。

三、实训要求

1. 将学生按10人一组分成若干实训小组；

2. 各实训小组选定成员根据案例给定的情境分配角色，按照处置程序和处置对策进行相应的模拟演练，教师跟踪指导；

3. 各实训小组模拟演练结束后写出实训总结，进行交流，教师简单点评，全体学生投票选出优秀小组。

拓展学习

2015年7月24日上午10时许，110接到群众报警称，在莒县新汽车站附近发生打架事件。接报后，店子集派出所第一时间赶到现场，迅速控制事态，制止双方殴斗。经查，冲突双方为莒县店子集镇刘店村的村民和村干部。当日，村干部方计划对拟储备土地的地上附着物蔬菜大棚、树木等进行清点，还未到达现场时，便遭到有组织的村民的激烈阻挠，双方发生冲突，共造成12名参与者受轻微伤。派出所民警到达现场后，迅速控制双方殴斗，对现场参与者先期进行调查，同时向县公安局汇报。县局迅速组织刑警、治安等精干力量成立专案组，以涉嫌聚众斗殴罪立案侦查。

思考与讨论

1. 聚众械斗事件处置过程中如何最大程度减少伤亡和损失？
2. 聚众械斗事件处置过程中如何保护好他人及自身安全？

学习任务四　群体性上访事件处置

案例引入

2012年1月9日上午10时30分左右，宿迁市保卫处接到市经济开发区管委会人员通知，半小时后将有市经济开发区某企业员工四百多人到市政府集体上访。上访原因是该企业因养老保险金问题与员工产生分歧，导致员工严重不满，进而引发集体上访。此时市政府大楼一楼会议室正在召开市政府常务会议，如果处理不好将造成严重影响。接到通知后，保卫处迅速向局领导作了汇报，周局长亲自指示："迅速与相关部门对接，精心布置，妥善处置，确保不出任何事情。"保卫处迅速与公安、信访、武警支队、市政府值班室、市经济开发区接访办进行了有效对接，五分钟后市信访局、市经济开发区管委会、市武警支队、市治安支队、宿城公安分局、市经济开发区公安分局等部门相关领导相继到场，并与保卫处负责同志在南门值班室简单召开了应急会议，并决定采取"提前封堵，边堵边谈，边堵边疏"的策略。在研究的同时，公安到位150余名警力，负责门前控制；武警26名战士到位，负责大门内侧，其中三名战士到北门，协助保卫处人员疏导车辆，打开一条往北大门的通道，一旦南门被堵立即引导车辆从北门离开。半小时后，400多名上访职工从广场南侧涌向市政府，接访人员与公安一起按计划展开分割、集中，有效地将上访人员围堵在前门广场上，信访局和开发区领导不断地开展劝导工作，期间市委督察办也根据领导指示多次到现场了解情况。11时45分左右，常务会结束，领导车辆有序从北门离开，无一车辆遭到拦截。12时30分左右，事态终于得到控制，未造成冲击事件，达到了防范目的。

结合引例思考：

1. 针对群众的上访在处置过程中应当特别注意什么？
2. 群体上访事件处置原则有哪些？

理论导航

一、群体性上访事件的界定

1. **群体性上访事件的概念**：所谓群体性上访事件，是指某些利益一致的群体或团体，在其利益受损或得不到满足时，为实现其共同利益，有组织地到政府部门上访的行为。群体性上访事件，是在社会变革、体制转型、利益冲突和观念碰撞的背景下产生、蔓延和发展变化的一种社会现象，是社会矛盾的一种集中反映。

2. 群体性上访事件特点。

（1）参与人数众多，社会影响较大。从人类的心理趋向中可以看出，具有相同利害关系的社会成员之间对共同利益问题很容易产生共鸣。为了维护自身的利益，个体的公民之间往往会进行有目的、有组织的联系，通过纠集多人、集体上访对党政机关以及企事业单位施加压力，试图通过人多的"优势"来提高要价的"筹码"，认为人数越多，解决问题的可能性就越大。所以群体性上访行为的参与人数少则数十人，多则几百人。并且有些群体上访事件中还存在着明确的分工，甚至有所谓的"领导者"。所以，一旦出现群体性上访事件，往往会产生诸多的不良影响，扰乱正常的社会秩序。

（2）具有较强的偏激心理，容易演化出极端行为。在群体性上访事件中，由于人数众多，参与上访的公民情绪往往比较激动且普遍怀有不满心理，尤其是对党政机关、企事业单位的不满，这就决定了群体性上访具有极强的演化性。由于人的行为在群体和个体时有很大的区别，有些行为在个体时不会发生，但是在群体中就极有可能发生。当个人处于群体之中时，其行为就会相互感染，从而做出一些过激行为。在群体性上访事件中，由于参与者的情绪普遍比较激动，若是遇到别有用心的人对上访者进行煽动、蛊惑，往往就会演化成恶性事件，如打架、冲砸行为。

（3）具有极大的危害性和处理难度。群体性上访事件中的上访者到各级领导办公生活区域或者不属于处理信访问题的部门要求解决信访事件，甚至纠缠不休，严重干扰了正常的工作秩序；向无权处理的机关提出信访诉求，或是非法越级上访，导致多头工作，降低了政府机关的工作效率；有的上访者以要求解决利益诉求为借口，冲击党政机关、堵门拦车、侵害其他公民的合法权益；有的控制企业、单位的办公和生产场所，封堵公路、铁路，制造混乱，向政府施压，严重破坏了正常的社会秩序，增加了社会的不稳定因素。群体性上访事件往往出于一些特定的原因，有的群体性上访事件原因比较复杂，因此处理起来难度极大，特别是涉及一些实际问题时，例如上访群众要求提高工资待遇、社会福利等问题，往往需要由数个部门联合解决处理。而且在处理过程中很容易引发其他恶性事件，因此大大增加了处理难度。

（4）诉求主体多元化、诉求内容复杂，往往具有较强的趋利性。随着社会转型的不断深入，社会利益调整的幅度越来越大，导致很多社会主体都被卷入其中，因此矛盾的主体不断增多。各个社会阶层中又由于具体利益矛盾而形成诸多具体的利益团体，导致上访主体进一步多元化，如失地农民、民办教师、外来务工人员、下岗职工、拆迁户等等。群体性上访的诉求内容纷繁复杂、包罗万象，涉及的领域逐步扩大，触及的层面不断加深，包括了社会矛盾、经济矛盾、思想观念矛盾，还有相互重叠的复合型矛盾。

二、诱发群体性上访事件的原因

1. 从宏观上看，主要成因是社会转型，利益关系发生重大调整。体制改革中出现的矛盾是引发集体上访的新原因。在由计划经济向市场经济转轨的过程中，旧体制弊端依然存在，新的体制还没有完全健全。有些改革配套措施滞后，随着改革的不断深入，原有分配格局被打破，既得利益重新进行调整分配，人们的心理承受能力各异，势必出现一些新的矛盾。例如，一些企业在计划经济时代形势较好，随着市场经济体制的建立完善，竞争越来越激烈，企业效益越来越差，职工的工资、福利等难以兑现，企业进行改制，部分职工下岗失业，生活出现暂时困难，导致上访。

2. 从上访群体看，主要成因有二。一方面是观念片面，思想认识上存在误区。部分群众认为现在的基层政府害怕上访、害怕群体性事件，认为基层干部有可能会害怕挨上级批评、"丢帽子"，而迁就上访人。突出表现为四种错误认识：一是信"多"不信"少"。认为只要来的人多、造成的影响大，对基层政府压力就大，问题就容易得到解决。二是信"上"不信"下"。总认为上级机关大、"官员"级别高，才会真正为群众着想，而错误地认为下级机关和基层干部"把一本好经念歪了"，是在欺骗群众。三是信"闹"不信"理"。认为"大闹大解决、小闹小解决、不闹不解决"，凡事只要不停地闹，就会引起重视，就能得到解决。四是信"访"不信"法"。有的信访问题本应通过司法程序解决，但上访人却偏要走上访之路，认为通过信访途径，采取行政手段解决问题更快也更好。另一方面是享受改革成果的愿望过于迫切。随着改革的不断深化，城市建设和经济社会各方面发展不断加快，群众对享受改革成果的愿望过于迫切，根本不从长远着想，当眼前利益一时未得到解决就不断缠访、闹访。

3. 从基层工作看，也有两方面原因。一是处置不当，矛盾升级复杂化。极少数基层干部忽视矛盾，发现问题不及时处理或未完全化解。初信初访发生时，工作方式简单、粗暴，态度生硬。不是以积极的态度想方设法加以解决，而是不负责任地躲避、推诿、敷衍或者搪塞，使本来可以及时解决的问题长期得不到解决，导致矛盾升级，范围扩大，简单问题复杂化。二是工作不力，息事宁人留隐患。在处理群众信访问题上，极少数部门和人员存在息事宁人的思想，认为只要是不违反大原则，对上访群众提出的一些无理要求也随意迁就，无形中产生了一种"激励机制"，形成了"闹事上访——获利——再闹事上访"的恶性循环。群众受利益驱动不断上访，如果没有达到其预期目的，他们便不断"闹"下去，从人少到人多、从基层到上级。即使是明显不符合政策，既不合法、又不合理的事情，也希望借助"人多势众"从中得到好处。特别是一些外来势力、宗族派姓势力，幕后插手和组织上访，对群众威胁利诱，逼迫有关部门解决问题或阻止开展工作。

三、群体性上访事件处置的基本原则

1. 果断及时原则。一旦发生事件，主要领导要立即赶赴现场，快速掌握情况，及时制定措施，果断应对处置。

2. 疏导教育原则。对发生的突发事件要本着"宜顺不宜激、宜疏不宜堵、宜解不宜结、宜散不宜聚"的指导思想，综合运用法律、政策、经济、行政等手段和教育、协商、调解等方法加以处置，做到动之以情、晓之以理、明之以法。

3. 责任管辖原则。应对处置突发事件必须坚持属地管理、分级负责原则。在做好维稳工作的同时，应把预防和处置突发事件工作纳入各级地方政府和主要领导干部考核的主要内容，加强考核和责任追究，切实把责任落实到各级领导干部肩上。

4. 依法办事原则。处置突发事件必须依法办事，按政策办事。政法机关不是处置突发事件的责任主体，但政法机关是在突发事件中维护、掌控现场的中坚力量，是防止突发事件向社会骚乱发展演化的重要责任主体。因此，必须依照国家法律法规办事，该断必断，该柔必柔。

5. 预防为主原则。每一起突发事件的发生都有其自身的演变过程，在其演变过程中加以化解矛盾才是最好的效果。这就要求各级政府在突发事件上必须坚持预防为主原则，在源头上下大力气，做到早发现、早控制、早解决。

四、群体性上访事件现场处置对策

1. 坚持在地方党委、政府统一领导下协同处置。群体性上访事件是多种力量的协同行动,各部门必须在地方党委和政府的领导下。发挥各自优势,密切配合,共同完成好处置任务。

2. 正确区分不同性质的矛盾,区别对待。处置中始终坚持"宜疏不宜堵、宜散不宜结、宜顺不宜激、宜解不宜结"的原则,对于群众合理要求,做好疏导教育工作,做到矛盾不激化、人员不留滞、事态不失控,教育、疏导、劝离为主。对于打、砸、烧、抢等不法分子,及时进行制止,依法果断处置。

3. 慎用兵力、武器、警械。群体性上访事件属于人民内部矛盾,在处置过程中,必须谨慎,尽量避免正面冲突,对于兵力的投入、武器、警械的使用严格控制,避免矛盾激化,事态扩大。

4. 尊重群众,力举维护法制、维护人民利益和维护社会稳定的"三面旗帜"。在处置过程中,充分尊重群众,文明处置,加强宣传,相信群众,做好疏导教育工作,切忌态度蛮横,以势压人。

工作流程

1. 预案启动。接到群体性上访事件报告后,主要负责人员要面对面地做群众的工作,认真听取群众的意见,准确判断群体性事件的性质和发展趋势,掌控局面,把握尺度,讲究策略和方法,采取措施,尽快平息事态。对群众提出的要求,符合法律法规和政策规定的,要当场表明解决问题的态度;无法当场明确表态解决的,要责成相关部门或单位限期研究解决;对确因决策失误或工作不力而侵害群众利益的,要如实向群众讲明情况,公开承认失误,尽快予以纠正;对群众提出的不合理要求,要讲清道理,耐心细致地做好说服教育工作。在全面详细了解上访情况,评估等级的基础上,上报领导小组决定是否启动应急预案。

2. 前期处置。大规模群体性上访事件发生后,应立即派人赶到现场,设立临时现场指挥部负责现场应急指挥工作。必要时立即开展警戒、控制现场、疏散救护等基础处置工作;收集现场动态信息,并向上级人民政府应急管理办公室等有关部门报告。参与处置事件的各部门要信息共享、协同作战、高效联动。

3. 现场处置基本措施。临时现场指挥部根据情况立即制订现场处置具体方案并迅速采取处置行动。主要采取以下基本措施:迅速划定警戒区域,实行交通管制；迅速疏散围观群众，维护现场秩序；对现场进行监控，防范和果断处置过激行为及意外事件等法律法规规定的措施。在处置过程中，加强各相关应急部门的沟通和联系，听从指挥，相互配合，形成合力。

4. 后期处理。群体性事件现场事态平息后，要做好现场清理、现场消毒、送返上访人员等善后工作。有关责任人对现场处置时向群众承诺解决的问题，必须尽快解决到位，不得搞虚假承诺或者久拖不决。要坚决避免违背承诺、失信于民，重新引发群体性事件的现象发生。对于群体性事件中违反《治安管理处罚法》的人员，由公安机关依照《治安管理处罚法》的有关规定予以处罚；情节轻微不需要追究法律责任的，可令其具结悔过或予以批评教育；情节严重，构成犯罪的，依照刑法有关规定追究刑事责任。对本系统内党员和干部等违规参与群体事件需追究党纪和政纪责任的，通报其单位或其上级主管部门进行处理。

学以致用

一、实训案例

2008年11月17日上午9时左右，甘肃省陇南市武都区东江镇30多名拆迁户集体到市委上访，反映陇南市行政中心搬迁问题。市委和相关部门及时进行了接访，上访人员不听劝阻，聚集和围观群众陆续增加，最多时约2000人。18日零时左右，部分上访人员冲击市委机关，砸坏部分车辆和办公设施。截至凌晨2时，大部分群众已经离去。接到报告后，省委、省政府高度重视，17日下午5时，省委书记陆浩、省长徐守盛作出批示。18日凌晨，陆浩主持召开紧急会议，就陇南群体性上访事件进行了专题研究，提出了处置意见，要求陇南市委、市政府采取措施，迅速控制事态发展，保持社会稳定，确保陇南灾后重建各项工作顺利进行。

二、实训内容

群体上访事件现场处置对策演练。

三、实训要求

1. 将学生按10人一组分成若干实训小组；
2. 各实训小组选定成员根据案例给定的情境分配角色，按照处置程序和处置对策进行相应的模拟演练，教师跟踪指导；

3. 各实训小组模拟演练结束后写出实训总结，进行交流，教师简单点评，全体学生投票选出优秀小组。

拓展学习

2011年10月重庆万盛区和綦江县合并为綦江区，当地群众向有关部门反映了一些担心和具体问题，但一直未得到解决。当地群众反映问题，主要是三个方面：一是担心区县合并后经济会萧条，尤其是第三产业滑坡；二是由于原万盛区执行的医保标准较高，按照市统一要求，必须纳入全市统筹，执行同一政策，一些原万盛区群众每月医保费少了二三十元；三是在区县合并后产生失落感，认为区县合并是错误的，希望"复区"。因当地群众利益诉求未能有效解决，2012年4月10日，从中午开始，万盛经开区子如广场、高速公路路口、万盛公安分局等地先后出现人群聚集。这期间，部分聚集者向维护秩序的执勤警察和武警投掷石块和砖头，并有12辆警车被砸，4辆警车被烧。4月11日，聚集人群封堵了綦万高速路万盛路口。11日上午10时许，现场执勤的武警、民警开始对聚集人群进行清场，并施放了催泪弹。经警方介入后，万盛城区聚集人群散去，社会秩序基本恢复正常，城区内各主次干道全部恢复通行。参加此次聚集的人数最多在一万人左右，事件造成12辆警车被砸，4辆警车被烧，在冲突中并无人员死亡。有个别民警和群众受轻微伤，也均得到及时有效治疗。事件发生后，2012年4月13日，市政府新闻发言人接受记者采访，并叙述了事件起因、经过，及市政府对该事件的态度和处理方法。新闻发言人称，对于群众的合理诉求，市政府都应重视，并积极予以解决。事实上，綦江区成立以来采取了一系列惠民措施，如对万盛经开区餐饮业进行补贴，大幅削减綦江到万盛公共交通票价等。这次聚集事件发生后，市长黄奇帆、市委副书记张轩等市领导迅速赶到现场，召开紧急会议，指导进行现场处置和疏导劝返工作。为解决聚集群众的利益诉求，促进万盛经开区经济社会平稳发展，解决撤区后经济社会运行中亟待解决的相关问题，市委市政府4月11日出台了《关于促进万盛经开区当前经济社会平稳发展的政策意见》，总共有8条，旨在解决聚集群众的利益诉求。该文件已经通过媒体予以公布。与此同时，綦江区认真贯彻市委、市政府的要求，迅速研究出台了支持万盛经开区加快发展的5条措施，包括重大项目建设、旅游发展、三产发展、民生政策等。

思考与讨论

1. 分析群体上访事件处置的关键和难点是什么?
2. 如何做好群体上访事件的预防工作?

学习单元四

大型社会活动突发事件处置

学习目标

1. 了解大型社会活动突发事件、拥挤踩踏事件和球迷闹事事件应急处置工作的基本内容。
2. 掌握拥挤踩踏事件和球迷闹事事件应急处置的工作流程。
3. 能够综合运用所学知识做好大型社会活动突发事件的应急处置工作。
4. 能够综合运用实务技能处理好大型社会活动突发事件。

学习任务一　大型社会活动安全管理概述

案例引入

2012年2月17日晚8时10分许，在重庆奥体中心举办的王菲巡回演唱会重庆站发生观众座位垮塌事故，造成至少64名观众受伤，其中多人骨折。演唱会被临时取消。

垮塌的座位位于舞台后侧，这些座位是放置在金属结构支架上的，最高距地面约1.5米。座位垮塌后，一些受伤的观众被护送出现场，有数人脚部受伤，有的头部受伤流血，已被送往医院救治。现场观众被及时疏散。

结合引例思考：
1. 如何做好大型社会活动的安全预防工作？
2. 大型社会活动突发事件如何处置？

理论导航

一、大型社会活动的界定

1. 大型社会活动的概念及类型：大型社会活动一般是指法人或其他组织面

向社会公众举办的每场次预计参加人数达到1000人以上的活动，主要包括以下类型：

（1）体育比赛活动；

（2）演唱会、音乐会等文艺演出活动；

（3）展览、展销等活动；

（4）游园、灯会、庙会、花会、焰火晚会等活动；

（5）人才招聘会、现场开奖的彩票销售等活动。

2. 大型社会活动的安全责任。

（1）遵守法律、法规和社会公德，不得妨碍社会治安、危害公共安全、影响社会秩序；

（2）遵守大型群众性活动场所治安、消防等管理制度，不得携带爆炸性、易燃性、放射性、毒害性、腐蚀性等危险物质或者非法携带枪支、弹药、管制器具，不得在场内燃放烟花爆竹及其他妨害公共安全的物品；

（3）遵守大型群众性活动出入场安全管理规定，接受安全检查；

（4）服从安全管理，不得展示侮辱性标语、条幅等物品，不得围攻裁判员、运动员等人员，不得向场内投掷杂物。

二、大型社会活动安全防范措施

（一）事前检查

在大型社会活动举办前，应组织安全检查：

1. 检查查验活动场地的情况是否发生变化。

2. 检查活动现场的场地设施和临建设施。

3. 检查按照要求配备的安全检查设备的情况。

4. 检查按照公安机关核准的安全容量印制、发售入场票证的情况。

5. 检查配备的专业保安人员以及其他安全工作人员是否与大型社会活动安全工作需要相适应。

6. 检查开展大型社会活动安全宣传教育的情况。

7. 检查医疗救护、灭火、应急疏散等应急救援措施的落实及组织演练情况。

（二）事中监督

在大型社会活动举办过程中，应实施监督检查：

1. 大型社会活动安全工作方案、安全责任制度、安全措施、安全工作人员岗位职责的落实情况。

2. 场地设施和临建设施安全情况。

3. 对参加大型社会活动的人员进行安全检查的情况。

4. 票证查验、进出人员统计、票务纠纷处理等情况。

5. 现场秩序的维护情况，对妨碍大型社会活动安全行为的制止以及发现违法犯罪行为向公安机关报告的情况。

6. 为大型社会活动的安全工作提供必要保障的情况。

7. 查处违法犯罪行为，处置突发事件。

三、大型社会活动突发事件处置原则

1. 坚持以人为本的原则。维护广大人民群众的根本利益，保护人民生命财产安全，是处置大型社会活动突发事件应急工作的出发点和落脚点。充分依靠群众，积极预防和最大限度地减少大型社会活动突发事件对人民群众和社会的危害。

2. 坚持依法规范的原则。依据相关法律、法规和规章，与完善政府社会管理和公共服务职能、深化行政管理体制改革相结合，根据实际情况，履行应急处置任务。

3. 坚持预防为主的原则。把应对大型社会活动突发事件管理的各项工作落实在日常管理之中，加强基础工作，完善网络建设，增强预警分析，做好预案演练，提高防范意识，将预防与应急处置有机结合起来，有效控制危机，力争实现早发现、早报告、早控制、早解决，将损失减少到最低程度。

4. 坚持资源整合的原则。按照资源整合和降低成本的要求，实现组织、资源、信息的有机整合，充分利用现有资源，进一步理清体制、机制，实现部门之间的协调联动。

四、大型社会活动突发事件处置保障措施

1. 进入应急状态后，根据领导小组组长的指示启动应急预案，各应急处置小组及各部门、各运输企业要迅速组织有关人员投入应急救援工作，并随时上报有关情况。

2. 通讯联络组在收到求救电话或者报告后，应立即向领导小组组长报告，

并按照组长的指示通知各小组启动应急预案，调度安排应急救援人员、车辆、物资，督促各小组及时展开救援。

3. 现场施救组要立即赶赴事故现场，利用技术设备积极救治受伤人员；指导受伤人员进行自救互救，减少伤亡和经济损失；适时增补救援人员，增强救援力量；维护现场秩序，疏散观望群众，防止事态扩大。

4. 善后稳定组要从快处理善后事项，尽快转移受伤人员，及时将重伤员送往附近医院，制定事故处理措施，按照有关规定做好死伤家属的抚慰工作和思想工作，维护正常的交通和生产生活秩序；积极宣传党的现行政策，深入细致地开展思想工作；严格新闻采访程序，客观公正地宣传报道，克服不良影响。

5. 后勤保障组要根据应急工作需要，及时调度救援车辆，调运救援物资、器材、设备，保障应急救援急需，并为各组应急救援人员提供生活保障。

拓展学习

2004 年 2 月 5 日，在北京市密云县密虹公园举办的密云县第二届迎春灯展中，因一名游人在公园桥上跌倒，引起身后游人拥挤，造成踩死、挤伤游人的特大恶性事故，导致 37 人死亡、37 人受伤。北京市卫生部门接到消息后，立即组织了 40 多辆急救车和由全市各大医院 200 多名专科医务人员组成的抢救医疗队火速赶赴现场，与密云县医务人员通力合作，全力投入抢救。接到事故报告后，时任中共中央总书记胡锦涛立即做出重要指示，要求尽最大努力抢救受伤人员，妥善处理死亡人员的善后事宜，查明事故原因。

思考与讨论

1. 大型社会活动突发事件处置的难点是什么？
2. 大型社会活动突发事件现场如何及时疏散？

学习任务二　拥挤踩踏事件处置

案例引入

2014 年 12 月 31 日 23 时 35 分，上海市黄浦区外滩陈毅广场东南角通往黄浦江观景平台的人行通道阶梯处发生拥挤踩踏，造成 36 人死亡，49 人受伤。

自2011年起，上海市黄浦区政府、上海市旅游局和上海广播电视台连续三年在外滩风景区举办新年倒计时活动。鉴于在安全等方面存在一定的不可控因素，黄浦区政府经与上海市旅游局、上海广播电视台协商后，于2014年11月13日向市政府请示，新年倒计时活动暂停在外滩风景区举行，将另择地点举行，活动现场观众将控制在3000人左右，主办单位是黄浦区政府和上海广播电视台。对此，市政府同意暂停在外滩风景区举办新年倒计时活动，并就另择地点举办的活动，明确要求"谁主办、谁负责"，坚决落实属地管辖，切实把责任落到实处。

2014年12月9日上海市黄浦区政府第76次常务会议决定，2015年新年倒计时活动在外滩源举行，具体由黄浦区旅游局承办。同时，要求区有关部门落实活动的各项保障措施。12月26日，黄浦公安分局作出大型群众性活动安全许可决定书，同意区旅游局举办新年倒计时活动的申请。

2014年12月31日晚20时起，上海外滩风景区的人员进多出少，大量市民游客涌向外滩观景平台，呈现人员逐步聚集态势。据综合监测显示事发当晚外滩风景区的人员流量，20时至21时约12万人，21时至22时约16万人，22时至23时约24万人，23时至事件发生时约31万人。22时37分，外滩陈毅广场东南角北侧人行通道阶梯处的单向通行警戒带被冲破以后，现场值勤民警竭力维持秩序，仍有大量市民游客逆行涌上观景平台。23时23分至33分，上下人流不断对冲后在阶梯中间形成僵持，继而形成"浪涌"。23时35分，僵持人流向下的压力陡增，造成阶梯底部有人失衡跌倒，继而引发多人摔倒、叠压，致使拥挤踩踏事件发生。有处于高处的民众意识到了危险，挥舞手臂让其他人后退。楼梯上的人和赶到救援的警察开始呼喊让台阶上的人群后退，但声音太小并没有起到多大作用。于是更多的人被层层涌来的人浪压倒，情势开始失控。23点40分，眼见下面的人处于危险，站在墙头的几个年轻人就开始号召大家一起呼喊，"后退！后退！"楼梯上端的人群察觉到了下面的危险，人流涌动的趋势开始减慢并停止。十分钟后人群有了后退的趋势，然而压在下面的人已经渐渐不支，当人群终于散开时，楼梯上已经有几十人无力地瘫倒在那里，救援人员立即进行呼喊和心肺复苏。23点50分，越来越多的警察赶到，试图从下端往外拉拽被压得动弹不得的人，但根本拉不动。23点55分，所有倒地没有受伤的人们都站了起来。现场的哭喊与尖叫声和呼叫救护车的声音混成一团，赶来的医务人员和附近的热心市民对每一个倒地的人进行呼喊和心肺复苏，试图进行抢救，有一些人已经死亡。

拥挤踩踏事件发生后，在现场维持秩序的民警试图与市民游客一起将临近的摔倒人员拉出，但因跌倒人员仍被上方的人流挤压，多次尝试均未成功。此后，阶梯处多位市民游客在他人帮助下翻越扶手，阶梯上方人流在民警和热心的市民游客指挥下开始后退，上方人员密度逐步减小，民警和市民游客开始将被拥挤踩踏的人员移至平地进行抢救。许多市民游客自发用身体围成人墙，辟出一条宽约三米的救护通道。现场市民游客中的医生、护士都自发加入了抢救工作，对有生命体征的受伤人员进行紧急抢救。

上海市"120"医疗急救中心陆续接到急救电话后，先后有19辆救护车抵达陈毅广场，第一时间开展现场救治和伤员转运。上海市公安局及黄浦公安分局迅速开辟应急通道，调集警用、公交及其他社会车辆，将受伤市民游客就近送至瑞金医院、上海市第一人民医院、长征医院以及黄浦区中心医院接受救治。同时，组织力量收集伤亡人员信息，及时联系伤亡人员所在单位和家属。

事件发生后，上海市委、市政府主要领导迅速赶赴现场指挥应急处置工作，并分别赶往医院看望慰问受伤人员和伤亡人员家属。同时，连夜召开紧急会议，决定成立医疗救治、善后处置等专项工作组和联合调查组，各组当即开展工作。

结合引例思考：

1. 为什么说这是一起对群众性活动预防准备不足、现场管理不力、应对处置不当而引发的拥挤踩踏公共安全责任事件？

2. 结合大规模人员聚集、大流量交通等情况变化，应采取哪些交通管控措施？

理论导航

一、拥挤踩踏事件的界定

1. 拥挤踩踏事件的概念：拥挤是一种在很短的时间内，因为某种突发的原因，在人员集中的场所内引起的情绪亢奋、行动过激、人群大量聚集的失控现象。在行进的人群中，如果前面有人摔倒，而后面不知情的人若继续向前先进的话，那么人群中极易出现像"多米诺骨牌"一样连锁倒地的拥挤踩踏现象。为此，专家分析认为，在人多拥挤的地方发生踩踏事故的原因有多种，一般来讲，当人群因恐慌、愤怒、兴奋而情绪激动失去理智时，危险往往容易产生。拥挤踩踏事件是指人们在公共场所的活动过程中，由于人群拥挤、秩序混乱、建筑物倒塌等造成的人员伤亡事故。它是治安灾害事故的一种。公共场所发生人群拥挤踩踏事件是非常危险的,当身处这样的环境中时,一定要提高安全防范意识。

2. 拥挤踩踏事件的特点。

(1)拥挤踩踏事故产生时间和空间的不确定性。公共场所的人群拥挤踩踏所产生的时间和空间并不一定,这种事故有可能发生于体育场、学校、商场、宗教场所、公共娱乐场所中,而在这些场地发生的拥挤踩踏事故又有可能发生于建筑物的楼梯、走廊、出入口甚至发生于建筑外的开阔地带。当某个场地的人群聚集密度到达一定的数值时,就具有发生拥挤踩踏事故的风险,这种风险随着人群聚集密度的增长而提升。在公共场所一般都具有大规模的人群,这些人群具有数量较多和行动不一的特点,而要在统一指挥和统一意志下形成统一的行动显然是十分困难的。由于规模较大的人群所具有的内聚力远远不如规模较小的人群,所以即使在拥挤踩踏事故发生后采取了应对措施,也不可避免地出现少数人脱离整体而随意行动的现象,这种现象是引发拥挤踩踏悲剧的不可预测因素,也就是说人群中不同个体的不同意识以及不同目的使拥挤踩踏事故具有更多潜在的矛盾,矛盾一旦显现出来,则整体的行为将难以进行预测,这也是导致拥挤踩踏事故产生的时间和空间不确定的重要原因。

(2)拥挤踩踏事故诱发原因的多样性。在公共场所中导致人群拥挤踩踏事故发生的原因很多,如紧急事件中的人员疏散、大批人群从建筑物出入口涌入等,某些情况下拥挤踩踏事故并没有十分明显的诱因就可以产生,所以拥挤踩踏研究人员称这种情况为"幻觉惊恐"。拥挤踩踏事故产生的诱因因素包括以下几种:一是人的因素;二是环境的因素;三是管理因素。

(3)拥挤踩踏事故的突发性与难以控制性。公共场所中的拥挤踩踏事故一旦发生便会在很短的时间内扩大到很大的范围,在造成大量伤亡的同时使局面失控并导致群死群伤。在公共场所中,拥挤踩踏事故发生后必须进行及时的人群疏散,而在此过程中即使疏散方针正确也难免会导致人群中产生激动、恐慌的心理,从而导致拥挤踩踏局面的恶化。

(4)较大的危害性。公共场所中的拥挤踩踏事故经常产生人员伤亡的现象,如商场之类的场所,它们具有高层结构和高密度的人流,人类个体在人流中具有较高的自由性,每一个人都可能成为引发拥挤踩踏事故的直接诱因,而由于这些场所人员密度较高并且拥挤踩踏事故具有突发性,所以一旦发生事故,无论是救援行动还是疏散指挥工作都难以及时地做出反应,从而造成大量伤亡的出现。

二、拥挤踩踏事件现场防范措施

1. 风险评估。应急管理者或活动组织方事先应进行风险评估，制定具体可行的活动组织方案和应急预案，进行充分的应急准备。风险评估内容应包括活动可能涉及的人群规模、活动场所的安全容量、活动组织模式的有效性和安全性、整个活动期间场所内的人流流动模式、场所内的关键部位、可能出现的诱发事件、所需配备的应急力量及装备等。

2. 预防演练。针对所面临的风险，制定最佳的活动组织方案，以最大限度规避风险。在此基础上，配备足够的应急力量和装备，制定详细的应急预案，可能的情况下还要开展相关演练，以便应急预案中所涉及的各方能够充分了解其在预案中的角色、任务和行动程序，确保紧急情况下预案能够及时有效启动实施。各方应该熟知彼此关键人员的联系方式。

3. 安全宣传。在活动开始前，利用一切可能的形式（广播、安全告知单、网络等），对参与活动的群众进行安全教育，提高其安全意识、识别和应对特定风险的能力、自我保护意识，避免紧急情况出现大规模恐慌情绪。

4. 组织到位。在活动场所内有计划地布置安保或工作人员，以便能够及时发现和制止诱发事件，稳定控制人群情绪。此外，组织方还要采取有效措施，确保入场和散场有序，尽可能地将进入场所的人群总量控制在场所的安全容量以内。

5. 处置果断。一旦发生事故，应迅速进行事态评估，阻止事态发展，防止次生衍生事件。在活动中，一旦出现突发情况，相关人员在履行自身职责开展先期处置的同时，应尽快报告指挥人员。指挥人员收到报告信息后，应尽快组织人员对事态进行评估，充分考虑事态发展走向及可能的连锁反应及后果，迅速确定有效的处置方案；确保所有安保人员和工作人员之间通信联系畅通。根据具体情况，将相关信息及时告知参加活动的人群，避免其因情况不明产生或听信谣言，造成人群恐慌。事先布置在关键部位的人员应充分发挥作用，配合总体应急响应决策，稳定和指挥周边群众有序行动。

6. 吸取教训。事故后，要迅速查明公布事故真相，采取补偿和补救措施，防止类似事故发生。在事故查处过程中，调查组要及时公布查处进展，稳定社会情绪；对受害者及其家属尽快进行赔偿；惩处教育事故责任人；研究事故深层次的技术原因，制定或更新技术标准规范；加强日常安全管理，提高应急准备和响应能力。

三、拥挤踩踏事件现场处置对策

1. 调整警力，快速集结。闻警而动，快速处置是应对大型社会活动中拥挤踩踏事件的基本原则。参与处置的单位接到命令以后，要迅速抽调警力以最快的速度赶赴事发区域或现场。当进入事发区域时，要调整部署成整体队形开进。按照便于相互策应和快速机动的原则，进行统一部署，把主要警力用于主要地方，集中优势警力对重要目标、重要交通路口和重要场所实施强警扼守。

2. 宣传疏导，稳定情绪。在拥挤的人群中，一些未经证实的谣言，经部分人的随意传播，会引发人群情绪的异动，带来更大的骚扰，拥挤现场的信息混乱凸显出澄清事实真相的重要性。现场指挥应及时通过广播、电视或通告传递正面信息，表明事情的真相，以及政府解决事件的努力和信心，以稳定人群的情绪。

3. 管制现场，分离人群。对已经形成一定规模的拥挤事件，要在各级指挥部门的统一指挥下，迅速调集警力封锁现场和相关区域，划定警戒区，设置警戒线，实施区域性交通管制。要把拥挤的人群隔离在一定的范围内，不使其扩大蔓延。

4. 打开通道，有序疏导。在拥挤人群不能自行疏散时，现场指挥机构应及时采取措施，强行疏导，采取此法必须充分准备，审时度势，坚决果断，一举成功。常用方法是"围三缺一、一线平推""中间突破，两翼卷击"和"穿插楔入，首取要害"等。

5. 制止违法，打击犯罪。对于在拥挤事故中出现的打、砸、抢、哄抢、冲击现场指挥主席台事件，要依法坚决打击；对于首要分子和骨干成员，在必要时可迅速将其带离现场进行审查，甚至使用非杀伤性武器将其当场制服；对于一般人员，应着重进行批评教育，劝导说服。

工作流程

1. 启动处置预案。发生拥挤踩踏事故后，应急工作小组启动应急预案；按照应急预案的指令开展工作。

2. 应急处置现场指挥。①进入岗位。现场指挥部的人员进入现场指挥部后，根据职责分工，迅速开展工作。②情况汇总。参与现场处置拥挤踩踏事故的负责人、现场处置人员迅速向现场指挥部反馈现场处置情况，并由指挥联络组负责汇总。③分析判断。主要负责人要向现场指挥部总指挥详细报告事件的危害程度以及自己的分析意见。④指挥决策。在分析判断的基础上，现场指挥部迅速研究现场处置措施，果断作出指挥决策。主要负责人按照决策、职责分工，认真准确地做好下达指令、报告请示等工作。

3. 组织疏散、救护。①迅速发出报警铃声，直至全体人员安全撤离。②立即打"120""110"急救电话，请求有关部门立即组织救护。③立即口头报告相关上级部门。④依就近原则疏散。⑤现场疏散、救护分工。

4. 关闭场所。事故发生现场，人员全部撤离后，封闭隔离或限制使用有关场所，并保护好现场。

五、配合调查取证

配合有关部门对现场目击人员进行询问，做好事故的调查取证工作，初步掌握事故发生的主要原因。

六、善后处置措施

1. 评估分析。拥挤踩踏事故应急处置工作基本完成后，总指挥部立即组织有关人员对拥挤踩踏事故造成的危害，以及对社会政治稳定可能构成的威胁进行评估分析，并下达指令全力做好各项善后工作，维护社会政治稳定。

2. 收集动态。成立善后领导小组，努力做好当事人的情绪稳定工作，预防事态延伸扩展。一旦发生受伤害人员监护人、亲属或者其他成员在事故处理中无理取闹的事件，立即报公安机关依法处理，造成损失的，依法要求赔偿。

3. 抚慰受伤人员及家属。迅速派出有关人员安抚伤员，帮助受伤、死亡者家属做好善后工作；同时，积极协助家属做好保险理赔工作，对提出的正当要求尽快予以满足。

4. 其他工作。配合有关部门做好事故的处理、调解工作；处置工作基本完成后，应急管理领导小组组长立即汇总情况上报有关部门。

学以致用

一、实训案例

2010年的11月22日是柬埔寨传统节日"送水节"的最后一天。清早，在刚开张的商业区钻石岛上，人们张灯结彩，准备着盛大的音乐会和狂欢，全国各地约300万人涌进了首都金边，但没人想到这次活动会以惨剧结束，由于游人太多，发生了严重踩踏事件，造成数百人伤亡。

二、实训内容

大型社会活动的组织与安全保卫工作方的案制定及演练。

三、实训要求

1. 将学生按10人一组分成若干实训小组；
2. 各实训小组选定成员根据案例给定的情境分配角色，按照处置程序和处置对策进行相应的模拟演练，教师跟踪指导；
3. 各实训小组模拟演练结束后写出实训总结，进行交流，教师简单点评，全体学生投票选出优秀小组。

拓展学习

在历年国内外发生的严重踩踏事故中，伤亡者以女性、儿童以及老人居多。这些弱势群体在事故发生时，多半由于体弱，加上不能及时做出应急反应进行自我保护，所以生命安全往往会受到极大威胁。

案例1：2014年12月31日，上海外滩陈毅广场踩踏事件造成36人死亡、47人受伤。死亡人数中女性25人，男性11人。据官方数据显示，参与此次"跨年"的大多是年轻人，伤亡者中以年轻女性和儿童居多。

案例2：2012年12月31日晚，科特迪瓦经济首都阿比让新年夜的烟花庆祝活动中发生了严重踩踏事件，官方公布的数据显示，事件导致60人死亡，死者中有28名妇女，26名8到15岁的儿童和6名男子，200余人受伤。

案例3：2005年8月31日，巴格达北部老城区卡迪米亚清真寺附近的一座桥上，一句"人群中有人肉炸弹"的谣言酿成了伊拉克战争期间中最大的伤亡事件，这也是人类历史上惨痛的踩踏事件之一。超过1000人在踩踏中死亡，甚至有儿童的头颅被人群生生踩掉。

思考与讨论

1. 拥挤踩踏事件处置过程中主要吸取哪些经验和教训？
2. 密集人群中如何自救与互救？

学习任务三　球迷闹事事件处置

案例引入

1985年5月19日，中国队在北京主场迎战香港队，中国队打平就能出线。但是，他们犯了轻敌的错误，以1∶2输掉了比赛，失去了晋级第二轮的机会。现场约8万名球迷不能接受这个事实，最终，在隐忍中爆发了。他们开始打砸球场设施，围追堵截球员，甚至袭击外国人，要求足协主席出来对话。

球迷们随后冲出体育场，开始破坏沿街设施，掀翻停在路边的外国人的小轿车、掀翻球队大巴，甚至掀翻了交通亭。

随后警察开始出动，抓捕了127名闹事的球迷。由于部分外国人的财物遭到破坏，包括美联社、法新社等外国媒体参与了报道，这件事的影响力迅速扩散到国际。中国将"5·19"定性为"有组织的破坏活动"，但法新社却调侃"中国终于和世界接轨了"，因为在欧洲球场暴力事件层出不穷。"5·19"事件后的第10天，欧洲就发生了世界足球史上最著名的"海瑟尔惨案"。

结合引例思考：
1. 如何做好球迷闹事事件的防范工作？
2. 球迷闹事事件处置策略有哪些？

理论导航

一、球迷闹事事件的界定

1. 球迷闹事事件的概念：球迷闹事事件是指一些球迷或观众由于某种动因，交叉感染、串通，在赛场内实施妨碍赛事的组织管理与正常进行比赛的行为，并导致事态加剧、扩大，扰乱比赛的固有秩序，具有较大的政治、经济影响和社会危害性的群体性事件。

2. 球迷闹事事件的特点。

（1）突发性：球迷闹事事件一般没有事先准备和酝酿的过程，是无组织、无计划的突发行动，难以预见。往往是一群人由于某种刺激的过敏反应，产生过激行为，导致群体骚乱。骚乱中可能有带头者，但不是确定的，往往有人振臂一呼，周围人群起响应，便产生骚乱。

（2）发泄性：球迷闹事事件往往是公众内心情感的一种盲目发泄，进入一种非理智的狂热状态。闹事者往往以失常的方式表现自己的激情，无理可喻。在重要的足球比赛中，球迷闹事事件屡见不鲜。

（3）交互感染性：闹事的人群成为一个临时性群体，情感和言行相互感染和模仿。在群体的作用下，个体往往会作出其单独情境下不敢干的事。此时，闹事者只感受到群体的力量，只受群体行为的支配，人云亦云，一哄而上，不能自已。

（4）破坏性：球迷闹事事件会引起围观、起哄、无理取闹，扰乱社会秩序，甚至打、砸、抢，造成国家和人民生命财产损失，或造成拥挤踩踏，群体斗殴，造成无辜人员伤亡等恶性事件，给社会和公民造成极大伤害。

（5）短暂性：球迷闹事事件靠的是一时的激情和冲动，一般不会维持长久，即使没有强制的外部力量，也会自行停止。但闹事事件如被别有用心的人利用，有可能演变为规模较大的、时间较长的社会风波，甚至扩大为政治动乱。

二、球迷闹事事件现场防范措施

1. 赛场的安全检查。安全检查是大型球赛安保措施的重点和核心工作之一，主要是针对人、地、物的检查。①对进入赛场的人员、车辆及其随身携带的物品进行检查。对进入赛场的所有人员使用各种技术检测设备检测。严禁观众将酒类、水果刀、石块等危险物品带入场内。②比赛前应对赛场进行仔细的安全检查与搜索，防止藏有爆炸物和其他危险物品；对现场的各种设施，比如消防设施、电力设施等进行严格检查，防止火灾、建筑物坍塌等事件的发生。

2. 严格票证管理，认真核定看台容量，确保场内安全。发售门票必须留有一定的余地，不准超过饱和容量，防止场内观众爆满。严厉打击场外倒卖票证等违法行为，加强巡视，采取专门力量和秘密人员监视，及时发现，迅速制止。对于客队与主队的球迷尽量分配至不同的看台，中间留出缓冲区，避免双方球迷的冲突。

3. 维护现场秩序。①维护看台和观众席的秩序。在现场比赛进行中，安保人员应加强场内巡逻、守卫、监视观众区的秩序动向，预判治安趋势，赢得处置时间，力争将事件遏制在苗头阶段。对于少数情绪激动的人群，注意观察，必要时进行个别劝告或教育，态度要缓和，避免引起群体性哄闹、攻击等事态的发生。②引导人群合理分流。为观众设计一条合理的行走路线，让观众不走或者少走回头路，减少和避免对向流动，通过宣传广播，提醒、劝告观众少停留，多走动，疏导人流，避免人员集中拥挤。同时特别注意大型赛事入场、高潮和退场等高危时段的安全控制，加强安保工作。

三、球迷闹事事件应急处置对策

1. 及时宣传疏导，稳定观众情绪。赛场内一旦出现球迷群情激昂、哄闹现象，现场指挥员应及时掌握动向，可利用广播宣传法规，解释情况，直陈利害，规劝闹事者遵守国家法律、法规。并与有关部门、人员联系，及时发布通告，正确引导宣传，稳定观众情绪，将事件平息在萌芽状态。

2. 迅速采取措施，保护重点目标。加强对主席台、赛场的警戒，组织引导、保护重要人员、运动员、裁判员退场，防止球迷袭击。对赛场内赛委会、新闻中心、供电系统等重要部位，重点守护。

3. 迅速调集力量，分割、驱散闹事球迷。发生球迷闹事后，应迅速调集力量配合警察穿插于现场之中，在观众的背面、侧面和中间，布置足够强大的保卫力量。一方面，将闹事球迷双方与现场观众分割开来，阻止其相互联系，避免因少数人的煽动、挑拨，使更多的观众受骗上当，盲目参与闹事活动；另一方面，对煽动闹事和实施一般违法行为的球迷进行分割包围。设置警戒线，封锁现场，观众只准出不准进，禁止场外观众参与进来，聚集围观闹事，以求最大限度地降低消极互动影响。

4. 做好善后处理工作。事件平息后，根据闹事主体的行为情节及在事件上所起的作用分别依法予以处理，并充分利用新闻媒介予以宣传。对大多数观众进行教育感化，使其进一步了解事件真相，认识赛场闹事的非法性及严重后果。对于一些不明真相，凭着好奇心与狂热而参与起哄闹事的球迷，着重进行批评教育，劝导说服，使其充分认识到自身的错误行为，从而达到打击少数，团结多数的目的。同时，在赛场及其附近安排适当保卫力量进行巡逻观察，防止被驱散的球迷重新纠合、闹事。

工作流程

1. 应急管理者或活动组织方事先应进行风险评估，制定具体可行的活动组织方案和应急预案，进行充分的应急准备。

2. 针对所面临的风险，制定最佳的活动组织方案，以最大限度规避风险。在此基础上，配备足够的应急力量和装备，制定详细的应急预案，可能的情况下还要开展相关演练，以便应急预案中所涉及的各方能够充分了解其在预案中角色、任务和行动程序，确保紧急情况下预案能够及时有效启动实施。

3. 在活动开始前，利用一切可能的形式，对参与活动的群众进行安全教育，提高其安全意识、识别和应对特定风险的能力、自我保护意识，避免紧急情况出现大规模恐慌情绪。还要在活动场所内有计划地布置安保或工作人员，以便能够及时发现和制止诱发事件，稳定控制人群情绪。

4. 组织方还要采取有效措施，确保入场和散场有序，尽可能地将进入场所的人群总量控制在场所的安全容量以内。

5. 一旦发生事故，应迅速进行事态评估，阻止事态发展，防止次生衍生事件。在活动中，一旦出现突发情况，相关人员应尽快组织人员对事态进行评估，充分考虑事态发展走向及可能的连锁反应及后果，迅速确定有效的处置方案，根据具体情况，将相关信息及时告知参加活动的人群，避免其因情况不明产生或听信谣言，造成人群恐慌。

6. 事故后，要迅速查明公布事故真相，采取补偿和补救措施，防止类似事故发生。在事故查处过程中，调查组要及时公布查处进展，稳定社会情绪；对受害者及其家属尽快进行赔偿；惩处教育事故责任人；研究事故深层次的技术原因，制定或更新技术标准规范；加强日常安全管理，提高应急准备和响应能力。

学以致用

一、实训案例

回顾过去，最为惨烈的球迷冲突事件应是1985年5月29日发生的海塞尔球场事件，当时正进行欧洲冠军联赛决赛，由英格兰超级足球联赛的利物浦出战意大利甲级联赛的尤文图斯，比赛在比利时布鲁塞尔的海塞尔球场举行，双方球迷在开赛前的情绪已相当激昂，也有不少球迷喝了酒，准备欣赏这场欧冠大战。

比赛开打前，有部分支持利物浦的英国球迷开始闹事，推挤隔开双方球迷的简陋围栏并攻击意大利球迷，甚至还有纵火的行为出现，警察虽然出动准备镇压闹事球迷，但面对庞大人数仍然无法有太多作为，最终因为推挤围栏的人数过多，不堪重负的围栏直接塌陷，导致数百人受伤，其中更有39人死亡，大部分是尤文图斯球迷，后续更有尤文图斯球迷与警察对峙与攻击误闯尤文图斯球迷区的利物浦球迷，希望能帮死亡的朋友报仇。

二、实训内容

运动场馆安全保卫工作演练。

三、实训要求

1. 将学生按10人一组分成若干实训小组；
2. 各实训小组选定成员根据案例给定的情境分配角色，按照处置程序和处置对策进行相应的模拟演练，教师跟踪指导；
3. 各实训小组模拟演练结束后写出实训总结，进行交流，教师简单点评，全体学生投票选出优秀小组。

拓展学习

2004年亚洲杯决赛中国球迷围堵日本球迷 2004年亚洲杯，国人对中国队最寄予希望的一次，决赛中国VS日本，因两国历史及政治因素，北京市安全局出动了两万多名警力，工体场内场外聚集了十万名球迷，因日本队用不光彩的手球击败中国队拿到冠军，赛后中国球迷无法接受输掉决赛的结果，工体周围四条路上满满的全是中国球迷在焚烧日本国旗，日本球迷滞留在工体看台3小时后在中国警方的护送下退场，日本大使馆出动20辆大巴帮助球迷撤退，但日本球迷大巴刚驶出工体就在工体北路被砸，场面一度失控，后工体附近交通直到凌晨3点才恢复正常。

思考与讨论

1. 球迷闹事事件处置的难点是什么？
2. 球场骚乱事件现场如何及时疏散？

学习单元五

涉枪涉爆突发事件处置

学习目标

1. 能够准确把握涉枪涉爆事件的预防和处置原则。
2. 掌握涉枪涉爆事件预防和处置中的组织体系架构。
3. 能够初步掌握涉枪涉爆事件现场处置的步骤及方法，在模拟实训中能够与其他队员有效协作、通力配合。

学习任务一　　涉枪突发事件处置

案例引入

2001年至2002年，犯罪嫌疑人谢先荣先后购买仿制手枪两支和562式冲锋枪一支，并在襄樊市偷盗一辆桑塔纳警车。2002年9月10日，谢先荣在荆州市将一名桑塔纳司机何建军枪杀，并驾驶该车至沙市纺织职工大学财务室，抢走现金2.34万元。2003年5月13日在荆州市荆州区政府院内盗走一辆白色桑塔纳，8月5日将荆门市刑侦支队副队长徐金华打伤。2003年9月14日，谢先荣在荆州市行署大院停车场内，将劳动就业管理局普通型桑塔纳轿车盗走。该车在"9·29"持枪抢劫银行运钞车案现场被发现。

2003年9月29日上午7点50分，中国工商银行潜江市广华支行的一辆运钞车，行驶至江汉油田向新小区向新储蓄所。业务员任玉英开门接款，突然谢先荣从运钞车后面窜出，朝着任玉英射击，并对准负责押款的人员扫射。任玉英和押款人员方以安、杨少华当场死亡。银行业务员张楠身中数枪，后经抢救无效死亡。谢先荣习惯独来独往，每次作案都不与别人进行合作，手段凶残，做事风格心狠手辣。

9月29日下午，省公安厅发动群众，开始部署搜捕行动。9月30日至10月7日，公安部门通过发放谢先荣的身份卡，从各种渠道获得了许多关于谢先荣有价值的信息，在潜江部署了两道包围圈，并做好了谢先荣亲朋好友的工作。

10月9日至10日，指挥部推测谢先荣极有可能藏在潜江市王场镇一带。10月11日，省公安厅召开联席会议，决定从六个方面对谢先荣展开抓捕。

10月11日，公安局各个部门的负责人进行带队，分片进行拉网式搜捕。10月12日下午，潜江市干警和武警组成突击队，并由天门警方进行协助，包围了谢先荣藏身的小渔船。

6时许，谢先荣朝警方先开一枪，突击队立马将其开枪击毙。晚上11时许，谢先荣的尸体从汉江中被捞出。

结合引例思考：

1. 涉枪事件具有哪些突出的特点？
2. 对于涉枪事件的处置应遵循什么样的原则？
3. 在涉枪事件的处置中应如何进行有效分工？

理论导航

一、涉枪事件的界定

20世纪60年代以来，特别是90年代初以后，我国涉枪类事件日益增多。所谓涉枪事件是指我国《刑法》《治安管理处罚法》等法律法规所规制的违反《枪支管理法》，以枪支、弹药为违法犯罪对象或违法犯罪工具的各种违法犯罪行为的总称。

枪支、弹药是可能严重危害公共安全、社会治安和人民群众生命财产安全的危险物品。我国对枪支、弹药实行严格管控的政策，禁止任何单位和个人非法制造、买卖、运输、邮寄、储存和持有枪支、弹药，法律也明文规定了构成非法买卖、运输、制造枪支、弹药罪及非法持有枪支、弹药罪的构成要件。

涉枪事件是公认的最为严重的暴力事件之一，它所表现出来的公然对抗性、凶残性、破坏性、武装性以及对国家安全和社会稳定、公民的生命财产安全所造成的危害与威胁特别巨大等特点是一般暴力事件所无法比拟的。近年来，我国涉枪类犯罪案件呈不断增多之势，并具有以下突出特点：

第一，从犯罪主体来看，涉案人员呈现多元化发展的趋势。

第二，枪支来源多样化且枪支买卖渠道多难以取证或仅存在孤证，很多涉枪类案件只能以非法持有枪支罪定性。

第三，从涉枪犯罪的行为来看，此类犯罪行为具有预谋性、连续性、隐蔽性和反侦查性。

第四，危害极大，后果十分严重。

二、涉枪事件预防与处置的组织体系

（一）组织指挥机构

接到突发事件报告以后，指挥长根据现场情况发出启动应急预案的指令，并指挥其他部门积极、妥善地应对。

（二）警戒处置组

携带处置装备快速赶往事发区域，及时制止侵害行为，并控制嫌疑人，设定警戒区域，设置隔离线，保护好事发现场，便于公安机关调查取证。

（三）紧急疏散组

要在最短的时间内快速到位，根据事件的性质和发生区域确定是否需要紧急疏散，如果需要紧急疏散，要以最快速度确定安全、合理的疏散方案和疏散路线。与事发区域最接近的单位和人员要首先组织疏散，由负责疏散人员带领相关人员朝与事发地点相反的方向快速、有序地撤离到安全区域，避免因拥堵而发生推搡、踩踏事件。

（四）伤员救护组

应急预案启动后，携带必备的医疗器械和药具立即赶往事发区域，对伤员进行紧急处理。在120急救车赶到之后，协助医护人员将伤员及时送往医院接受进一步的救治。

（五）保障组

负责维护事发现场的出入秩序，保证疏散通畅；负责引导公安、医疗、消防等专业部门的人员进入现场进行处置；负责相关物资、装备的筹措以及善后恢复、调查事宜。

三、涉枪事件处置的原则

（一）预防为本，及时控制

坚持预防与应急处置相结合，立足于防范，常抓不懈，因地制宜地制订突发事件处置预案，防患于未然。建立健全安全隐患、矛盾纠纷排查、整改和调处机制，强化信息的广泛收集，争取早发现、早报告、早控制、早解决。要把突发事件控制在一定范围内，避免造成社会秩序失控和混乱。

要针对处理突发情况进行演练、提高保卫部门和干部员工的紧急处置能力，一旦发生情况，能够果断正确地处置，最大限度地减少突发事件的危害结果。

（二）系统联动，各负其责

发生事件以后，按照分级管理的原则，各部门要在指挥部门的统一领导下，启动应急预案。指挥部门要全面掌握情况，控制局面，形成各相关部门系统联动，群防群控的处置工作格局。

处置突发事件的具体人员要根据预案有关规定，在处置工作负责人的统一领导下，服从指挥，尽职、快速地应急处置各类突发事件，充分发挥自己的主观能动性，根据领导小组负责人的部署，尽职尽责地完成好各自的任务。

（三）科学决策，以人为本

加强对突发事件的预测、监测和预警工作，提高科学决策的能力和水平，坚持依法、规范、稳妥地处置突发事件。

坚持从保护生命和财产安全的角度出发，按照国家相关法律、行政法规和政策，广泛采用法律、经济、行政等手段和教育、协商、调解等方法灵活处置，防止矛盾激化和事态扩大。

工作流程

一、报警

启动110紧急报警按钮或拨打110报警电话，简要说明警情，请求增援，然后向指挥人员报告。

第一目击人就是第一报警责任人，要根据现场情势在第一时间以奔走、叫喊或报警的不同方式，迅速灵活地将警情告知其他人员。

二、发出紧急信号，实施应急预案

获知警情后，指挥部门迅速启动应急预案，发出紧急信号，进行现场应急指挥，并及时将现场情况向上级汇报。

三、快速到位，积极处置

收到紧急信号后，各工作小组马上进入工作岗位，履行各自的职责。警戒处置小组首先赶赴现场，处置情况。其他小组根据事态发展，迅速开展相应的工作，努力将事故的危害降到最低。指挥领导小组要充分发挥协调作用，保证各项工作的有效、有序开展。

四、控制、抓捕嫌疑人

处置人员赶到现场后，如果嫌疑人仍在现场，应迅速将其制服，捆绑结实并防止逃跑，必要时应迅速带离现场控制或扭送至公安机关。

如犯罪分子已逃窜，应迅速开展现场访问，摸清嫌疑人姓名、特征、人数及逃跑路线，立即通告相关部门，组织查缉、布控，追捕逃犯。

五、抢救伤员

当发现现场有人受伤或有生命危险时，要立即组织人力进行抢救，特别是对受伤的被害人要及时予以救护，在抢救的同时，适时了解有关被害人的情况、作案人的情况和作案过程。对受伤的嫌疑人也要全力抢救，以获取他们的口供和罪证。

六、保护现场

快速确定现场保护范围，封锁现场，布置警戒工作，防止无关人员进入或破坏现场。保护好现场遗留的痕迹、物证，为调查取证提供线索。维护好现场秩序，疏散围观的群众，指挥疏导现场交通，避免发生其他意外事件。

七、汇报情况

若现场勘查人员或有关领导来到现场，先期处置人员要主动汇报现场情况，汇报内容主要是案件的情况以及现场保护的情况，包括已知案件的情况、嫌疑人的特征及去向、痕迹物证的地点。从现场提取的物品和痕迹要移交给勘查人员。

八、解除应急状态

经过处置，事件得到有效控制，现场勘查取证完毕之后，由指挥部门发布解除应急状态的指令。

九、善后恢复

相关部门协同工作，了解、汇总事件造成的人员伤害、财产损失的情况，登记造册。

做好善后调查、处理和通报工作，积极恢复正常生产和生活秩序，维护社会稳定。

学以致用

一、实训案例

6名歹徒流窜到某省会城市，通过多次采点、窥探，详细观察并记录运钞车营运规律，预谋策划一起持枪抢劫金库的惊天大案。

某日晚18时50分，押运分公司901车组完成当日收款任务后，驶入金库准备交接。在库区内，车长下车指挥倒车，押运人员持枪警戒，解款人员打开钞仓运送款箱。这时，该伙歹徒驾驶一辆面包车开枪打伤两名验证人员，突然加速强行闯进交接区，押运人员立即予以还击，现场一时间枪声四起。金库守护员拉响警报。金库应急分队队员闻警后，迅速持枪进入库区，设置阻车钉的同时，对歹徒进行围捕。最后，有4名歹徒被击毙、击伤。

二、实训内容

银行反持枪抢劫预案制定与演练。

三、实训要求

1. 将学生按5—8人分成若干实训小组；
2. 各实训小组根据案例给定的情境分配角色，进行银行反持枪抢劫预案的制定；
3. 各实训小组根据制定的银行反持枪抢劫预案，分配角色进行模拟演练，演练结束后写出实训总结。

拓展学习

一、学习资料

陈某，1980年3月出生，西平县二郎乡某村委农民。2015年初快过春节时，年幼时就爱玩枪的陈某，想着过年期间闲着没啥事，不如买把气枪打鸟玩玩，就在网上搜索卖气枪的网店，后通过QQ与卖家（已刑事处理）联系上后，以购买"配件"的名义，花费1000余元分两次在网上订购了气枪枪管、气瓶和瞄准镜，自己组装成了一支气枪。后由于忙于其他事，陈某一直没有来得及购买气枪弹。2015年4月，陈某又以购买"香水"的名义，网购了一盒气枪子弹。收到气枪子弹后，陈某用所购枪、弹在自己家的墙上试着射了20发左右，因知道国家禁止私人非法买卖、私藏气枪及子弹，陈某"怕有事"，至案发再没有将枪和子弹拿出用过。

2015年7月2日，西平县公安局网监大队获取了陈某从网上购买气枪子弹的信息。当日将陈某抓获，并从其家中找到购买的气枪一支及子弹815发。

经驻马店市公安局鉴定，从犯罪嫌疑人陈某处查获的疑似枪支弹丸平均速度为294.23米/秒，气枪枪弹丸直径4.53毫米，质量0.66克，据此推断出枪支枪口动能为179.72焦耳/平方厘米。根据公安部《枪支致伤力的法庭科学鉴定判据》和《公安机关涉案枪支弹药性能鉴定工作规定》，鉴定送检的疑似枪支检材属于枪支，815发子弹系气枪铅弹，符合《枪支管理法》规定的弹药范围。

法院经审理认为，陈某违反国家对枪支弹药的管理规定，私自购买500发以上气枪铅弹，其行为已构成非法买卖弹药罪，依法应受到惩治。鉴于陈某主动配合民警在其家中找到其购买的气枪一支及铅弹815发，其行为未造成严重危害后果，且认罪态度较好，有悔罪表现，遂判处陈某有期徒刑三年两个月，扣缴气枪一支及815发铅弹。

法理解读：

涉及气枪铅弹500发以上，起刑3年，枪支弹药犯罪最高可判死刑。国家对枪支弹药实行严格管理，关于非军用枪支，法律规定：非法制造、买卖、运输、邮寄、储存以火药为动力发射枪弹的非军用枪支一支以上，或者以压缩气体等为动力的其他非军用枪支2支以上的，或者气枪铅弹500发以上的，都应当以非法制造、买卖、运输、邮寄、储存枪支、弹药、爆炸物罪定罪处罚。该罪起刑就是

3年，最重能判死刑。该案给许多枪支发烧友敲响警钟：气枪玩不得！网购枪支弹药更是要不得！

二、案例分析

"快把钱拿出来，否则我就打死她！" 10月29日下午5点30分，邮政储蓄银行文成支行珊溪营业点营业大厅里，突然冲进来两名"蒙面歹徒"，并用枪挟持了银行客户，威胁柜台工作人员将钱取出。

在"蒙面歹徒"的威逼下，营业大厅2名窗口工作人员临危不惧，与"蒙面歹徒"周旋，隔着玻璃高喊"别胡来，我们有监控和公安110报警中心联网的，你们是跑不掉的"，其余3名工作人员迅速蹲下，并按下了110报警按钮……接到报警的公安民警赶到现场，经过几分钟搏斗，两名"蒙面歹徒"被民警制服。

思考与讨论

1. 在遭遇持枪抢劫事件时，银行工作人员应该如何应对？请点评案例中相关人员的处置是否到位。
2. 在接到涉枪事件的报警之后，应该如何进行现场处置？

学习任务二　涉爆突发事件处置

案例引入

2015年8月12日23:30左右，位于天津市滨海新区天津港的瑞海公司危险品仓库发生火灾爆炸事故，造成165人遇难（其中参与救援处置的公安现役消防人员24人、天津港消防人员75人、公安民警11人，事故企业、周边企业员工和居民55人）、8人失踪（其中天津消防人员5人，周边企业员工、天津港消防人员家属3人），798人受伤（伤情重及较重的伤员58人、轻伤员740人），304幢建筑物、12 428辆商品汽车、7533个集装箱受损。

结合引例思考：
1. 爆炸物现场有哪些分类？本案属于什么现场？
2. 爆炸物现场具有哪些特点？

3. 不同类型爆炸物现场应该如何进行处置？

理论导航

一、爆炸物现场的分类

根据《GB/T 37524-2019 爆炸物现场处置规范》，爆炸物现场是指疑有爆炸物和疑似爆炸物的未爆现场和已爆现场。爆炸物现场通常分为疑有爆炸物现场、疑似爆炸物现场、持爆威胁现场、爆炸现场和废弃爆炸物现场等。疑有爆炸物现场是指匿名威胁爆炸针对的场所以及其他怀疑可能设置爆炸物的场所；疑似爆炸物现场是指发现可疑且近似爆炸物的未爆现场；持爆威胁现场是指持有爆炸装置用于爆炸犯罪目的、威胁实施或意图实施起爆的未爆现场。持爆威胁现场又分为持爆炸装置劫持人质的现场、持爆炸装置扬言自爆的现场、持爆炸装置欲自杀式袭击等；爆炸现场是指爆炸物已经发生爆炸的现场；废弃爆炸物现场是指遗弃、报废和发现收缴爆炸物的现场以及战争遗留弹药等未爆现场。

二、爆炸物现场的特点

（一）现场时空条件较为明显

涉爆现场（主要是已爆现场）因为伴有巨大的响声并发出火光和烟尘，很容易被事主或现场附近的群众及时发现，他们对爆炸发生的经过和爆炸声响、闪光、烟尘、颜色、气味等容易在头脑中留下印象，形成同爆炸有关的记忆。这些印象和记忆为涉爆案件应急处置提供了有利的条件。

（二）现场波及面广

爆炸发生时，强气压形成的冲击波造成附近物体毁坏，将一些炸碎的物体抛投到中心现场的外围，有些物体甚至被炸到百米以外，有的物体被炸到建筑物和附近其他一些物体的顶部，使得现场波及面较大，为保护现场、勘查现场造成了一定的难度。

（三）现场容易遭到破坏

爆炸具有巨大的破坏力，往往会伴随着大量的人员伤亡、房屋毁损，甚至还可能会引发火灾、房屋坍塌等一系列次生灾害。涉爆现场往往由于爆炸的破坏作用和抢救伤员、灭火等处置次生灾害的工作而遭到破坏。

三、爆炸物现场应急处置原则

(一) 爆炸物现场应急处置基本原则

1. 应急处置预案分类管理。基于涉爆现场的特点和处置的首要任务不同，涉爆现场应急处置预案也应当不同，应当根据不同的涉爆现场分别制定应急处置预案，明确各自的处置基本原则、启动和运行等内容。分类制定各类涉爆现场的应急处置预案，可以通过有针对性地启动相应的预案，提高快速反应能力。

2. 应急处置预案分级启动。根据分析未爆现场可疑爆炸装置的大小、所处位置以及发生爆炸造成后果的危害程度，劫持者与被劫持者的人数、使用爆炸物情况、所处位置以及发生爆炸造成后果的危害程度，已经爆炸了的现场根据其爆炸范围的大小、所处位置以及爆炸造成后果的危害程度等确定处置类别及级别，启动相应等级的预案进行应急处置。

应急处置预案的分级启动，有利于科学使用警力和救助力量，避免造成警力、救助不足或浪费的局面。按照属地指挥的原则，明确一般、重大和特大应急处置行动，必须由哪一级公安机关行政领导亲临现场指挥，领导现场指挥部的工作，并规范现场指挥部的权责。

3. 统一指挥。应急处置行动的核心是指挥。对涉爆现场而言，都要考虑到发生爆炸造成人员伤亡的可能性，尤其是在重大爆炸现场，除警察外，还有军队、武警、医护人员等各类救援救护人员，还有亲临现场指导的各级政府领导人员，等等。因此，必须建立现场临时指挥机构，实行统一指挥，确保现场处置工作紧张、有序、高效地进行。

涉爆现场处置一般实行属地指挥，由立案地公安机关业务负责人担任现场一线指挥员。一线指挥员要靠前指挥，布置任务、规定方法，实行指令性指挥。应急指挥中心负责作出重大决策，实行指导性指挥。现场指挥员与各处警部队之间，无论是否具有直接行政领导关系，都必须依据现场处置行动编组，直接构成纵向的指挥与被指挥关系。尤其是与现场指挥员无行政领导关系的友邻处警部队，必须按现场处置行动编组接受现场指挥员的指挥。其原行政建制的上级领导对其只能给予有关的辅助性指导和相关的必要性保障，而不能随意干预其处置行动。

4. 先期处置。最先赶到涉爆现场的公安武警承担先期处置的任务，包括封控现场、疏散群众、组织抢险救援、控制事态发展、初步判明情况、及时上报信息等。负责先期处置的人员必须注意坚决不能触动或移动可疑爆炸物，并尽可能远离可疑爆炸物，等待专业处置人员的到来。

5. 排险为先的原则。当爆炸现场存在可能危及救援人员生命安全的险情时，如爆炸引起的大火、可能坍塌的建筑、有毒有害的气体、尚未爆炸的爆炸装置等，应首先排除险情，再进行救人、救援。排险为先的原则强调确保救援人员生命安全的理念，确保现场救援人员的生命安全，成为现场指挥的原则。

6. 及时救援的原则。服从排险为先的原则，并不是一定要等爆炸现场的险情得到全部控制后才能救人、救援。及时救援的原则是指要争分夺秒、千方百计地进行救人、救援。排险应当优先针对被困人员较多的部位，以及有幸存人员的部位，若这些部位的险情不会危及救援人员的生命安全，或者险情一旦得到有效控制，就要毫不犹豫地迅速采取救援行动，即边排险边救援，树立争分夺秒的救人、救援意识。如果现场存在有毒有害气体，可戴防毒面具；如果火焰伤人，可穿防火服；如果楼房可能坍塌，可在支撑部位予以加固；如果发现未爆的爆炸装置，可穿排爆服，用排爆机械手迅速将其转移至防爆罐运走。

7. 专业化处置且尽可能不接近爆炸装置。涉爆现场处置是一项高技术高风险的专业，是典型的高危行业，应当依靠专业技术人员进行操作，很多处置失当的发生，主要是由于处置主体不明或主体错位造成。

在爆炸产物的作用范围内，爆炸产物的杀伤力随着距离的增加而迅速下降。由此，尽可能离爆炸装置远一点。如果能清楚地看见并确定是爆炸装置，则说明离得太近了。

8. 单兵作战。无论是搜爆、排爆，还是谈判、狙击等，凡是迫不得已接近爆炸装置时，提倡单兵作战的原则。除非该项操作靠个人无法胜任，可配助手；一旦该项操作结束，仍应恢复单兵作战的工作方式。单兵作战的意义是可以减少无谓的牺牲。

（二）疑有爆炸物现场的处置原则

针对疑爆炸物现场的接处警应信其真、不疑其假，出警要快，处置要果断，坚持"信、快、判、细、敢"五字处置原则。

1. "信"即宁可信其有，不可信其无。这是对付匿名威胁爆炸案总的态度。不能因为处理了十几起、几十起匿名威胁爆炸案，而没有发现过炸弹或发生过真的爆炸事件,就心存侥幸而不信,甚至不采取行动。各级领导和参战人员必须高度重视,带着敌情去处置这类现场。

2."快"即快速调集警力控制现场、进行处置。接到匿名威胁爆炸信息后要在指挥部的统一领导下,本着"既不要将事态盲目扩大,又要考虑一旦真正发生爆炸,能够控制局势"的工作思路,迅速调集警力力量赶到现场。

3."判"即对现场情况进行判研。警力到达后,要迅速启动现场指挥部,成立判研专家组,从匿名威胁信息具体化的程度、现场是否发现有可疑物品、受威胁目标所处区域的敏感程度以及内部人员和建筑结构复杂程度等多个方面分析,为确定现场疏散等级提供依据。现场指挥员要充分听取专家组的意见,审时度势,采取适当的封闭措施,既不将事态盲目扩大,又确保安全。

4."细"即对受威胁的目标进行细致检查。对受威胁的目标进行检查主要遵循三个原则:第一是本着"以自查为主"的原则,积极组织受威胁目标内的工作人员迅速对自己所在岗位的物品进行检查。受威胁目标一般是公共场所(如商场、饭店、医院),而这些场所的工作人员(如售货员、服务员、医护人员)对本岗位的物品的数量和位置是最清楚不过的,因此,组织受威胁目标的工作人员迅速对自己所在岗位的物品进行细致检查不仅能够确保检查的质量,也能防止引起群众不必要的恐慌;第二是遵照"重点场所重点检查"的原则,积极组织受威胁目标的保卫人员(如保安、内保人员)对重点部位进行检查。这些重点部位主要是匿名者提到的安放炸弹的部位(如电梯间、垃圾箱、配电室、卫生间等可能安放炸弹的地方);第三是遵照"适时开展专业检查"的原则,对经自检和重点检查后仍不能排除的可疑物,根据现场情况,选择适当时机由专业力量利用专业器材或携搜爆犬进行检查,以确保安全。

5."敢"即根据检查结果敢于作出决定。在对受威胁目标细致检查确认没有炸弹以后,现场指挥就要根据检查结果作出决断,除在受威胁目标内留有少量保卫人员(如派出所民警、保安员等)对目标进行一段时间监控外,应将主要力量撤出。当然,这种"敢"要建立在已经对受威胁目标进行了彻底细致的检查,确保没有炸弹的基础上;同时也要求现场指挥员的职位和资历都要达到一定层次,能够真正"拍板"负责。那种"束手等待""查而不决"的做法,只会使不良影响越等越大,应予以杜绝。

(三)疑似爆炸物现场的处置原则

1.搜排结合。在发现疑似爆炸物的现场,进行排爆操作时应兼顾对中心现场区域和现场周围的搜爆。

2. 慎用手工拆解。若爆炸装置结构简单、内部组成清楚，外包装破拆难度不大，且处于非定时起爆状态下，经现场指挥人员批准，可对爆炸装置进行手工拆解。

（四）持爆威胁现场处置原则

1. 确保人质安全。人质安全获救是衡量处置是否成功的标准，确保人质安全获救应贯穿于处置行动的全过程；处置初期要利用一切机会或尽可能创造机会，实现人质与爆炸物分离。

2. 谈判为上。根据持爆劫持人质的特殊性，应把谈判作为所有处置方法的上策。这不仅贯彻实施了确保人质安全的原则，而且体现了尊重劫持者的生命权利，蕴涵着积极的人权理念。同时还反映了处置利用爆炸装置劫持人质的特殊性，它与利用枪支或其它凶器劫持人质不同，若采用狙击的方法，即便是一枪毙命，也可能在击中的一瞬间而使劫持者触动了爆炸装置的按钮，导致爆炸而同归于尽。

3. 措施相适应。成功实现人质与爆炸物分离的现场，或利用爆炸物准备自爆的现场，若犯罪嫌疑人没有实施使他人遭受严重伤害的行为，应尽最大限度劝降。

（五）爆炸现场处置原则

"先搜爆、排爆，再勘查现场"是处置已爆现场必须遵循的重要原则。爆炸现场的处置，最终要由现场技术人员进行勘查，确定炸药品种和当量，搜寻留在现场的证据。但在技术人员进入现场勘查之前，容易忽视已爆现场中还可能有未爆的爆炸物或爆炸装置，有可能会导致更大的杀伤力。不论大小爆炸现场，在紧急处置阶段，一线处置民警必须先配合专业排爆人员对现场及周围展开搜索，可通过直观查看、仪器搜索、搜爆犬配合等方法，寻找未爆或犯罪分子蓄意放置的二次爆炸物，一旦发现爆炸物或可疑物，要立即由专业排爆人员予以鉴别和排除。同时要特别注意在现场停放的大小车辆，尤其对无人认领的车辆要进行彻底检查。总之，只有将危险因素排除、确认安全之后，技术勘查人员方可进入现场勘查取证。

（六）废弃爆炸物现场处置原则

1. 严禁混储。待销毁的废弃爆炸物应当储存在专用库房内，禁止在办公区、宿舍区等人员聚集场所存放，并且要根据废弃爆炸物的结构性能、危险程度、状态，分类存放。

2. 安全彻底销毁。废弃爆炸物的销毁处置方法及措施，应确保在现场处置过程中和处置后不发生燃烧、爆炸和环境污染事故。

工作流程

一、疑有爆炸物现场的处置

（一）先期处置

首先设置警戒范围，警戒范围应包括整个威胁爆炸区域，对警戒范围外附近的道路和路口应实施交通管制。然后根据威胁信息的时间、场所、威胁程度等情况，由现场指挥员决定是否疏散群众。确定疏散群众的，应明确疏散范围，及时疏散群众。尽量控制事态发展，最好与威胁者保持通信通话，尽可能获得更多的信息。针对那些威胁无明确具体指向的爆炸部位，必要时可组织指挥该场所内部人员先对各自岗位及周边的不明物品进行自查，注意不触动不明物品。在初步判明情况之后及时上报情况。

（二）专业处置

首先可设置频率干扰仪进行频率干扰，但须注意应使搜查范围处于其有效干扰半径范围内。其次进行现场搜爆，有明确袭击部位的，以及外来人员能够到达的公共区域等重点部位，应由专业搜爆人员进行搜爆。如果现场搜爆发现疑似爆炸物之后，应转入"疑似爆炸物现场"处置流程。如果现场搜爆未搜出疑似爆炸物，则进行现场移交。

（三）后期处置

专业处置结束后应撤销封控现场、恢复交通，恢复该场所的正常秩序。

二、疑似爆炸物现场的处置

（一）先期处置

设置警戒范围、保护现场，确定疏散范围、及时疏散群众，对警戒范围外附近的道路和路口应实施交通管制；消防、救护人员在现场外围集结待命、做好救援准备；及时控制与追踪现场犯罪嫌疑人；初步判明情况、及时上报情况；负责先期处置的人员不能触动或移动疑似爆炸物，并尽可能远离疑似爆炸物；必要时切断现场电源，关掉煤气、水源，移除现场易燃易爆物品等，等待专业处置人员的到来。

(二) 专业处置

1. 做好排爆准备工作。首先了解疑似爆炸物以及现场环境情况，划分中心现场区域，确定现场指挥位置及防爆设施或掩体，确定现场排爆人员快速撤离路线、爆炸物转移路线；其次确定人员分工，着相应爆炸防护装备；然后准备所需器材。

2. 频率干扰。设置频率干扰仪，应使疑似爆炸物处于其有效干扰半径范围内。在向中心现场移动频率干扰仪的行进路线上可先行搜爆。

3. 现场观测。借助远距离取证仪等观测器材，观测疑似爆炸物的起爆方式、外包装特点，估计疑似爆炸物的装药重量，必要时扩大警戒范围。如果疑似爆炸物没有被触动、移动，可在中心现场范围外仔细观测；若需要在中心现场进行观测，则必须借助爆炸防护装备方可进入。

4. 现场记录。借助远距离取证仪等摄录器材，对现场疑似爆炸物及其周围环境、疑似爆炸物转移过程、疑似爆炸物摧毁过程进行拍照或录像。借助爆炸防护装备可抵近中心现场区域拍摄疑似爆炸物以及现场照片、录像。

5. 现场搜爆。首先针对中心现场区域内外，分别进行搜爆检查，查清是否还存在其他的疑似爆炸物。然后根据疑似爆炸物所处现场环境情况，决定搜排结合的顺序。搜爆过程中搜爆人员之间应保持适当的安全距离。

6. 现场检查。现场检查通常于爆炸物转移前进行，也可于机器人转移后进行；可以使用便携式 X 射线探测器，检查疑似爆炸物内部结构；可使用排爆机器人、排爆机械手、绳钩组之一种工具进行移动试验，测试爆炸物能否被安全移动而不发生爆炸；针对宜采样的，可采取少量样品用炸药探测器进行检测，判明是否为炸药或为何种炸药。

7. 现场处理。如果确定是爆炸装置的，可使用爆炸装置解体器就地解体爆炸装置；针对转移过程中有发生爆炸危险的爆炸物，可使用合适的销毁方法就地销毁爆炸物；如果爆炸后会对周围建筑造成明显损害以及不良的政治影响和社会影响，可遥控转移处理。如果确定是安定性爆炸物，可转移至爆炸物贮存点存放或转移至合适地点处置。对于符合手工拆解非制式爆炸装置条件的，必要时可采用侧面开洞法破解其外包装。处理室内爆炸装置前，应先打开门窗以便泄爆，注意不应将室外的爆炸装置移至室内处理。

8. 现场移交。爆炸装置被解体后，应仔细收集并拍摄爆炸装置残片，照片与录像应能真实反映是否为爆炸装置；同时应对炸药进行称重，填写现场移交登记表格，说明爆炸物原存放处、转移销毁过程及结果，移交现场。

（三）后期处置

专业处置完毕撤销封控现场、恢复交通。如果确定是爆炸装置的，可复原制作模拟爆炸装置，并附文字、图片说明爆炸装置的构成与起爆机理。

三、持爆威胁现场处置

（一）先期处置

1. 持爆炸装置劫持人质或扬言自爆的现场。占据有利地形、控制现场局势，防止意外引爆；设立警戒范围、疏散群众，警戒范围以距爆炸装置半径不小于80m且围观群众看不到持爆者的距离为宜，对警戒范围外附近的道路和路口应实施交通管制；消防、救护人员在现场外围集结待命、做好救援、救护准备；初步判明情况、及时上报情况等。对持爆胁迫人质逃窜的劫持者，可设置障碍、尾随堵截。

2. 持爆炸装置欲自杀式袭击的现场。占据有利地形、包围遇袭现场、控制事态发展，对围控范围外附近的道路和路口实施交通管制，初步判明情况、及时上报情况。可设置防汽车炸弹的路障、使用搜爆犬等措施，加强重要场所防爆炸、防袭击措施；加强遇袭地点的警戒措施，防范恐怖分子袭击现场抢险救援人员。

（二）专业处置

1. 频率干扰。可设置频率干扰仪，应使干扰目标处于其有效干扰半径范围内，必要时应联系相关部门关闭现场附近的通信基站。

2. 现场侦察。远距离观察犯罪嫌疑人的行为，判明行为人是否持爆炸物，是否暴力犯罪团伙，是否持有恐怖组织信仰的旗帜、标语、横幅等，是否有继续进行爆炸袭击的迹象等。同时注意发现、查获现场外围未暴露的犯罪嫌疑人的同伙。在清查过程中注意做好现场甄别，避免误伤无辜群众。可以借助远距离取证仪等观测器材仔细观察、判断其所持爆炸装置的真伪，确定是导火索起爆还是电起爆，按钮开关是压发还是松发式，估计爆炸装置的装药量，划分中心现场区域，同时借助远距离取证仪等拍摄器材进行现场照片、录像。

3. 警务谈判。开展警务谈判时要求谈判者与持爆者之间应保持安全距离，谈判内容应围绕要求持爆者投降、释放人质、解除爆炸装置等内容进行。谈判人员在谈判过程中应进一步确认爆炸装置的真伪和起爆方式。

4. 检查爆炸物。犯罪嫌疑人投降后，令其将爆炸装置从身上取下，将其带离现场；犯罪嫌疑人被制伏或击毙后，排爆人员应先对其身上的疑似爆炸物进行鉴别。经鉴别不是爆炸物，移交现场；经鉴别是爆炸物，应及时处置爆炸物。

5. 处置爆炸物。应迅速将持爆者与爆炸物分离，对爆炸装置进行解体操作或转移处理。

6. 现场移交。爆炸物处置完毕，移交现场。

7. 后期处置。后期处置的措施包括：勘查取证，清理现场；核对现场伤亡人员的身份、数量，核对现场相关人员的身份，统计现场财产损失情况；撤销封控现场，恢复交通。

四、爆炸现场处置措施

1. 先期处置。组织抢险救援、控制事态发展；确定疏散范围、及时疏散群众；设置警戒范围、保护现场，以大于发现的爆炸抛出物最远距离的1.5倍为半径划定现场警戒范围，严禁无关人员进入；如果爆炸发生在运行中的车辆上，要注意保护发生爆炸的原始地点、紧急停车抢救伤员与灭火排险地点、最后停靠点，以及此三点之间的路线；对警戒范围外附近的道路和路口实施交通管制；控制与追踪现场犯罪嫌疑人；初步判明情况、及时上报情况。

2. 专业处置。

（1）现场访问。访问现场相关人员需要着重了解爆炸发生时间、爆炸现象及现场是否存放爆炸物、是否存在爆炸的隐患等具体情况。

（2）现场搜爆。在控制与排除现场险情时，要迅速对爆炸中心范围及现场周围搜查疑似爆炸物。搜爆过程中应采用人工查看、警犬搜索、器材探测的配合检查方式，彻底检查是否还有未爆的爆炸物，必要时可使用无人机航拍巡查。如果发现爆炸犯罪嫌疑人应迅速控制，检查其是否随身携带爆炸物后进行讯问。现场搜爆发现疑似爆炸物，应转入"疑似爆炸物现场"处置流程。

（3）现场移交。现场搜爆未搜出疑似爆炸物，即移交现场。

3. 后期处置。清理爆炸现场、撤销封控、恢复交通；对爆炸犯罪嫌疑人住处等相关场所搜查，进入时要注意防爆；应注意收集与现场爆炸物组成相同的制作原材料以及制作工具、制作参考资料、能够反映作案动机的书证等；排查爆炸物品来源，可复原制作模拟爆炸装置，并附爆炸现场照片、录像等现场记录，说明爆炸装置的构成与种类，必要时可进行爆炸模拟实验。

五、废弃爆炸物现场处置

（一）先期处置

设置警戒范围、保护现场，确定疏散范围、及时疏散群众；对警戒范围外附近的道路和路口实施交通管制；建立防火、防爆的安全环境。如果发现战争遗留弹药的现场，应初步判明情况、及时上报情况。

（二）专业处置

1. 探测挖掘。针对发现战争遗留弹药的现场，需采取如下探测挖掘措施：

（1）打开应用人工、像测设备、搜爆显示装置对现场弹药进行像测、定位和标注；

（2）根据现场弹药的类型、位置、深度、影量等像测信息，制定探测方案；

（3）通常采取扩大范围探测、靠近目标作业的操作方式，作业过程中要不断对挖掘洞室进行安全分析；

（4）采取必要的防护措施以防意外发生，确保安全取出弹药。

2. 识别评估。根据弹药的外观、形状、材质、状态等信息，分析弹药的类型、所装药剂、引信类型等，分析研究其危险程度，研究提出处置方案。评判过程中要注意区分常规弹药和遗弃化学武器。发现收缴爆炸物的现场，应查明爆炸物的类型、能量、状态，制作统计报备。

3. 回收移交。对于装有生物和化学制剂的弹药，及时统计并移交防化部门处理；能够移动的弹药，采取防爆安全措施进行回收转运，移交到销毁点；废旧弹药搬运时应稳拿轻放，运输时应单层平存在木制沙箱中，控制车辆行驶速度，以防震动或碰撞。

4. 销毁。对单个未爆弹药或数量很少的爆炸物，若处于空旷场所，周围没有需要保护的目标或爆炸物状态不稳定、移动风险大，周围重要目标采取防护措施可保证安全的情况下，可采取就地销毁或就近现场销毁；达到一定数量的爆炸物，经过专家论证和主管部门审批后方可实施销毁。

（三）后期处置

清理现场，撤销封控。

📝 学以致用

一、实训案例

2009年5月2日13时37分，山东省庆云县庆云镇杨庄子村发生一起因鞭炮加工引发的爆炸案件。爆炸共造成13人死亡，2人受伤，加工点3间正房、2间偏房倒塌，周边10户群众41间房屋不同程度受损，经济损失近6万元。经过4个多小时的抢救，当日18时，抢救清理工作基本结束，善后处理工作随即迅速展开。根据现场勘查、侦查和走访群众，省公安厅确定此次爆炸是一起因非法加工鞭炮造成的重大刑事案件。非法生产活动系杨洪印和王青国组织，借用杨庄子村村民杨之业房屋，雇佣村民非法加工鞭炮，由于违规操作酿成悲惨后果。犯罪嫌疑人王青国在爆炸中当场死亡，另一犯罪嫌疑人杨洪印当时逃离现场，但不久也被逮捕归案。

二、实训内容

爆炸事件处置措施的讨论与应急处置预案的制定。

三、实训要求

1. 将学生按每组5—8人分成若干实训小组；
2. 各实训小组讨论在本次爆炸突发事件后应采取的处置措施；
3. 各小组根据讨论的处置措施，制定爆炸事件的应急处置预案；
4. 各实训小组实训结束后写出实训总结，进行交流。

📝 拓展学习

2006年4月10日，山西某煤电公司职工医院一闲置车库发生爆炸，造成32人遇难，数栋建筑物受损，爆炸是该职工医院保卫处副处长王某和其司机非法购买自制的不合格炸药，私自存放在车库，后炸药自燃所致。

思考与讨论

1. 该案中涉爆现场应急处置应遵循什么原则？
2. 该案应如何进行处置？

学习单元六

交通勤务处置

学习目标

1. 了解交通堵塞和交通严重堵塞的界定和原因分析，掌握交通堵塞疏导的基本措施和路口、路段交通堵塞疏导的具体方法和程序，并能够针对产生交通堵塞的不同原因进行有效的交通疏导；

2. 了解交通管制的任务、范围和决定，掌握交通管制的基本措施以及影响道路通行安全的占道施工、堆物等情况的管理方法。在有自然灾害、恶劣气象条件或者重大交通事故等严重影响交通安全的情形时，能够正确实施交通管制；

3. 掌握嫌疑车辆的识别方法，截查车辆地点、方式的选择及车辆查控后相应情况的处置方法。能够正确识别嫌疑车辆，根据实际情况合理选择截查地点和截查方式，并且能有效查处被盗抢嫌疑车辆和涉暴嫌疑车辆；

4. 掌握当事人自行协商处理交通事故和适用简易程序处理交通事故的范围，明确交通事故现场中交通警察执勤执法的相关规定。能够有效处置当事人自行协商处理、适用简易程序处理和适用一般程序处理的交通事故。

学习任务一　疏导交通堵塞

案例引入

全国最堵的城市是哪个？百度地图与北京市交通信息中心共同编写并发布了《2020年第三季度中国城市交通报告》（以下简称《报告》），通过大数据客观反映全国百城交通拥堵状况。《报告》指出，全国100座主要城市中，超半数城市的通勤拥堵指数较第二季度出现上涨，城市交通较疫情期间进一步复苏。工作日交通拥堵排名前三的城市依次为重庆、贵阳、北京，与去年同期一致。周末交通拥堵排名前三的城市依次为西安、贵阳和重庆，均为网红旅游城市。

在工作日出行方面，《报告》以"通勤高峰拥堵指数"作为判断城市交通拥堵状况的指标（即工作日早晚高峰时段，实际行程时间与畅通行程时间的比值）。在全国百城交通拥堵排名中，前十座城市依次是重庆、贵阳、北京、青岛、昆明、上海、长春、西安、广州、武汉。其中位居前三的重庆、贵阳、北京与去年同期排名一致，武汉也在疫情防控常态化后进入榜单前十。

与此同时，2020年第三季度拥堵加剧程度最为突出的五座城市分别为青岛、西安、武汉、昆明和拉萨，拥堵情况缓解最为显著的五座城市则依次为乌鲁木齐、赣州、洛阳、淮安和清远。其中青岛与去年同期相比，拥堵指数上涨34.65%，在百城排名中上升24位，拥堵情况尤为明显。而乌鲁木齐与去年同期相比，拥堵指数下降16.05%，交通压力得到一定缓解。

结合引例思考：

1. 交通堵塞的原因主要有哪些？
2. 认定交通堵塞的标准是什么？
3. 交通警察如何来进行交通疏导？

理论导航

一、交通堵塞、严重堵塞的界定

交通堵塞，又称交通挤塞、交通拥挤、交通拥堵、塞车或堵车，是指车辆在行驶过程中，因某种原因在某一区域异常集中，导致后续车队低速行驶或停驶。分为自然堵塞和人为堵塞。

当交通堵塞出现下列情况之一时，则认定为堵塞、严重堵塞。

1. 城市道路信号灯控制交叉路口：3次绿灯显示未通过路口的为阻塞；5次绿灯显示未通过路口的为严重阻塞。

2. 城市道路无信号灯控制交叉路口（包括环形交叉路口、立交桥）：交叉路口外的车行道上，受阻排队长度超过250米的为堵塞；排队长度超过400米的为严重堵塞。

3. 城市道路路段：车辆在车行道上受阻排队长度超过1000米的为堵塞；排队长度超过500米的为严重堵塞。

4. 公路交叉路口：车辆在交叉路口外车行道受阻排队长度超过500米的为堵塞；排队长度超过800米的为严重堵塞。

5. 公路路段：车辆在车行道受阻排队长度超过2000米的为堵塞；排队长度

超过3000米的为严重堵塞。

二、交通堵塞原因分析

随着我国城市化步伐的加快，道路交通拥堵现象日趋严重，"行路难""行车难"已经成为全国许多大中城市的通病，并不断向小城市扩散蔓延。造成交通堵塞的原因主要包括：

1. 交通流量大，道路设计通行能力满足不了交通需求，造成经常性交通堵塞。
2. 因占用道路堆物、施工，形成"瓶颈路"造成交通堵塞。
3. 因车辆故障、交通事故，形成道路障碍，造成交通堵塞。
4. 因雨、雪等恶劣天气造成车辆通行速度降低，造成交通堵塞。
5. 因群众上访堵路、突发事件、交通特勤保卫等原因，造成交通堵塞。
6. 因交通信号出现故障造成交通堵塞。
7. 因其他原因造成交通堵塞。

三、交通堵塞疏导的基本措施

疏导交通堵塞已经成为交通警察的一项主要工作。疏导交通堵塞的基本措施包括：

1. 排除堵点措施。交通警察到达堵塞现场后，应当迅速查清堵塞的源头，查明堵塞的原因，尽快清除源头障碍物、障碍车。
2. 交通诱导措施。执勤民警应及时将道路交通堵塞情况向上级报告，上级相关部门通过交通诱导屏、广播电台、手机短信等多种渠道发布堵塞信息，引导车辆绕行。
3. 局部封闭道路措施。对于一时难以排除堵情、恢复交通的路段，执勤民警可采取必要措施，禁止车辆和行人进入，以减轻交通压力，尽快恢复交通。
4. 交错放行措施。因一侧道路受阻一时难以通行的，执勤民警可视情况采取交错放行措施，疏导交通。
5. 借道分流措施。堵塞路段有非机动车道且具备机动车通行条件的，执勤民警可指挥车辆借用非机动车道通行。
6. 限行分流措施。在一些交通流量达到饱和的路段，执勤民警可视情采取分流大型车辆等限行分流措施，以减少交通流量。

四、交通堵塞疏导方法

执勤民警发现或按指令到达交通堵塞现场后，应做好以下工作：

1. 迅速查明交通堵塞的原因，及时向上级汇报现场情况，包括堵塞原因、位置、程度以及车辆情况等，拟采取的解决办法，包括障碍清理、请求增援、抢险急救、部门协调等。

2. 对可以自行解决的问题，尽快清除堵塞障碍物、障碍车，迅速恢复交通，并报告处理情况。

3. 对堵塞严重、现场无法自行解决的问题，要尽可能打通增援通道，防止局面恶化，并按上级指示，迅速开展分流工作。

4. 交通基本恢复后，要服从现场领导指挥，留守观察交通情况，防止再次发生拥堵。

工作流程

一、路口交通堵塞疏导程序

1. 排除障碍，腾空路口。交通警察到达现场后，首先要禁止各个方向车辆进入路口，防止堵塞情况加剧，将堵塞在路口内的车辆疏通出去，并迅速排除路口堵塞障碍。

2. 交替放行堵塞车辆。要根据各方向堵塞程度，按照干线优于支线的原则，交错放行各方车辆。注意不要一方放行时间过长，以避免下一个路口、路段的堵塞。

3. 交通信号灯指挥与交通手势指挥有机结合。通过调整信号灯绿灯比，适当增加某一相位或几个相位的绿灯时间，必要时可以通过手动信号调整，有控制地放行路口各方向交通流。如果堵塞较严重且有可能持续较长时间的，在警力允许的情况下，可以采取暂时关闭信号灯，全手势指挥的疏导方式，充分发挥手势指挥的灵活性，减少路口车辆延误的时间。

二、路段交通堵塞疏导的程序

交通警察到达交通堵塞现场后，要迅速查清交通堵塞的源头，查明交通堵塞的原因，区分不同情况，采取相应的处置程序：

(一)因交通事故引起的交通堵塞

因交通事故引起的交通堵塞，交通警察首先要检查现场概况，对属于《道路交通安全法》第七十条第二款"在道路上发生交通事故，未造成人员伤亡，当事人对事实及成因无争议的，可以即行撤离现场，恢复交通，自行协商处理损害赔偿事宜；不即行撤离现场的，应当迅速报告执勤的交通警察或者公安机关交通管理部门"、第三款"在道路上发生交通事故，仅造成轻微财产损失，并且基本事实清楚的，当事人应当先撤离现场再进行协商处理"规定的交通事故的，交通警察应记录交通事故发生的时间、地点、天气、当事人姓名、机动车驾驶证号、联系方式、机动车牌号、保险凭证号、交通事故形态、碰撞部位等，当事人签名后，即责令当事人撤离现场，恢复交通；上述两条款规定以外的其他交通事故，应立即向上级报告，请求实施交通管制、组织分流，同时，指挥车辆绕行。

(二)因车辆发生故障引起的交通堵塞

因车辆发生故障引起的交通堵塞，交通警察应组织人员把车辆移至路边或其他不妨碍车辆通行的地方，指挥车辆有序通过，联系清障车清除障碍。

(三)因群体性事件引起的交通堵塞

因群体性事件而堵塞交通的，应当视现场情况采取以下处置措施：

1. 迅速了解事件起因、规模及影响交通的程度，立即向上级或者指挥中心报告，并维护现场交通秩序；

2. 向群众宣传有关法律规定，配合有关部门开展劝说工作；

3. 在现场外围设置警戒线，控制无关人员和车辆进入现场。为预防和制止严重危害社会治安秩序的行为，交通警察要按照上级决定和部署，依法实行交通管制，在一定区域和时间内，限制人员、车辆通行或者停留，防止事态扩大；

4. 在处置过程中，要坚持慎用警力、慎用武器警械、慎用强制措施的原则，防止误伤他人同时保护自身安全。

(四)因道路狭窄、人车混行引起的交通堵塞

因道路狭窄、人车混行引起的交通堵塞，交通警察应请求附近岗位的执勤民警进行增援，协助组织外围交通分流，制止后续车辆进入堵塞现场，防止加重堵塞。采取"只进不出"的措施，指挥堵塞现场最容易恢复通行的车辆先进入或倒出，疏导车辆有序行进，禁止车辆从两侧穿插或占用对向车道超越行驶，直到腾出通行路面。对不服从指挥、抢行、逆行造成交通堵塞的行为人，要依法采取

行政强制措施。

（五）因路面积水、积雪结冰等气候原因造成的交通堵塞

因路面积水、积雪结冰等气候原因造成的交通堵塞，交通警察要在保证车辆、行人安全的前提下进行指挥疏导，防止发生交通事故和新的堵塞；同时，及时向上级报告，请求在堵塞区域外组织警力进行调流。

（六）因刑事、治安案件、火灾、爆炸、危险品泄漏造成的交通堵塞

因刑事、治安案件、火灾、爆炸、危险品泄漏造成的交通堵塞，交通警察必须立即向上级或指挥中心报告，对堵塞区域实施交通管制措施，为侦查、抢险救援、救护、指挥车辆打通通道，向安全方向和地带疏散车辆和行人，并即时将事态发展情况向上级报告。

（七）对于因车辆逆行导致双向车道无法通行的交通堵塞

对于因车辆逆行导致双向车道无法通行的交通堵塞，首要任务是清除逆行车辆，使车辆在各自的车道内依次通行。逆向行驶车辆清除后，执勤民警要站在路段显著位置，防止车辆逆行，再次出现堵塞情况，加重交通堵塞的程度。

（八）高速公路的交通堵塞

对于高速公路交通堵塞的，交通警察应当立即进行疏导，并查明原因，向上级报告或者通报相关部门，采取应对措施。造成交通堵塞，必须借用对向车道分流的，应当设置隔离设施，并在分流点安排交通警察指挥疏导。

学以致用

一、实训案例

1月20日13时许，夷陵大桥上一辆由南向北行驶的小轿车失控，与中心隔离护栏发生碰撞后，又与对向大型罐式货车发生碰撞，小轿车与大货车均有不同程度受损，造成交通事故，引发胜利三路转盘、胜利三路七中门前路段交通大拥堵。

二、实训内容

交通事故引发的交通堵塞的疏导演练。

三、实训要求

1. 将学生按每组 6—8 人分成若干实训小组；
2. 各实训小组选定成员根据设定情境分别进行相应的模拟演练；
3. 各实训小组模拟演练结束后写出实训总结，进行交流。

拓展学习

高德地图发布了《2019Q2 中国主要城市交通分析报告》，报告显示，在中国十大拥堵城市中，济南排行第七，高峰行程延时指数为 1.802。因地形限制，济南城市发展呈现东西长条状，随着长清大学城、西客站片区的开发建设和东部章丘撤市划区，城区更加狭长变成"油条状"，给城市交通带来了巨大压力。此外，济南道路规划严重滞后，城区道路多机动车与非机动车混行的狭窄道路，道路又缺乏必要的隔离措施，造成非机动车与机动车互相抢道行驶的状况，加剧了交通混乱情况。由于济南市断头路非常多，市民中长距离出行只能选择仅有的几条主干道路，导致交通拥堵加剧。

思考与讨论

1. 交通拥堵的危害有哪些？
2. 你认为治理交通拥堵可以采取哪些具有可行性的措施？

学习任务二　实施交通管制

案例引入

元宵节前后正值济南趵突泉灯会高峰期间，济南市公安局在趵突泉周边部分路段实行交通管制，严禁摆摊占道，一切车辆禁停。每天 17：30 分至 22：00，泉城路、黑虎泉西路（榜棚街至五三桥）、趵突泉南路（五三桥至泺源大街）禁止各种车辆通行，公共汽车可以就近绕行。泺源大街（南门至杆石桥）、南门大街、黑虎泉西路（榜棚街南口以东）、趵突泉北路（五三桥至西门桥）将根据交通流量适时实施交通管制。趵突泉南路、趵突泉北路（西门桥至泺源大街）和黑虎泉西路（榜棚街至五三桥）严禁摆摊设点等违章占道活动。南门大街、黑虎泉西路、泉城路、天地坛街、共青团路、趵突泉北路严禁停放任何车辆。机动车一律在泉城广场地下停车场和趵突泉南路（泺源大街以南统一设置停车场停放）。非机动车须停放在指定的、有专人看管的停车场。

结合引例思考：

1. 通常在什么情况下实施交通管制？
2. 通常采取哪些交通管制措施？如何进行管理？

理论导航

一、交通管制的任务

交通管制是指公安机关在发生重大事故和紧急情况时，为抢险救灾，维护社会秩序和保障公共安全，根据法律、法规，对车辆和行人在道路上通行以及其他与交通有关的活动所采取的带有疏导、禁止、限制或指示性质的行政行为。《道路交通安全法》规定，"公安机关交通管理部门根据道路和交通流量的具体情况，可以对机动车、非机动车、行人采取疏导、限制通行、禁止通行等措施。遇有大型群众性活动、大范围施工等情况，需要采取限制交通的措施，或者作出与公众的道路交通活动直接有关的决定，应当提前向社会公告。""遇有自然灾害、恶劣气象条件或者重大交通事故等严重影响交通安全的情形，采取其他措施难以保证交通安全时，公安机关交通管理部门可以实行交通管制。"《人民警察法》第15条也规定："县级以上人民政府公安机关，为预防和制止严重危害社会治安秩序的行为，可以在一定区域和时间内，限制人员车辆通行或者停留，必要时实行交通管制。"

二、交通管制的范围与决定

（一）交通管制的范围

1. 大型经贸、集庆等群众行活动；
2. 大范围道路施工；
3. 重大刑事、治安案件或交通事故；
4. 群体性上访、阻路等突发事件；
5. 雾、雨、雪等恶劣天气或者自然灾害性事故。

（二）交通管制的决定

1. 在城市道路、国省道实施禁止机动车通行的交通管制措施的，由市（地）级以上公安机关交通管理部门决定。

2. 在高速公路上实施交通管制的，由省级公安机关交通管理部门决定。

三、交通管制的基本措施

1. 重大活动的交通管制，提前通过广播、电视、报纸、网络等多种渠道向社会发布公告，告知车辆、行人绕行路线；

2. 在交通管制的相关路口设置警示标志、绕行引导标志等，告知车辆、行人绕行线路；

3. 执勤民警坚守岗位，严格按照相关法律、法规规定和工作预案，做好交通指挥疏导工作，维护交通秩序。民警规范用语：前方正在实行交通管制，请你绕行××道路（或者耐心等待）。

4. 无法提前公告的，要做好交通指挥疏导工作，维护交通秩序。机动车驾驶人提出异议或者不理解的，应当对其做好解释工作。

四、对影响道路通行安全的占道施工、堆物等情况的管理

（一）管理范围

1. 道路上埋设电线电缆、通信电缆、自来水管、煤气管道、排污水管、有线电视管线、路灯管线等各类施工；

2. 市政（公路）部门的道路维修与养护；

3. 道路的拓宽改造、各类市政建设工程，道路接口、开设门坡、路口连接等；

4. 摊点占道和其他非法占用道路从事非交通活动的行为。

（二）管理方法

公安交通管理部门负责对各项施工前的现场勘察、施工交通组织及施工交通安全措施的制定进行指导；按规定办理占用或挖掘道路的施工审批手续；负责监管施工单位落实交通安全措施；负责施工路段的交通安全管理。执勤民警应对责任区内占道施工、堆物等情况进行核查，指导施工单位落实和改进交通安全保障措施，减少和避免交通堵塞，保障道路畅通。对未经批准擅自施工的情况，执勤

民警应责令其停止并修复和清理路面，尽快恢复交通，同时向上级汇报。

具体管理工作有：

1. 检查施工单位是否按规定办理占用或挖掘道路的施工审批手续；

2. 检查施工单位是否按规定的时限、范围、要求占用或挖掘道路；

3. 检查施工现场是否按要求设置醒目、规范的交通标志牌、警示牌、警示灯、围栏，检查施工单位其他交通安全措施落实情况；

4. 对违法施工（包括超时限、超范围施工、不按规定办理施工手续、交通安全措施不落实等）、违法占道堆物等行为实施处罚。

工作流程

1. 封闭现场和相关地区；

2. 设置警戒线，划定警戒区域；

3. 控制现场制高点；

4. 控制区域性交通管制；

5. 查验现场人员身份证件，盘查嫌疑人员；

6. 禁止集会、游行、示威等活动；

7. 责令围观人员立即离开现场，聚集的人群立即解散；

8. 对不听警告和命令、拒不离开现场的人依法使用警棍、催泪弹、高压水枪等必要的非杀伤性警械强行驱散；

9. 对经强行驱散仍不离去的人员，可以将其强行带离现场或者立即予以拘留；

10. 对现场的嫌疑人员及其所携带物品，可以进行搜查、检查，对非法携带的武器、管制刀具、标语、传单等物品，予以收缴。

学以致用

一、实训案例

济南市公安局关于 2019 泉城（济南）马拉松赛事期间对部分道路采取临时交通管制的通告

为保障比赛顺利进行及比赛期间道路交通安全畅通，根据《中华人民共和国道路交通安全法》有关规定，比赛期间将对部分道路采取临时交通管制措施。现通告如下：

(一) 比赛路线

大明湖路按察司街路口（起点）—大明湖路—黑虎泉北路—黑虎泉西路（迷你马拉松经南门大街至泉城广场到达终点）—趵突泉南路—泺源大街—经七路—纬二路—经四纬二路口调头—纬二路—经十路—经十路纬十二路口调头—经十路（半程马拉松经奥体西路至奥体中心到达终点）—凤凰路—新泺大街—舜华路—工业南路—工业南路凤凰路口调头—工业南路—舜华路—新泺大街—凤凰路—经十路—奥体西路—奥体中心（终点）。

(二) 管制措施

1. 11月1日12时至比赛结束，比赛路线及周边道路禁止一切机动车、非机动车停放。

2. 11月1日22时至11月2日15时，大明湖路（按察司街路口至黑虎泉北路路口）禁止车辆（含非机动车）通行、停放。

3. 大明湖路（趵突泉北路路口以东）、县西巷、县东巷为运动员安检、候场区域，11月2日3时至10时，除持有比赛专用证件的车辆、人员外，禁止其他车辆（含非机动车）通行、停放，禁止行人通行、停留。

4. 11月2日5时至15时，比赛路线涉及道路双向禁止各种车辆（含非机动车）通行。公安机关交通管理部门将视赛事进程适时分段解除交通管制。

5. 比赛路线各路口垂直方向交通将根据赛事进程分时段实施交通管制，主要路口如下：

解放路黑虎泉北路路口7时至9时；

经七路顺河街路口7时15分至9时00分；

经十路纬五路路口7时25分至9时50分；

经十路纬一路路口7时30分至10时；

经十路舜耕路路口7时35分至10时15分；

经十路千佛山路口7时35分至10时20分；

经十路历山路路口7时35分至10时25分；

经十路山师东路路口7时40分至10时30分；

经十路山大路路口：7时45分至10时40分；

经十路转山西路路口：8时至11时15分；

经十路舜华路路口：8时10分至14时；

比赛期间，经十路保留四个南北向通道，分别是经十路纬十二路口、经十路玉函立交桥下、经十路燕山立交桥下、经十路浆水泉立交桥下。

6. 11月2日5时至11时，文化西路趵突泉南路路口至青年西路路口允许机动车双向通行。

7. 11月2日5时至11时顺河高架路北向南方向经四路、经十路下桥口，顺河高架路南向北方向经七路下桥口关闭。

8. 11月2日5时至11时二环东高架路经十路西向下桥口关闭。11月2日5时至15时二环东高架路经十路东向下桥口关闭。

（三）赛事沿线单位和广大市民请提前安排好出行计划

行经赛事沿线及周边各路口、路段的车辆和行人，请服从公安民警和工作人员指挥。请社会单位和各界群众给予理解与支持，自觉遵照执行。

二、实训内容

参考济南市公安局发布的2019泉城（济南）马拉松赛事道路交通管制的通告，拟定导入案例中济南市趵突泉公园灯会趵突泉周边部分路段交通管制的通告。

三、实训要求

1. 将学生按每组3—5人分成若干实训小组；

2. 各实训小组通过讨论、查阅资料，共同拟定济南市趵突泉公园灯会趵突泉周边部分路段交通管制的通告；

3. 指导教师对各实训小组拟定的交通管制通告点评结束后，各实训小组写出实训总结。

📖 拓展学习

每逢歌手开演唱会，周边道路就会堵翻天，那么究竟哪位歌手演唱会拥堵制造力最强？近日，高德地图发布《2017年内地歌手演唱会拥堵制造力大预测》（以下简称"预测"）。预测显示，2017年演开唱的内地歌手中，汪峰的"造堵"能力最强，演唱会平均拥堵延时指数达到了2.4，高于其他一线明星，其9月9日的鸟巢演唱会预计将成为2017年度最堵的一场演唱会。除汪峰外，薛之谦和张杰以2.2和2.1的平均拥堵延时指数排名二、三位，造堵能力也不容小觑。接下来依次为许嵩、朴树、周笔畅、大张伟、何洁和郑钧。

> **思考与讨论**
>
> 1. 针对明星开演唱会引发交通拥堵的情况，交警该如何缓解交通压力？
> 2. 实施交通管制时，如果遇到救护车、工程抢修车、消防车等执行紧急公务的车辆需要通行管制区域时，执勤民警该如何处置？

学习任务三　查控嫌疑车辆

案例引入

3月5日22时20分，百色隆林警方接到通报，一辆雪佛兰黑色越野车在平班高速路出站口强行冲卡，逃往隆林县城方向，请求协助拦截。接报后，隆林县公安副局长迅速启动应急预案，调集警力和车辆在城区做好车辆查控工作，并坐镇指挥中心，利用"天网"视频和GPS系统开展指挥缉捕工作。嫌疑车辆进入县城后一路逃窜，并撞毁两台尾随拦截的车辆，情况十分危急。带班民警获知嫌疑车辆逃窜的方向后，迅速组织交巡警在各个出城路口进行严查死守。逃窜的涉嫌车辆见前方道路被封堵的情况下，依然加大油门试图冲卡逃逸。为防止嫌疑车辆穷途末路撞击行人和其它车辆，现场民警在喊话警告无效的情况下，果断鸣枪示警，并准确开枪击中嫌疑车辆的右前轮，迫使车辆停下。

结合引例思考：
1. 如何识别嫌疑车辆？
2. 警察发现嫌疑车辆后应该如何接近、查控？
3. 对于在逃的嫌疑车辆如何实施截查？

理论导航

嫌疑车辆是指涉嫌犯罪的行为人使用的机动车辆，其中包括被犯罪嫌疑人盗窃和抢劫的车辆。查控嫌疑车辆必须遵循先有效控制，后彻底检查的程序，将犯罪嫌疑人继续实施犯罪的可能性降到最低点。

一、嫌疑车辆的识别

及时准确地识别犯罪嫌疑车辆，是有效完成车辆查控任务的前提。每一辆车都有区别于其他车辆的固有特征，这为民警从众多车辆中发现与识别嫌疑车辆提供了可能。

在查控犯罪嫌疑车辆的活动中，人民警察要查找的目标所表现出来的特征主要来自三个方面：一是车辆本身，二是车中驾驶或乘坐的人员，三是车上所载的货物及随车随人的携带物品。

（一）车辆的特征

车辆的种类不胜枚举，其特征也表现在方方面面，而人民警察用于识别嫌疑车辆的特征，主要是车辆的号牌（牌照）号码和外形特征。

机动车的车身上由于碰撞、擦蹭留下的痕迹，破碎的车灯、反光镜和车窗，车身或车厢内的血迹，车身上粘贴的残缺或完整的标语和广告，反映车辆所属单位的文字、标志，挡风玻璃粘贴的合格证、通行证，以及车辆的新旧程度等等都有可能作为人民警察寻找犯罪嫌疑车辆特征的线索或依据。

机动车的发动机和车架的编号以及车辆的一些手续、证件，通常都是人民警察发现和识别嫌疑车辆时，可利用的极有价值的特征。

另外，机动车在行驶过程中，由于驾驶者的情况和状态的不同会有各种不同的特点。如非驾驶员驾车，驾驶技术不熟练，驾车者对车的状况不熟悉，或醉酒者驾车，或驾车者处于被劫持状态，或者出于某种犯罪目的和动机而处于心理恐慌状态时的驾车等等都可能使车辆在行驶过程中表现出一些反常现象。

（二）可疑人员的特征

警察查控犯罪嫌疑车辆，在许多情况下是通过发现和确认乘坐或驾驶车辆的犯罪嫌疑人正在实施犯罪行为或犯罪后逃匿来进行的。一般情况下，警察是通过前期的侦查工作所掌握的，有关犯罪嫌疑人的犯罪情报或通缉、通报中有关犯罪嫌疑人的描述或照片来寻找和发现犯罪嫌疑人的。

这里所指的是特定的犯罪嫌疑人，即已经被人民警察掌握一些情况的犯罪嫌疑人。在这些情报信息中，对犯罪嫌疑人特征的描述主要是从犯罪嫌疑人的基本情况和体貌特征方面进行的。

1. 犯罪嫌疑人的基本情况。主要是指嫌疑人的姓名、绰号、性别、年龄、民族、身份、职业、籍贯、家庭住址、工作单位等等。

2. 嫌疑人的体貌特征。包括：静态特征、动态特征和特殊特征。静态特征是指嫌疑人的身高、体态、脸型、五官、发型等；动态特征是指嫌疑人的某些行为习惯、姿势形态等；特殊特征是指人由于先天或后天原因造成的畸形、残疾、疤痕、面部的斑痣或作案过程中所形成的伤痕特征等。

3. 嫌疑人的行为习惯特征。犯罪嫌疑人的衣帽特征和穿着习惯、口音和语言特点或缺陷、突出的性格特点、犯罪记录以及有关所犯罪行的一些情况等，都可能对发现和识别犯罪嫌疑人有所帮助。

另外嫌疑人由于犯罪心理的支配所表现出的一些行为上的反常和疑点，也是人民警察要特别注意捕捉的特征。

（三）车载货物和携带的物品的特征

有的时候，车上所载的货物或携带的物品本身就是人民警察所要查控的对象。如走私的货物、贩运的毒品、枪支和其他违禁物品、转移的赃物和犯罪嫌疑人所携带的作案工具及枪支、弹药、爆炸物品等。

这些物品的特征一般是由其本身的外部形态表现出来的。如物品的种类、数量、自然形态（型号、大小、形状、新旧程度）、外包装、标记、标签等。但有时人民警察却是通过其藏匿的方式、方法本身所表现出的特征来发现疑点的。

在以上种种特征中，有些特征是具有唯一性的（即个别特征），如车牌号、发动机和车架的号码、肇事所留下的痕迹等；有些特征是不具有唯一性的（即种类特征），如车型、车的颜色等；有的特征具有稳定性，有的特征只具有相对稳定性，有的特征则不具有稳定性。对于这些特征不应孤立地对待，要因地因事制宜才能有效地利用。

二、截查车辆地点的选择

查控截停一般嫌疑车辆的地点应当是视野开阔、便于拦截检查和展开警力的地点，并尽量避开人群稠密区、密林区、易燃易爆和剧毒化学物品仓库等复杂地段和场所，例如，上坡道、弯道处、收费站等能使车辆自然减速的路段。如果要查控涉暴车辆，考虑到涉暴犯罪车辆在查控时极易发生冲突，因此应当尽量选择在车流量和行人均较少的路段截停。

通常情况下，在大中城市主要道路的进出口、主要国道、省道的重点路口可设置截查车辆的卡点，高速公路可在进出口或利用收费检查站设置卡点。选择截查车辆卡点的设置要考虑以下几个因素：

（一）组网因素

在堵卡区域范围内，对暴力性犯罪嫌疑人实施大规模的堵截行动，每一个卡点都是堵卡网络中的一个"结点"。具体某个卡点的指挥员在选择卡点位置时，应从全局考虑，力争在担负任务的线路上占据最合理的位置，使整个网络的布局最趋合理，不给嫌疑人"打空间差"的机会。

（二）车速因素

对嫌疑车辆设卡堵截，最直接的目的是让嫌疑车辆停下来接受检查。嫌疑车辆的速度，与堵截行动的难度、参战民警的安全是息息相关的。选择卡点位置时，应尽量选择在拐弯、上坡、路面不平等车速不会太快的路段。

（三）环境因素

截查行动中，战斗形势随时都有发生转化的可能。故而，在卡点位置的选择上，应当尽量做到便于盘查、控制和缉捕。一般来讲，复式设卡应将卡点设在路面较窄、环境简单、战斗顾虑小的地方，远离村庄、民居、单位、加油站等。

三、截查车辆方式的选择

（一）公开拦截

1. 由前截停。一般采用在上述路段设置明显警示停车标志来示意停车，此时警车要靠右侧顺行停靠，切记不要紧贴路边。执勤民警要在警车左前方不要太靠近路中央站位，向嫌疑车辆示意。如有情况立刻以车辆为掩护物确保安全。人员站位应按照分工，依据现场情况而定。

2. 由后截停。当嫌疑车辆在我方车前行驶，须对其进行停车检查时，应迅速加速驶到嫌疑车辆的左侧，并示意其停车接受检查，但时间不要过长。然后将警车停在距离嫌疑车辆后方约5米左右（距离不宜过长），且警车的2/3部分露在嫌疑车辆的左外侧。这样执勤民警既能把警车作为掩护体，又能保护来往车辆的安全。

（二）伪装拦截

对于乘坐大型客车的犯罪分子或控制人质的疑车，为了确保其他乘客及人质的安全，应避免采取公开武装拦截的方式（特殊情况除外）。为达到既能有效拦截车辆、控制疑犯又可避免伤及无辜的目的，可采取伪装身份、隐藏武器的拦截战术方法。当车停后，应设法稳住犯罪嫌疑人，然后寻机控制。拦截方法力求自然，合乎常理，不能引起疑犯的疑心。

1. 利用常设站口截查。利用常设的公路稽查或交通检查站，警察化装成公路收费人员或公路稽查人员,以检查车辆超载或行车安全为由,将车截停。为了不引起犯罪分子的警觉,截停疑车之前,应将疑车前面的几辆车先行拦住,例行检查,这样既不会引起犯罪分子的疑心,又对疑车形成了天然的路障。嫌疑车辆被截停后,警察可根据情况,采取灵活的处置方法,保护人质,控制疑犯。

2. 制造交通事故。制造交通事故,是针对武装查控乘坐大型客车的犯罪分子的一种行之有效的战术方法。为了不引起犯罪分子的疑心,制造交通事故的方式必须符合常规,不能出现人为的痕迹。

(1) 制造交通事故的方式。①利用路钉破坏轮胎:待疑车到来之前将散状路钉撒在路上,以破坏疑车轮胎,使其无法继续行驶,达到截停的目的。②利用碰撞或侧刮、追尾等形式制造事故,达到截停的目的。但这种事故形成一定要掌握分寸,千万不能出现大的交通事故,避免无辜伤亡和较大的经济损失。③利用其他方式制造交通事故。

(2) 疑犯处置:当疑车发生事故后,警察可化装成处理事故的民警或救助人员,赶赴现场进行有效的战术处置。①通过询问司机了解犯罪嫌疑人的情况。②通过询问每位乘客发现和控制犯罪嫌疑人。③通过换乘车辆,发现和控制犯罪嫌疑人。当疑车发生事故后,为了尽快找出并控制犯罪嫌疑人,可安排救助中心派出车辆将疑车上的乘客运送到目的地。警察可利用乘客换车之机发现和控制犯罪嫌疑人。

3. 其他伪装身份拦截。其他伪装身份应根据当地的实际情况确定。

(1) 化装成上访、声援团体进行拦车。这种战术方法一般用于从农村或城镇进入都市的车辆,参战民警携带手枪等便于隐蔽的警械。为不引起车上疑犯的疑心,民警可伪装成进城上访或声援团,强行拦截车辆,并强行上车,占据车上前、中、后等主要位置后,注意控制住疑犯,然后亮明身份,令司机将车开至安全地段或空场地,停车并打开车门,在严密控制下,让车上的所有乘客双手抱头,一个一个地下车接受检查,对扣捕反抗的犯罪嫌疑人,应快速将其制服。

(2) 伪装成因客车故障而集体拦车。用一辆大型客车,载有数名群众装束的民警,佯装客车出现故障无法行驶,集体拦车搭乘。为了不引起疑犯疑心,可先拦停疑车前一辆车,然后再拦截疑车。上车后根据车上的情况采取控制疑犯的战术行动。若车上疑犯有所警觉,民警应稳住该疑犯的情绪。待车行驶一段路,车上的疑犯连同乘客恢复稳定后,乘疑犯放松警惕之际,控制疑犯,亮明身份。令司机选点停车,并告诫乘客不要惊慌,配合行动。

对乘大型客车的疑犯，没有特殊情况（例如，疑犯已公开在车上抢劫、行凶杀人或将要引爆爆炸物时）不可采取公开武装拦截行动，以免造成疑犯以车为掩体、以车上乘客为人质与警方对抗，处置不好会造成车毁人亡的重大损失。民警应尽最大努力设法伪装身份将车辆截停，在不引起疑犯警觉的情况下随机应变。

四、车辆查控后的情况处置

1. 经检查，当场能够确认无违法行为的，民警应当立即交还证件，做好解释工作，礼貌放行；

2. 经检查，当场不能够确认有无违法行为的，民警应当将人、车分离；将车辆移至指定地点，再进一步核实。

3. 经检查，发现有犯罪嫌疑的，民警应立即对嫌疑人予以控制，交公安机关有关部门处理。

4. 如果嫌疑车辆强行冲卡，在追缉的同时，民警要及时报告上级，请求支援。

工作流程

一、对一般嫌疑车辆查控的程序

在巡逻中或设点执勤时发现具有一般嫌疑的机动车时，运用查缉战术，分工协作进行检查，并与全国被盗抢机动车信息系统进行核对。

1. 明确分工，注意配合。在对嫌疑车辆的查控行动采取前，要进行警力部署和明确分工，在分工时要注意以下几个问题：

（1）人员分工要明确，要有主有次，"主"，即明确进行接近、盘查的人员。"次"，即明确负责掩护、防御、策应的人员。

（2）任务明确，有机配合，形成查控行动的整体，不能顾此失彼，各行其是。

（3）扩大视野，既要注意现场，又要注意周围的环境，预防来自现场之外的干扰和袭击。

2. 注意观察，识别嫌疑车辆。

3. 截停车辆后迅速核实情况，做出判断。当执勤民警成功地截停了一辆嫌疑车后，应立刻与指挥中心联系，将截停车辆的型号、式样、颜色、车辆牌照，报告给指挥中心。指挥中心依据提供的资料，在网上进行核查，确认该车是否属于嫌疑车辆。

4. 严密控制，慎重接近。

（1）控制程序和方法。当嫌疑车辆被成功拦截后，执勤民警应先观察嫌疑车辆有无异常情况，重点控制车内人员和车辆，进而实施检查。

（2）控制内容。命令嫌疑车辆将车熄火，将车钥匙放在车顶或丢出车外，车内人员需将手放在视线可及的范围内（如方向盘、前面座位背或仪表盘上），然后命令其摇下玻璃或打开车门。

（3）接近的路线及方法。由前截停时，盘查警察应由嫌疑车辆右侧绕至车后，在同伴掩护下，再由车后沿嫌疑车左侧平行线向驾驶室侧后方接近。接近过程中，目光应始终注视车内，特别要注意驾驶员和乘坐人员的举动。当绕至车后时，应用手触压后备厢盖，检查箱盖是否严密，防止嫌疑人从后备厢中对警方实施攻击，如果后排有乘坐人员，则应命令其靠坐至车座右侧并对其严密监控后，才能经过左后车门向前推进。当接近驾驶座车门侧后，一手推压车门上沿及车体关闭沿部位，用右膝顶车门右下侧，进行盘问查验。由后截停时同后侧接近。

（4）接近时的心理活动及反应趋向。接近的民警要神情自然，做到外松内紧，在接近过程中要始终注意车内人员的双手有无异常动静，如果有情况应立刻做出反应，其原则为先躲避后反击或边躲避边反击。

5. 实施盘查，注意动向。

（1）盘问。先对驾驶员进行必要的盘问。内容包括：个人的基本情况（姓名、年龄、籍贯、单位、住址等），车上乘坐人员的基本情况（人数、来历、与驾驶员的关系等）。当盘问不能排除嫌疑时，应对驾驶员的有关证件进行查验，主要是身份证、驾驶证、行驶证等。查验证件时，应命令驾驶员用左手放慢动作掏取证件，并由车窗递出。盘查民警应在车窗外接取证件，接取和查验时，应始终观察驾驶员的双手。当车后排座有乘客时，盘查民警的站位，也可采取相反的方向，左手推压车窗上沿与车顶的接合部中后侧，左膝触顶车门的中部下侧。

（2）人身检查。当需要对车上人员进行人身检查时，盘查警察应换位至驾驶座车门侧后方约两米处，命令驾驶员由外打开车门，双手抚摸车顶外沿，左脚伸出车外侧转身背对警察下车，然后向右转后退至车头前，由2号警察进行贴车式搜身控制。如果车内有乘坐人员，则应在对驾驶员人身检查控制后，命令其与驾驶员同方向同方法下车，向左转后退至车后备厢，由3号监控警察进行贴车式搜身控制。

（3）车辆、物品搜查。在对乘车人员进行人身检查控制后，应立即对车座舱、车后备厢和车上物品进行检查。其目的在于检查车上可能藏有的涉案物证，甚至隐藏的犯罪嫌疑人。检查后备厢时，应用钥匙开启后备厢锁，监控警察在一侧触压后备厢盖并慢慢开启箱盖，防止后备厢中藏匿的嫌疑人的攻击。在确保安全的情况下，对后备厢进行检查。检查车辆时，若是一般嫌疑人，可让嫌疑人看着检查，防止不必要的诉讼；若有重大嫌疑的，应尽量不让嫌疑人观察我方检查，以便使嫌疑人在其侥幸心理与抗拒心理的矛盾中暴露破绽。为防止嫌疑人事后栽赃、诬陷，除我方人员相互作证外，如果现场附近有无关人员或车上有排除嫌疑的乘客，也可要求其现场见证。

二、对涉暴嫌疑车辆查控的程序

涉暴嫌疑车辆主要是指严重暴力犯罪嫌疑人驾驶、乘坐的，用于作案、逃逸的车辆。车上的人员可能全部都是暴力犯罪嫌疑人，也可能有无辜群众或被劫持的人质。犯罪嫌疑人往往犯有严重暴力罪行，极有可能利用车辆、爆炸物品、枪支、刀具等进行反抗，因此查控难度及危险性都很大，必须精心准备、严密组织，力保警察、群众的生命财产安全。

（一）收集情报，形势评估

查控前，应尽可能了解和掌握车上人员的犯罪性质、人数和人员形象；携带有何种凶器、武器或爆炸物品，爆炸物品的起爆方式；乘坐的车型、车牌号、车辆的明显痕迹；车上是否有无关人员或被劫持的人员，以及行驶路线等。根据得到的情报和我方现有的保障能力，进行认真的分析、判断，做好各方面准备工作，为制定行动方案和应急处置方案奠定基础。

（二）选择路段，部署警力

对于涉暴嫌疑车辆，在查控中通常采用以下三点部署方式：第一点为观察识别点，主要任务是对涉暴嫌疑车辆进行先期观察、识别，将识别情况及时报告指挥员，查控行动开始后转入控制、疏导交通工作，以及对掉头逃跑的嫌疑车辆进行拦截；第二点为主要拦截点，主要任务是拦截嫌疑车辆，对车上嫌疑人进行喊话、控制和处置车上人员、检查车辆、对闯卡或掉头逃窜的车辆进行尾追和堵截；第三点为机动拦截点，主要任务是对闯卡车辆实施强行拦截，控制和处置车上人员，实施交通控制、疏导车辆。

上述三点的距离，根据路段、车速、周围环境等实际情况而定，但三点之间不能有岔路口。对主要拦截点路段的选择，应尽量安排在人、车较为稀疏的弯道、上坡等处。

（三）选好拦截方式，细心实施查控

对涉暴嫌疑车辆的拦截方式有许多种，应根据犯罪嫌疑人的车辆类型、车速、暴力对抗程度、拥有的武器等情况进行计划部署。通常采取的方法有：警示牌拦截、车辆拦截、普通障碍物拦截、路障拦截等。为避免无关人员和公私财物在处置过程中遭受损害，不宜采取事故堵塞或收费站收费等方式进行拦截。

当涉暴嫌疑车辆被截停后，警察不要贸然接近，应首先由指挥员利用掩护物作掩护，对车上人员进行喊话："车上人员听着，我们是警察，不要乱动，服从命令，否则后果自负——驾驶员将车辆熄火，把钥匙扔出窗外，慢慢打开车门，双手上举，下车，用双手慢慢拉起上衣，慢慢转身（观察腰上是否有枪支、爆炸物品等，如果有枪支，应令其左手拇指和食指慢慢将枪支拎出，丢到一边。如有爆炸物品则应令其趴在原地，等待专业人员赶到现场），双手上举慢慢后退（背对指挥员）。"直到其退到警察控制的掩护物后，跪姿上铐、搜身，并迅速对车上情况进行询问，以便更准确地掌握敌情。然后，依次命令副驾驶、后排人员下车到指定位置，完成控制和处理。

当确定所有嫌疑人被控制后，负责民警沿车辆后侧两条延长线接近车辆，然后小心地依次对后备厢进行检查。警察应站在后备厢两侧。开启后备厢时，应留一小缝，先观察一下是否有系绳连接于箱盖，若有，应先将系绳剪断（以防有拉发式爆炸物），然后迅速打开箱盖，并闪身后撤，用武器控制箱内，完成对嫌疑车辆的检查工作。

学以致用

一、实训案例

案例一：某深夜，警组在巡逻执勤中发现一辆崭新轿车，车牌号系某机关的车牌号，车内乘坐两人，轿车在运行时速度快，摇摆不定，形迹可疑，符合查控基本条件。警组依法由后截停查控。

处置情况设计：

1. 假设嫌疑人2人，驾驶车辆快速、摇摆行驶，形迹可疑。疑似驾驶技术不熟练的盗窃嫌疑人窃车后逃逸；

2. 警组应快速实行截停查控；

3. 盘查时，嫌疑人态度粗暴，以势压人，不配合警察盘查，经警察告知相关法律规定并被予以警告后，态度有所转变，被动配合盘查，人证吻合，身份清楚，可排除嫌疑；

4. 处置方法：予以必要的批评教育，返还证件，礼貌放行；

5. 处置要点：从车辆行迹判断有盗车嫌疑的，应依法查控；当嫌疑人耍态度，以势压人，拒绝配合盘查时，应告知其相关法律规定并予以告诫；经盘查证实身份后，应予以必要批评，并在执勤登记簿上做好记录，请当事人签字，将情况报告指挥中心记录备案。而后返还证件，礼貌放行。

案例二：警组接指挥中心通报：一名在逃犯乘坐一辆车牌号为123456的出租车向某方向驶去。在逃犯为男性，体貌特征明显，持假身份证。要求警组在某路段公开拦截查控。

处置情况设计：

1. 出租车牌号、型号、颜色与通报上的嫌疑车辆相同，车内除司机外乘坐2人，均在后排座上，其中坐在右侧的乘客与通报的在逃犯相似，符合查控基本条件。

2. 警组按规定携带武器装具在某路段实施公开设卡拦截查控。

3. 盘查中，驾驶员配合，证照齐全，身份清楚，右侧乘客在警察盘查驾驶员时，企图开门下车，暴露身份；另一乘客神态不自然、紧张。

4. 处置方法：在逃犯开门企图下车时被车后的监控警察发现并控制；监控警察示警"发现嫌疑人"并迅速出枪控制，其余监控警察也迅速出枪控制车内其他人员。盘查警察命令车内人员"不准动"，并按人身检查、查车、车物的程序完成盘查、检查。驾驶员排除嫌疑，返还证件，礼貌放行。对在逃犯和另一乘客（系朋友关系，有包庇嫌疑）

依法留置盘查。

5. 处置要点：盘查时，警察应向驾驶员了解乘客情况，引起嫌疑人警觉，让其产生逃跑动机，并做出逃跑反应。人身检查时，重点是嫌疑人及其同伴，嫌疑人的同伴要通过盘问查明身份，驾驶员嫌疑排除后应立即放行并致歉。

二、实训内容

内容一：根据实训案例一和处置情况设计，分小组演练对一般嫌疑车辆查控的以下内容。

1. 嫌疑车辆的截停。
2. 接近嫌疑车辆。
3. 控制盘查嫌疑车辆。
4. 查控后处置。

内容二：根据实训案例二和处置情况设计，分小组演练对涉暴嫌疑车辆查控的以下内容。

1. 观察识别点、主要拦截点和机动拦截点的卡点设置和人员站位。
2. 拦截嫌疑车辆后，控制车内嫌疑人。
3. 控制车内嫌疑人后，检查涉暴嫌疑车辆。
4. 查控后的处置。

三、实训要求

1. 将学生按每组 5—8 人分成若干实训小组；
2. 各实训小组选定成员根据案例给定的情境分配角色，进行相应的模拟演练；
3. 各实训小组模拟演练结束后写出实训总结，进行交流。

拓展学习

1月7日，3名操北方口音的男性青年从广东省潮阳市峡山镇租乘汕头市一红色桑塔纳出租车，沿广汕路向西行驶。途中一人称要大便，司机便按要求将车驶进路南侧叉弯内停靠。车刚停定，该3人一前两后，将司机套勒颈部，意欲杀人劫车。此时，陆丰市公安局铜锣湖派出所两位民警驾车路过此地，见此车情况有异，便停车上前盘查。一民警下车走近出租车低头向车内察看时，被车内嫌疑人猝然迎头枪击，弹中面部，当即牺牲。紧随其后的另一民警因事起突然，未来得及作出反击，亦被下车追杀的嫌疑人连击数枪，一弹击中胸部而重伤倒地。嫌疑人劫去牺牲民警的"七七"式手枪一支，驾驶出租车仓皇逃离现场。

思考与讨论

1. 执勤警察在查控嫌疑车辆时如何对嫌疑人进行有效控制？
2. 执勤警察在查控嫌疑车辆时如何有效保护自身安全？

学习任务四　交通事故现场处置

案例引入

2月1日下午3时30分，四川省中江县南华镇的徐万明驾驶一辆二轮摩托车，经省道101线从中江县南华镇驶往辑庆镇，与相对行驶的一辆小四轮拖拉机相撞。交警对事故现场进行处置后认为受害人徐万明已经死亡，遂通知殡仪馆车辆将其运至中江县殡仪馆存放。然而受害人妻子坚称老公还没死，交警没有尽到抢救义务，遂向中江县法院提起行政诉讼，要求确认交警大队在处理此次交通事故的过程中未依法抢救伤者的行为违法。中江县法院审理认为，当日赶赴事故现场的两名交警对交通事故所作的一切处置行为、程序均符合有关法律规定，履行了法定职责。原告请求确认交警大队处理交通事故程序违法、不履行法定职责的理由不成立，驳回原告的诉讼请求，处理车祸的交警胜诉。

结合引例思考：

1. 如果本案中的交通事故仅仅是发生刮擦且当事人对事实及成因无争议，那么该事故该如何处理？
2. 如果本案中的交通事故仅造成人员轻微伤，那么该事故该如何处理？
3. 本案中交警如何进行处置才符合相关法律规定？

理论导航

一、当事人自行协商处理交通事故的范围

1. 机动车与机动车、机动车与非机动车发生财产损失事故，当事人对事实及成因无争议的，可以自行协商处理损害赔偿事宜。车辆可以移动的，当事人应当在确保安全的原则下对现场拍照或者标划事故车辆现场位置后，立即撤离现场，将车辆移至不妨碍交通的地点，再进行协商。

2. 非机动车与非机动车或者行人发生财产损失事故，基本事实及成因清楚的，当事人应当先撤离现场，再协商处理损害赔偿事宜。

二、适用简易程序处理交通事故的范围

1. 仅造成人员轻微伤的；
2. 发生财产损失事故，当事人对事实或者成因有争议的，以及虽然对事实或者成因无争议，但协商损害赔偿未达成协议的；
3. 机动车无号牌、无检验合格标志、无保险标志的；
4. 载运爆炸物品、易燃易爆化学物品以及毒害性、放射性、腐蚀性、传染病病原体等危险物品车辆的；
5. 碰撞建筑物、公共设施或者其他设施的；
6. 驾驶人无有效机动车驾驶证的；
7. 驾驶人有饮酒、服用国家管制的精神药品或者麻醉药品嫌疑的；
8. 当事人不能自行移动车辆的。

其中，具有第二项至第八项规定情形之一的财产损失事故，适用简易程序处理交通事故，但是有交通肇事犯罪嫌疑的除外。

三、适用一般程序处理交通事故的范围

除适用简易程序处理以外的交通事故均适用一般程序处理，即对造成人员轻微伤或者财产损失事故以外的交通事故，公安交管部门应适用一般程序处理。

四、交通事故现场交通警察的执勤执法规定

（一）一般规定

1. 公安机关交通管理部门对道路交通事故进行调查时，交通警察不得少于二人（简易程序除外）。
2. 交通警察调查时应当向被调查人员出示《人民警察证》，告知被调查人依法享有的权利和义务，向当事人发送联系卡。
3. 交通警察调查道路交通事故时，应当客观、全面、及时、合法地收集证据。

（二）交通警察对事故现场进行调查的相关规定

1. 勘查事故现场，查明事故车辆、当事人、道路及其空间关系、事故发生时的天气情况。

2. 固定、提取或者保全现场证据材料。

3. 查找当事人、证人进行询问，并制作询问笔录。

4. 拍摄现场照片，绘制现场图，提取痕迹、物证，制作现场勘查笔录。现场图、现场勘查笔录应当由参加勘查的交通警察、当事人或者见证人签名。当事人、见证人拒绝签名或者无法签名以及无见证人的，应当记录在案。

5. 车辆驾驶人有饮酒或者服用国家管制的精神药品、麻醉药品嫌疑的，公安机关交通管理部门应当按照《道路交通安全违法行为处理程序规定》及时抽血或者提取尿样，送交有检验资格的机构进行检验；车辆驾驶人当场死亡的，应当及时抽血检验。

6. 交通警察应当检查当事人的身份证件、机动车驾驶证、机动车行驶证、保险标志等；对交通肇事嫌疑人可以依法传唤。

7. 因收集证据的需要，公安机关交通管理部门可以扣留事故车辆及机动车行驶证，并开具行政强制措施凭证。

8. 因收集证据的需要，公安机关交通管理部门可以扣押与事故有关的物品，并开具扣押物品清单一式两份，一份交给被扣押物品的持有人，一份附卷。

工作流程

一、当事人自行协商处理交通事故的程序

当事人自行协商达成协议的，应填写道路交通事故损害赔偿协议书，并共同签名。损害赔偿协议书内容包括事故发生的时间、地点、天气、当事人姓名、机动车驾驶证号、联系方式、机动车种类和号牌、保险凭证号、事故形态、碰撞部位、赔偿责任等内容。

对应当自行撤离现场而未撤离的，交通警察应当责令当事人撤离现场；造成交通堵塞的，对驾驶人处以200元罚款；驾驶人有其他道路交通安全违法行为的，依法一并处罚。

二、适用简易程序处理交通事故处理程序

（一）对交通事故现场的处置

执勤民警接到群众报警或指挥中心指令，在辖区路段发生交通事故的，应当

及时赶赴现场。交通警察到达现场后，事故车辆可以移动的，交通警察对现场拍照或者采用其他方式固定现场证据后，即可责令当事人立即撤离现场，并将车辆移至不妨碍交通的地点。拒不撤离的，予以强制撤离。事故车辆不能移动的，通知施救车辆拖吊。驾驶人无有效机动车驾驶证的或者驾驶人有饮酒、服用国家管制的精神药品或者麻醉药品嫌疑的，按照《道路交通安全法实施条例》第104条规定处理。

（二）确定当事人的过错及责任

撤离现场后，执勤民警根据现场固定的证据和当事人、证人叙述等，认定并记录道路交通事故发生的时间、地点、天气、当事人姓名、机动车驾驶证号、联系方式、机动车种类和号牌、保险凭证号、交通事故形态、碰撞部位等，并根据当事人的行为对发生道路交通事故所起的作用以及过错的严重程度，确定当事人的责任，制作道路交通事故认定书，由当事人签名。

（三）当场调解损害赔偿

当事人共同请求调解的，执勤民警应当当场进行调解，并在道路交通事故认定书上记录调解结果，由当事人签名后交付当事人。

有下列情形之一的，不适用调解，执勤民警可以在道路交通事故认定书上载明有关情况后，将道路交通事故认定书交付当事人，并告知当事人可以向人民法院提起民事诉讼。当事人拒绝接收的，执勤民警应当在道路交通事故认定书上予以记录：

1. 当事人对道路交通事故认定有异议的；
2. 当事人拒绝在道路交通事故认定书上签名的；
3. 当事人不同意调解的。

（四）对当事人的违法行为实施处罚

执勤民警按照《道路交通安全违法行为处理程序规定》，对当事人的违法行为作出处罚决定。适用当场处罚的，制作《公安交通管理简易程序处罚决定书》，当场交付当事人；需要采取扣留车辆或者机动车驾驶证强制措施的，制作《行政强制措施凭证》，当场交付当事人。

（五）事故现场安全防护

1. 执勤民警安全装备。使用简易程序处理交通事故的执勤民警的安全装备，应当符合巡逻执勤民警执勤执法装备规范。

2. 现场安全防护设施设置。执勤民警在使用简易程序处理交通事故时，应当视现场的道路、车流量等实际情况，严格按照公安部现场防护的相关要求设置安全防护设施。

3. 执勤民警现场站位。执勤民警应当将巡逻警车停放在事故现场后方并开启警灯，然后将各方当事人撤离至安全地点进行调查。

适用简易程序的，可以由一名交通警察处理。

三、适用一般程序交通事故的前期处置程序

1. 执勤民警到达现场后，应当迅速了解现场情况并及时向上级报告。事故现场有人员受伤的，执勤民警应当按照救护操作规范，对情况危急的伤员进行止血、包扎等紧急处置，同时通知急救、医疗等有关部门赶赴交通事故现场组织施救。急救、医疗人员到达现场后，执勤民警应当积极协助抢救受伤人员。因抢救伤员需要变动现场的，应当标明或记录受伤人员的位置。受伤人员被送往医院的，应当记录医院名称、地址及受伤人员基本情况。交通事故当事人在现场已经死亡的，由医疗、急救机构医生确认、签名。

2. 根据现场情况，划定警戒区域，保护事故现场，维护现场秩序。执勤民警到达现场后，应当根据现场情况，划定警戒区域。白天在距离现场来车方向50米至150米外或者路口处放置发光或者反光锥筒和警告标志，并指挥过往车辆、人员绕行，必要时可以封闭道路。夜间或雨、雪、雾、冰、沙尘等特殊气象条件下，应当增加发光或反光锥筒，延长警示距离。

高速公路应当停放警车示警，白天应当在距离现场来车方向200米外，夜间或雨、雪、雾、冰、沙尘等特殊气象条件下，应在距离现场来车方向500米至1000米外，设置警告标志和减（限）速标志，并向事故现场方向连续放置发光或者反光锥筒。

因道路交通事故导致交通中断或者现场处置、勘查需要采取封闭道路等交通管制措施的，执勤民警应当报告指挥中心，由指挥中心通知相关路段执勤民警在事故现场来车方向提前组织分流，并通过电子显示屏、绕行提示标志以及电台广播等方式，及时提醒其他车辆绕行。高速公路交通事故造成交通中断和堵塞时，应在距现场最近的出口实施分流。造成长时间堵塞且分流有困难的，应在事故现场的对向路面实施借道通行分流措施。

交通安全防护设施设置后，执勤民警应当指挥事故车辆驾驶人、乘客等当事

人在安全地带等候，并将无关人员疏散。指挥、引导其他车辆、行人绕行。民警规范用语："前方发生了交通事故，请你绕行××道路（或者耐心等待）。"

3. 确定交通事故当事人，控制交通肇事人，查验肇事人身份证件、机动车驾驶证、机动车行驶证等有关证件，验明身份。责令肇事人在勘查现场期间不得离开现场并不得与无关人员谈论交通事故情况，同时要积极寻找目击证人。

4. 遇有交通肇事逃逸的，执勤民警应根据证人证言、交通事故现场痕迹、遗留物等线索，积极查明肇事车辆基本情况、逃离方向，迅速报告指挥中心，及时组织警力堵截和追缉。

5. 对造成道路、供电、通讯等设施损毁的交通事故，执勤民警要及时报告指挥中心通报有关部门处理。

6. 道路交通事故涉及爆炸物品、易燃易爆化学物品以及毒害性、放射性、腐蚀性、传染病病原体等危险物品的，公安机关交通管理部门应当协同有关部门划定隔离区，封闭道路、疏散过往车辆、人员，禁止无关人员、车辆进入，待险情消除后方可勘查现场。

7. 事故处理民警到达现场后，执勤民警应做好处置移交工作；现场勘查过程中，做好交通疏导和安全防护工作；勘查工作结束后，协助勘查人员迅速清理现场，尽快恢复交通。撤除锥筒、警告标志时，应当由近至远逐一撤除。

学以致用

一、实训案例

近年来，一线交警在交通事故处置现场发生二次事故的情况时有发生，虽然有时在事故现场采取了安全防护措施，但仍然会发生处警警察牺牲的二次事故。通过分析2015年和2016年全国各地交警和辅警因公牺牲的数据可知，因驾车事故和路面执勤执法被撞牺牲的比例各占37%，在交通事故现场因二次事故牺牲占比20%。据2015—2016年处警警察因二次事故牺牲数据显示：高速、夜间、冰雪路面构成了二次事故高发的三个关键词；2017年的处警警察因二次事故牺牲显示：防护区还没有设置完成就去勘查事故具有极高的危险性，而且发生事故的时间段也是容易发生疲劳驾驶的凌晨和中午。二次交通事故中只要防护措施正确有效，一般情况下伤亡事件是可控可防的。正确设置交通事故现场警戒区是有效预防二次交通事故的防护措施之一。

二、实训内容

交通事故现场执勤民警警戒区域划定演练：

1. 演练警戒区内锥筒的摆放（摆放位置、摆放距离、摆放方式）；
2. 按照直线、弯道、隧道、匝道、下坡和收费6种道路情况演练警戒区的设置；
3. 模拟白天和夜间、雨雪、雾霾等能见度不良天气条件下演练警戒区的设置。

三、实训要求

1. 将学生按照每组5—8人分成若干实训小组；
2. 各实训小组选定成员根据要求进行相应的模拟演练；
3. 各实训小组模拟演练结束后写出实训总结，进行交流。

拓展学习

5月30日凌晨1点钟左右，某高速公路值班民警接到报警，一辆大货车因超载侧翻在地，车上的滑石粉撒了一地，但两名驾驶员均未受伤。从后面驶来的中华轿车看到前方发生车祸便停了下来。但是其后的一辆满载钢材的超载大货车未能及时刹车，撞上了已经停靠的中华轿车，随后继续撞向已侧翻的大货车，造成4人受伤。

交警立即赶赴现场，并在现场规范安放了警示标志，设立了警戒区，随即对伤员进行施救。此时，高速路政人员、医院的医务人员、驾驶员张某、吴某等人也加入其中帮忙施救。正当他们在中华轿车上抢救伤员时，又有一辆满载水泥的中型自卸车因严重超载刹不住车，径直撞翻了警示标志，闯入警戒区，然后向正在施救的警务、医务人员和群众开过来，撞上了中华轿车，车上的水泥倾覆，砸向现场施救人员，导致施救中的交警、驾驶员等4人死亡，交警、医护人员、高速路政人员等9人不同程度受伤。

思考与讨论

1. 在道路交通事故现场处置时，现场处置人员应注意哪些问题？
2. 执勤民警该如何避免二次事故的伤害？

学习单元七

火灾突发事件处置

学习目标

1. 通过本单元的学习，使学生了解火灾隐患的排查与处置，熟悉火灾现场处置机制，掌握火灾现场处置的一般流程，火场控制与自救方法，火场疏散和逃生以及火场保护。

2. 通过本单元的学习，学生应会编制火场疏散预案，能扑救初起火灾，能进行消防疏散演练。

学习任务一　火灾隐患排查与处置

案例引入

案例一、2016 年 8 月 17 日凌晨 1 点 30 分左右，烟台大学 13 号公寓某一楼宿舍留校学生在宿舍点燃了蚊香（据说放在鞋盒子里，且周边堆有杂乱的衣物等可燃物）后外出上网，因蚊香点燃了可燃物，整个宿舍全部被烧毁，整个宿舍楼 300 多人在浓烟中疏散、安全撤离，所幸没有人员受伤。此前 8 月 14 日，烟台大学 2 号公寓两名留校学生在走廊使用液体酒精炉吃火锅，因在没有熄灭火焰的情况下添加酒精，造成火灾，两人烧伤，其中一人烧伤面积达 40%。

案例二、2020 年 6 月 18 日，广西防城港一所自建民房发生火灾，造成 6 人死亡。起火建筑是一栋 3 层的自建民房，过火面积约 140 平方米，一楼是存放电动车配件的商铺，二楼和三楼住人，燃烧物是电动车配件及杂物，死亡的 6 人中有 3 名女童，这是典型的集储存、经营和住宿于一体的"三合一"场所火灾。

2020 年 6 月 17 日 23 时 45 分许，防城港防城区中新路 3 号一层商铺的租户罗某某外出回到铺面，将电动车停放在一楼铺面靠西的墙边上，并利用铺面大门中间立柱上的插座转换器接出一个电源插排，给电动车进行充电，随后到铺面后方的卧室睡觉。

火灾发生后，消防部门立即开展了火灾事故调查。防城港市消防救援支队上思县消防大队大队长工程师何彪告诉记者，这起火灾发生在 6 月 18 日早上 7 点左右，"通过调查查明，电源插排与插座转换器之间因为电气故障而打火，引燃下方纸箱等可燃物，这是火灾事故发生的直接原因。"

结合引例思考：

1. 以上案例的火灾事故中，存在的火灾隐患是什么？
2. 应怎样排查与处置？

理论导航

一、火灾隐患的界定

（一）火灾隐患的概念

火灾隐患是指潜在的，有直接引起火灾事故的可能性，或者是发生火灾时会增加对人员、财产的危害性，或者是影响人员疏散、影响灭火救援行动的一切不安全因素。火灾隐患一般有三类情形：一是增加了发生火灾的危险性，二是火灾时会增加对人身、财产的危害，三是火灾时会严重影响灭火救援行动。

（二）火灾隐患的特性

1. 隐蔽性。

（1）不易被发现。只有具备一定的专业知识才能被发现，即使是本专业的消防监督员之间也有差别，有的发现得了，有的发现不了。

（2）不易被重视。由于认识跟不上，人们即使发现了，因感觉不会出事，或者为了节约资金，往往视而不见。

2. 潜在的危害性。一旦引发火灾，可能危及财产和生命安全，易导致损失扩大。

3. 动态性。

（1）它的危害程度随着时间的变化而变化，逐渐恶化，最后由量变到质变，养患成灾；

（2）旧的隐患消除了，新的隐患又产生了，整治隐患不会一劳永逸，需要常抓不懈。

（三）火灾隐患的分级

通常，人们根据不安全因素引发火灾可能性的大小和可能造成的危害程度不同将火灾隐患分为：

1. 一般火灾隐患。存在的不安全因素有引发火灾的可能，或者是火灾发生后对火灾的发展、人员疏散和灭火行动有一定的影响，但其后果不至于很大。

2. 重大火灾隐患。存在的不安全因素引发火灾的可能性很大，火灾发生后，对火灾的发展、人员疏散和灭火行动有很大的影响，一旦发生火灾，其后果相当严重。

（四）公共场所常见火灾隐患的表现形式

1. 各类场所与居住场所设置在同一建筑物内不符合消防技术标准。
2. 使用易燃、可燃材料进行内装修。
3. 疏散通道堵塞。
4. 安全出口堵塞。
5. 疏散通道、安全出口封闭。
6. 疏散指示标志故障、损坏。
7. 应急照明故障、损坏。
8. 消防设施、器材被遮挡。
9. 室内消火栓无水。
10. 消防车通道堵塞，妨碍消防车通行。
11. 消防控制系统故障、停用、关闭。

二、火灾隐患排查的原则

消防工作贯彻预防为主、防消结合的方针，按照政府统一领导、部门依法监管、单位全面负责、公民积极参与的原则，实行消防安全责任制。同时明确规定单位的主要负责人是本单位的消防安全责任人。了解典型场所火源管理的防火巡查要点及火灾隐患处置。在民用建筑中，火源安全管理的防火巡查主要集中在违章动火、违章使用大功率电气设备、乱拉临时线路、违章吸烟、违章储存易燃易爆化学危险物品这几点上。

三、常见场所火灾隐患排查的方法

（一）总配电室（配电室、计算机房、电话总机室）的防火巡查要点和火灾隐患处置方法

1. 单位的总配电室或配电室是所有房间、处所、用电设备的总电源，是单位的消防重点部位；
2. 要求 24 小时值班；
3. 严禁烟火；
4. 严禁存放易燃易爆物品。

（二）库房的防火巡查要点和火灾隐患处置方法

1. 库房管理要严格遵守《仓库消防安全管理规则》；
2. 严格火源管理；
3. 电气线路和照明灯具处于正常工作状态；
4. 严防遗留火种；
5. 严禁违章存放易燃易爆物品。

（三）餐厅及厨房的防火巡查要点和火灾隐患处置方法

1. 严禁燃气泄漏；
2. 严格遵守安全操作规程；
3. 加工油炸食品时，要专人看管；
4. 配备必要的灭火器和灭火毯；
5. 定时清洗烟道。

（四）洗衣房的防火巡查要点和火灾隐患处置方法

1. 检查电源插座是否正常工作；
2. 检查洗衣机是否存在故障；
3. 留意洗衣中的烘干环节；
4. 严格按照操作说明进行。

（五）锅炉房的防火巡查要点和火灾隐患处置方法

1. 严防燃气泄漏；
2. 禁止存放可燃物；
3. 严格遵守安全操作规程；

4. 禁止无关人员进入；

5. 确保消防报警和灭火设施灵敏好用。

（六）员工宿舍（客房）的防火巡查要点和火灾隐患处置方法

1. 员工宿舍和客房的火源管理主要是加强用火、用电的管理和教育；

2. 严禁乱拉临时电线；

3. 严禁卧床吸烟；

4. 严禁使用电热器具；

5. 严禁在宿舍和客房内私自烧制食物。

（七）办公室的防火巡查要点和火灾隐患处置方法

1. 办公室应加强用电设备如电脑、空调、打印机、饮水机的安全使用和管理，避免长时间待机；

2. 严禁私自增加大功率用电设备；

3. 加强吸烟行为的管理；

4. 杜绝遗留火种；

5. 下班要断电。

（八）理发室、美容院的防火巡查要点和火灾隐患处置方法

1. 理发室、美容院要加强对发胶、摩丝等易燃物品的管理；

2. 严防电气线路和用电设备起火；

3. 及时清理垃圾和可燃物；

4. 下班时仔细检查是否有遗留火种；

5. 人员离开要及时断电。

（九）外租商店的防火巡查要点和火灾隐患处置方法

1. 外租商店（消防上称为商住合用场所或"三合一"场所）存在大量的可燃物，尤其要注重各种火源的管理，注意防范电气火灾；

2. 营业期间严禁一切明火作业；

3. 严禁吸烟；

4. 严禁乱拉临时线路；

5. 严禁安全出口和疏散通道被封堵。

（十）地下停车场的防火巡查要点和火灾隐患处置方法

1. 地下停车场存放着大量车辆，一旦发生火灾，后果十分严重。因此，要

加强火源管理；

2. 严禁私自动用明火；

3. 严禁存放易燃易爆化学危险品；

4. 严禁在停车场修车、加油、充电。

(十一) 施工现场的防火巡查要点和火灾隐患处置方法

1. 施工现场可燃物多，人员复杂，施工人员消防安全意识良莠不齐，是火灾易发多发场所；

2. 配备必要的灭火设施和器材；

3. 加强电焊、气焊审批和现场消防安全管理；

4. 及时清理可燃物；

5. 严禁交叉作业；

6. 严禁在宿舍内使用电炉、热得快等电热设备；

7. 严禁乱拉临时电线。

(十二) 消防控制室的防火巡查要点和火灾隐患处置方法

1. 消防控制室是火灾发生时的消防指挥中心，应确保消防安全万无一失；

2. 坚决杜绝一切违章行为；

3. 禁止吸烟；

4. 禁止使用电热器具；

5. 禁止乱拉临时线路。

工作流程

一、典型火灾隐患排查流程

(一) 明确任务

结合社会单位消防安全"四个能力"达标验收工作，对人员密集场所消防安全重点单位逐一进行消防监督检查。对所有商场市场、宾馆饭店、学校、医院、公共娱乐场所等人员密集场所全部检查一遍，重点检查单位消防安全责任落实情况、建筑消防设施维护保养和完好有效情况、消防控制室值班操作人员持证上岗及应急处置程序掌握情况。

(二) 具体措施

1. 督促单位自查自改。各有关部门要组织召开辖区社会单位消防安全责任人和管理人会议，迅速部署单位开展隐患自查自改工作，及时消除火灾隐患，并将自查自改情况上报消防大队。

2. 落实消防监督检查职责。各镇政府、各有关部门要充分发挥职能作用，联合开展火灾隐患排查整治；要加强重点企业、重点单位的管理，严格对辖区小单位、小场所和居民住宅区逐一排查。对排查的单位和场所，要逐一登记造册，建立台账，如实记载检查人员的姓名、检查时间、检查发现的问题、提出的整改意见等，存档备查。

3. 发动群众参与。要广泛发动街道、社区、居委会、村委会等基层组织，动员广大群众积极参与火灾隐患排查工作，鼓励举报身边的火灾隐患，形成专群结合、全民参与的工作格局，最大限度地扩大火灾隐患排查整治的覆盖面。

（三）开展大整治

1. 建设工程未经依法消防设计审核、审核不合格的，或者经消防设计备案抽查不合格，不停止施工的，要依法责令停止施工。

2. 建设工程未经依法消防验收、验收不合格的，或者经竣工验收备案抽查不合格却不停止使用的，公众聚集场所未经消防安全检查或者检查不合格但擅自投入使用、营业的，要依法责令其停止使用、停产停业。

3. 对占用、堵塞、封闭疏散通道、安全出口、消防车通道，在人员密集场所门窗上设置影响逃生和灭火救援障碍物，拒不改正的，要依法强制其执行。

4. 对投入使用的建筑实施节能综合改造工程不符合消防安全要求的，要督促停工整改。

5. 对建筑消防设施损坏、不能正常运行或擅自关停的，或者消防控制室人员没有持证上岗、不会操作设施设备的，要依法从重处罚。

6. 对违反规定进行电焊等明火作业或者在具有火灾、爆炸危险的场所吸烟、使用明火的，对指使或者强令他人违反消防安全规定冒险作业，情节较重的，要对直接责任人和有关负责人依法拘留。

7. 对存在火灾隐患不及时消除可能严重威胁公共安全的，要依法对危险部位或者场所采取临时查封措施。

二、广泛宣传

（一）全面开展公民消防宣传教育

公民是消防工作的基础、重要参与者、监督者和受益者。没有广大民众的参与，消防工作就不会发展进步，全社会抗御火灾的能力就不会提高。要因地制宜，周密策划，精心组织，确保每个系统、每个行业、每个单位都按计划和大纲开展消防宣传教育。

（二）全力实施"家庭消防安全计划"

开展"教育一个学生，带动一个家庭"系列活动，确保每个中小学每学期开学第一周能开展一次火场逃生疏散演练，每个学生能制定一份家庭火灾逃生预案，并组织家庭成员进行演练；在互联网上发布"家庭消防安全自查表"，组织开展网上全民消防安全隐患自查活动；广泛开展"聘任社区消防宣传员"活动

（三）强化媒体宣传工作

要利用各级主流媒体，以字幕提示、公益广告、新闻采访、专题报道等形式开展宣传，尤其是元旦、春节前后，要集中宣传冬季防火常识、春运消防安全常识、烟花爆竹安全燃放知识、逃生自救常识等；协调各地主流媒体开设专栏、专题，进行经常性的消防常识科普宣传；加强各级电视台、广播电台黄金时段的消防宣传工作；增加楼宇视频、街头电子显示屏、手机电视等消防常识宣传的频次，扩大受众面。

（四）强化社会化宣传活动

要继续深入推进消防宣传"五进"工作，加大家庭安全用火用电和逃生自救知识的宣传力度，广泛组织社区居民、单位职工参观、体验；要利用消防宣传车、文艺演出、逃生疏散演练等开展经常性的宣传教育活动；每个公共娱乐场所、商场、市场、车站、机场、码头和高层住宅，都要在安全出口、疏散通道、消火栓、灭火器的位置设置明显的指示标识和使用方法的提示。

三、强化培训

1. 强化消防控制室值班操作人员培训。公安消防部门对辖区内消防控制室值班操作人员进行一次岗位专业能力培训，重点是熟悉和操作消防设施，提高应急处置能力；要保证50%以上的消防控制室值班操作人员取得相应的国家职业资格证书。

2. 强化社会单位消防安全教育培训。对消防安全重点单位消防安全责任人、管理人开展"消防安全明白人"培训，提高自主消防管理的能力；组织各地保安培训机构对保安员进行全员消防技能培训，重点提高火灾防范和扑救初期火灾

的能力。

3. 强化特种作业人员消防安全培训。消防安全知识纳入相关职业的教育、培训和技能鉴定内容。

学以致用

一、实训案例

校园火灾给我们留下惨痛的教训，让我们回顾两起典型校园火灾事故：

1. 上海商学院火灾。2008年11月14日早晨6时10分左右，上海商学院徐汇校区一学生宿舍楼发生火灾，因火势迅速蔓延，烟火过大，导致4名女生在消防队员赶到之前均从6楼宿舍阳台跳楼逃生，不幸全部遇难。火灾事故初步判断原因是，寝室里使用"热得快"引发电器故障，引燃周围可燃物。

2. 中央民族大学女生宿舍起火。2008年5月5日，中央民族大学28号楼6层S0601女生宿舍发生火灾，楼内弥漫浓烟，6层的能见度不足10米。着火宿舍楼可容纳学生3000余人，火灾发生时大部分学生都在楼内，所幸消防员及时赶到，千名学生被紧急疏散，没有造成人员伤亡。

宿舍最初起火部位为物品摆放架上的接线板，当时该接线板插着两台可充电台灯，以及引出的另一接线板。因用电器插头连接不规范，且长时间充电造成电器线路发生短路，火花引燃附近的布帘等可燃物，向上蔓延造成火灾。

事发后校方在该宿舍楼检查，发现1300余件违规使用的电器，其中最易引发火灾的"热得快"有30件。

这两起火灾案例都是因为违规使用电器造成的，这样的火灾隐患如果在消防检查中能被排查出就不会造成如此大的伤害。我国消防工作贯彻"预防为主、防消结合"的方针，火灾隐患排查是火灾预防的重要组成部分。

本次实训案例以你所在学校为对象，分小组开展一次消防安全隐患排查，并提交一份火灾隐患排查报告。

二、实训内容

对校园进行一次火灾隐患排查，重点检查如下内容：

1. 校园用电、用火有无违章情况。
2. 安全出口、疏散通道是否畅通。

3. 安全疏散指示标志、应急照明灯是否完好。

4. 消防设施、器材和消防安全标志是否在位、完整。

5. 常闭式防火门是否处于关闭状态。

三、实训要求

1. 分小组对校园开展防火巡查。

2. 将发现的隐患问题当场记录。

3. 每人提交一份巡查报告。

4. 每个小组选取一名代表在班级进行汇报。

拓展学习

一、校园内常见火灾隐患

1. 私自乱拉电源线路！

2. 违章使用大功率电器。高校的建筑物、供电线路、供电设备，都是按照实际使用情况设计的，在宿舍内违章使用大功率电器，如电炉、电饭锅、电吹风、电热杯、热得快等，使供电线路过载发热，加速线路老化而引发火灾。

3. 使用电器无人看管，人走不断电。

4. 定时供电或因故障而停电引起火灾。

5. 用电线路短路引发火灾。

6. 电器自燃引发火灾。电视机、饮水机、电脑、空调机等电器自燃引发火灾，绝大多数是因为通电时间长，引起电器内部变压器发热、短路起火。

7. 实验室用电设备引发火灾。实验室使用风干机、烤箱、电炉等大功率电器较多，这是导致实验室火灾的主要因素之一。实验室一旦发生火灾，损失大、人员伤亡大、难于扑救，历来是高校的防火重点部位。

8. 电器照明或取暖引燃可燃物发生火灾。如 60W 以上的灯泡靠近纸等可燃物，长时间烘烤易起火。

9. 使用假、冒、伪、劣及不合格电器引发火灾。充电器长时间充电，衣被覆盖，散热不良，容易引起燃烧。

二、校园火灾隐患排除措施：

1. 不乱接电源，防止因乱接电源使电流过载导致的火灾。

2. 严禁使用破损的插头、插座等接线板，不购买和使用质量低劣的电器产品，一定要选用有国家认证标志的合格电器产品。

3. 不使用老化、接头处无绝缘胶布包扎的电线，不使用无插头的接线。

4. 不私自安装床头灯、台灯，不要将台灯靠近枕头、被褥和蚊帐等易燃物，保持安全距离，不用可燃物直接遮挡白炽灯泡。

5. 不违章使用电炉、热得快、电热杯、电炒锅、电饭锅等电热器具。

6. 做到人走灯灭，关闭电源，节约能源，消除隐患。

思考与讨论

请检查你的宿舍和教室有哪些火灾隐患，并写一份整改治理计划书。

学习任务二　火灾现场应急处置

案例引入

案例一、11·15 上海静安区高层住宅大火

2010 年 11 月 15 日 14 时 20 分左右，上海静安区余姚路胶州路一栋正在进行外墙保温层施工的 28 层居民住宅发生火灾。起火点位于 10—12 层之间，后来整栋楼都被大火包围。起火原因是 4 名电焊工无证违规操作，引燃周围易燃物造成大火。

在救援过程中，消防车云梯无法达到着火大楼顶部的高度，云梯加上高压水枪只能到达大楼三分之二的高度，且火势太大直升机不能靠近，均阻挠了救援工作的顺利进行。最终导致 58 人遇难，70 余人受伤，直接经济损失接近 5 亿元人民币。

结合引例思考：

1. 这起重特大火灾事故的现场救援有什么样的困难？
2. 现场被困人员可以采取怎样的自救措施？

案例二、7·16 大连输油管道爆炸事故

国内首部大规模聚焦消防员群体的电影《烈火英雄》于 2019 年 8 月 1 日正式全国公映，截至 8 月 7 日 22 时，该片累计票房突破 8.5 亿。网络热议也持续高涨，"烈火英雄电影故事原型""烈火英雄看哭""烈火英雄硬核眼泪"等相关

关键词轮番登上微博热搜，更引发观影后观众自发慰问消防员的热潮。

该片根据鲍尔吉·原野的长篇报告文学作品《最深的水是泪水》改编，故事以"大连7·16油爆火灾"为原型，讲述了沿海油罐区发生火灾，消防队伍上下级团结一致，誓死抵抗，以生命维护国家及人民财产安全的故事。下面让我们了解一下现实中的7·16大连输油管道爆炸事故：

2010年7月16日晚间18时左右，大连市金州区大连新港附近中石油一条输油管道起火爆炸。经过2000多名消防官兵彻夜奋斗，截至17日上午，火势已基本扑灭。事故造成一人牺牲，一人重伤，大连附近海域至少50平方公里的海面被原油污染。

据了解，油管爆炸后，随着原油泄漏流淌，火舌以极快速度蔓延扩大，火势曾一度直逼旁边存储易燃易爆、剧毒的二甲苯罐区。在被烧的10万立方米油罐周围，还有20多个同样级别的储油罐，中间相距不超过10米。

辽宁消防采用"先控制，后消灭"战术，利用水泥和沙土围堵外溢原油，设置移动水炮和车载水炮对受威胁罐体进行冷却抑爆，采取泡沫喷射、沙土覆盖等措施对起火管线和地面流淌火进行压制消灭。截至17日15时，事故现场除少量管线和一个油罐外，明火已基本被扑灭。

辽宁省公安厅称，辽宁公安消防用15个小时成功扑灭大火，关闭所有油管阀门，创造了世界火灾扑救史奇迹。

这次扑救过程中，大连市消防打完了所有存储的消防泡沫，又从天津、河北、吉林、黑龙江等地紧急调运400多吨泡沫到达现场。

结合引例思考：

这起重特大火灾事故中运用了怎样的扑救方法和战术？

理论导航

一、火情的界定

火情界定是处置火灾的前提，准确的判断有利于采取正确有效的方式处置火情。火情界定主要包括以下五部分：

1. 火灾种类、起火部位、火灾范围、火势蔓延路线及发展方向。根据可燃物类型和燃烧特性将火灾分为六种：A类火灾、B类火灾、C类火灾、D类火灾、E类火灾、F类火灾六种。

A类火灾：固体物质火灾。通常具有有机物性质，一般在燃烧时，能产生灼热的余烬，如木材、棉、毛、麻等。

B类火灾：液体及可融化固体火灾。如，汽油、原油、沥青、石蜡等。

C类火灾：气体火灾。如，煤气、天然气、甲烷、乙烷、丙烷、氢气火灾。

D类火灾：金属火灾。钾、钠、镁、钛、锆、铝等。

E类火灾：带电火灾。物体带电燃烧的火灾。

F类火灾：烹饪器具内的烹饪物火灾。如，动植物油脂。

2. 是否有人被困、查清被困人员数量和所处位置及最佳疏散通道。

3. 有无爆炸及毒性物质，查清数量、存放地点、存放形式及危险程度。

4. 查明贵重财物的数量及存放点、存放形式及受火势威胁的程度，判断是否需要疏散和保护。

5. 起火建筑的结构、耐火等级，与毗邻建筑的距离，火场建筑有无倒塌危险，需要破拆的部位。

二、初起火灾的扑救原则与方法

扑灭初起火灾会减少火灾损失，杜绝火灾伤亡。火灾初起阶段，燃烧面积小，火势弱，如能采取正确扑救方法，就会在灾难形成之前迅速将火扑灭。据统计，以往发生的火灾中有70%以上是由在场人员在火灾的初起阶段扑灭的。我们应该把火灾消灭在萌芽状态。

（一）初起火灾的扑灭原则

1. 先控制，后消灭。对于不能立即扑灭的火灾首先要控制火势的蔓延和扩大，然后在此基础上一举消灭火灾。例如，燃气管道着火后，要迅速关闭阀门，断绝气源，堵塞漏洞，防止气体扩散，同时保护受火威胁的其他设施；当建筑物一端起火向另一端蔓延时，应从中间适当部位控制。

先控制，后消灭在灭火过程中是紧密相连，不能截然分开的。特别是对于扑救初起火灾来说，控制火势发展与消灭火灾，二者没有根本的界限，几乎是同时进行的。应该根据火势情况与本身力量灵活运用这一原则。

2. 救人重于救火。当火场上有人受到火势围困，首先要做的是把人从火场中救出来，即救人胜于救火。在实际操作中，可以根据人员和火势情况，救人和救火同时进行，但决不能因为救火而贻误救人时机。

3. 先重点后一般。在扑救初起火灾时，要全面了解和分析火场情况，区分重点和一般。很多时候，在火场上，重点与一般是相对的。一般来说，要分清以下情况：人重于物；贵重物资重于一般物资；火势蔓延迅猛地带重于火势蔓延缓慢地带；有爆炸、毒害、倒塌危险的方面要重于没有这些危险的方面；火场下风向重于火场上风向；易燃、可燃物集中区域重于这类物品较少的区域；要害部位重于非要害部位。

4. 快速准确、协调作战。火灾初起愈迅速，愈准确靠近火点及早灭火，愈有利于抢在火灾蔓延扩大之前控制火势，消灭火灾。

协调作战是指参加扑救火灾的所有组织，个人之间的相互协作，密切配合行动。

(二) 初起火灾的基本扑救方法

1. 冷却法。使用水枪，灭火器等，将水等灭火剂喷洒到燃烧区，直接作用于燃烧物使之冷却熄灭；将冷却剂喷洒到与燃烧物相邻的其他尚未燃烧的可燃物或建筑物上进行冷却，以阻止火灾的蔓延；用水冷却建筑构件、生产装置或容器，以防止受热变形或爆炸。

2. 窒息灭火法。用湿棉被、湿麻袋、石棉毯等不燃或难燃物质覆盖在燃烧物表面；较密闭的房间发生火灾时，封堵燃烧区的所有门窗，孔洞，阻止空气等助燃物进入，待其氧气消耗尽使其自行熄灭。

3. 隔离法。拆除与火场相连的可燃、易燃建筑物；或用水流水帘形成防止火势蔓延的隔离带，将燃烧区与未燃烧区分隔开。在确保安全的前提下，将火场内的设备或容器内的可燃、易燃液、气体排放、泄除，转移至安全地带。

4. 化学抑制法。化学抑制法就是使灭火剂参与到燃烧反应过程中，让燃烧过程中产生的游离基消失,从而形成稳定分子或低活性游离基,使燃烧反应停止。如使用干粉灭火剂灭火就是化学抑制法。

工作流程

一、火警报告

发现火灾应及时报告火警,拨打119时,应注意:

1. 要讲清着火点所在的区、县及街道门牌号码;
2. 要说清是什么东西着火和火势的大小;
3. 要说清楚报警人的姓名和电话号码;
4. 要注意听清楚消防队员的询问,正确简洁地予以回答。待对方明确说明可以挂断电话时方可挂断电话;
5. 报警后要到路口等候消防车来临,指引消防车去火场的道路。

二、火场人员和物资的安全疏散

(一)人员安全疏散

安全疏散是指发生火灾时,在火灾初期阶段,建筑内所有人员及时撤离建筑物到达安全地点的过程。能否实现安全疏散,取决于许多因素,但从建筑物本身的构造来说,应坚持以下基本原则:

1. 合理布置疏散路线。所谓合理的安全疏散路线,是指火灾时紧急疏散的路线越来越安全。即,应该做到人们从着火房间或部位,跑到公共走道,再由公共走道到达疏散楼梯间,然后由疏散楼梯间到室外或其他安全处,整个过程一步比一步安全,不能产生"逆流"。

2. 疏散楼梯的数量要足够,位置要得当。为了保证人们在火灾时能顺利疏散,高层建筑至少应设两个疏散楼梯,并且设在两个不同的方向上,最好是在靠近主体建筑标准层或防火分区的两侧设置。这是因为人们在火灾时往往是冲向熟悉的楼梯或出口,但若遇到烟火阻碍就会掉头寻找出路,只有一个疏散路线是不安全的。两个疏散楼梯过于集中也不利于疏散。

3. 疏散顺序。疏散顺序,就是指先疏散哪部分人员,后疏散哪部分人员的顺序。这是制定疏散预案首先要考虑的。一般原则是先疏散着火层,然后是着火层以上楼层,最后是着火层以下楼层。

4. 疏散路线。疏散路线应选择离安全出口、疏散楼梯最近的路线，一般是沿疏散指示标志所指的方向疏散。但如果是着火层，应考虑着火的位置。着火房间附近房间的人，应向着火相反的方向疏散。竖向疏散一般先考虑向地面疏散，因为疏散到地面是最安全的。但也要考虑到竖向通道万一被封堵，也可以向楼顶疏散。在设有避难间、避难层的高层建筑，人们可考虑向避难间、避难层疏散。

5. 疏散指挥。整个疏散过程必须在统一指挥下，按照预定的顺序、路线进行，否则，就可能造成混乱，影响疏散。总指挥应当在消防控制室，各楼层或防火分区要有现场指挥员（或称引导员）。现场指挥员要及时向总指挥报告疏散情况。

6. 避免设置袋形走道。袋形走道的致命弱点是只有一个疏散路线（或出口）。火灾时，一旦这个出口被火封住，处在这部分的人员就会陷入"死胡同"而难以脱险。因此，高层建筑应尽量不设置袋形走道。

7. 辅助安全疏散设施要可靠、方便使用。消防安全疏散设施不完善往往影响疏散，因此，高层建筑应根据需要，除设置疏散楼梯外，增设相应的辅助安全疏散设施，如救生软梯、救生绳、救生袋、缓降器等。这些辅助安全疏散设施要构造简单、方便操作、安全可靠。

（二）物资疏散

火场上的物资疏散应该有组织地进行，目的是为了最大限度地减少损失，防止火势蔓延和扩大。

应急于疏散的物资包括：

1. 疏散那些可能扩大火势和有爆炸危险的物资。例如起火点附近的汽油、柴油桶，充装有气体的钢瓶以及其他易燃、易爆和有毒的物品。

2. 疏散性质重要、价值昂贵的物资。例如，档案资料、精密仪器、珍贵文物以及经济价值大的原料、产品、设备等。

3. 疏散影响灭火战斗的物资。例如，妨碍灭火行动的物资、怕水的物资（如电石）等。

组织疏散的要求：

1. 将参加疏散的职工或群众编成组，指定负责人，让整个疏散工作有秩序地进行。

2. 先疏散受水、火、烟威胁最大的物资。

3. 疏散出来的物资应堆放在上风向的安全地点，不得堵塞通道，并派人看护。

4. 尽量利用各类搬运机械进行疏散，如企业单位的起重机、输送机、汽车、装卸机等。

5. 怕水的物资应用苫布进行保护。

三、具体工作流程

本流程是以高层住宅建筑物火灾为例来构建的，具有较强的借鉴意义和推广性。

（一）火灾确认及报警

1. 当消控中心监测设备发出火警信号时，消控值班人员应立即通知保安巡逻人员到现场查看，一旦火灾被确认，应立即通知消控值班人员把消控主机全部投入自动（允许）档，启动所有联动设备，并随时观察联动设备的工作情况；

2. 消控中心值班人员迅速拨打"119"火警电话，详细讲明火灾地点、联系电话、着火楼层、燃烧物质等情况，并做好火警记录。

（二）协调灭火

1. 火灾发生时，发现人应迅速报告分管领导，分管领导应立即召集相关人员组成临时灭火指挥部，组织人员灭火；

2. 临时指挥部成立后，应紧急迅速拿出灭火作战行动措施，并迅速召集各专业设备负责人组织，安排人员操作各类消防设备正常运行，此时，所有员工应无条件听从灭火指挥部指挥，坚守各自工作岗位；

3. 临时灭火指挥部应迅速指挥调动在场所有人员、专职、义务消防员到现场扑救火灾；

4. 当消防员接管消控中心指挥作战时，现场工作人员应积极配合，共同做好

统一指挥协调工作，确保救火工作顺利进行。

（三）火灾紧急疏散

1. 火灾确认的同时，消控值班人员应及时通过消防广播，通知非工作人员迅速撤离火灾现场，按安全出口通道、消防通道疏散到安全地方，及时派出疏散引导人员进入现场组织人员疏散，并报告现场情况，确保非工作人员没有滞留火

灾现场；

2. 临时灭火指挥部指挥保安人员、义务消防员将着火地点的主要财物搬运到安全地方，并做好安全防盗工作。

（四）火灾应急处理程序

1. 火源初起时，应迅速使用灭火器材并按正确操作方法将其扑灭；

2. 火势凶猛时，扑救人员应带好防毒面具等保护用品，听从指挥部安排，按火灾扑救预案进行扑救；

3. 如着火点上方的消防喷淋还未工作，应立即击碎玻璃塞头使其喷水灭火；

4. 需用消火栓灭火时，将消火栓打开或击碎玻璃，拉出水龙带，接上水栓喷头，拿稳后方可打开阀门，射水灭火。同时按下消火栓手动报警按钮，远程启动消防加压泵加压，确保水柱压力；

5. 根据现场情况，按"先重点，后一般""先大火，后小火""先隔断，后集中"的方式进行扑救。

（五）现场清理

火灾扑灭后，临时灭火指挥部应组织好现场人员，协调消防监督机构查明火灾原因、核实或查清火灾损失情况。

（六）注意事项

1. 值班人员应做好安全防范工作，以防浑水摸鱼、趁火打劫等情况发生；消控值班人员应将电梯迫降到底层后停用；

2. 现场抢救应本着"先人员，后财产"的原则进行抢救；

3. 疏散人员时应走消防通道，严禁使用电梯作疏散工具；

4. 扑救完毕后，应安排人员协助有关部门查明起火原因、核实损失并做好安置工作；

5. 应做好火灾事故详细记录，并书写书面报告报上级主管部门。

学以致用

一、实训案例

东北师范大学，500余名被困学生自救

2007年1月11日，东北师范大学研究生宿舍2舍1楼发生火灾，浓烟将11

层高的整个宿舍笼罩，百余间寝室的 500 余名学生被困。

在浓烟威胁下，大部分学生采用湿毛巾捂住口鼻、弯腰逃生等方式自救，但仍有个别学生因受不了浓烟的熏呛准备跳楼。正在危急时刻，消防队员及时制止，这几名学生最终被送至安全地带。消防人员救人与灭火同步进行，大火被扑灭，被困的 500 余名学生被成功疏散到安全地带。

经查，最初起火的是该宿舍楼 1 楼干洗店干洗机旁边的一堆衣物，火势很快蔓延，并迅速产生很大浓烟。

根据以上案例中的经验，本次实训模拟在教室上课时发生火灾，模拟演练如何进行疏散逃生。

二、实训内容

（一）教师

1. 积极组织疏散工作，稳定学生的情绪。
2. 主要负责教师随班级学生一起边指导学生边疏散，其余教师必须在指定岗位上有序指挥学生疏散。

（二）学生

1. 听到警报后，按照正确的逃生方法迅速撤离教学大楼，期间不应大声喧哗、尖叫、乱哄，必须保持相对镇静和安静。
2. 必须按照疏散方案的要求进行疏散，不应随心所欲，同时在楼梯口等关键地方必须听从老师的指挥。
3. 疏散过程中注意个人安全的同时，还要互相帮助。
4. 疏散的目的地为学校大操场，并排好整齐的队伍。

三、实训要求

1. 制定一份应急疏散预案；
2. 假设上课时发生火灾，按照应急疏散预案有序疏散到操场；
3. 对实训进行总结，并提交书面报告。

📖 拓展学习

"北京喜隆多购物广场大火"带给我们的教训：

2013 年 10 月 11 日凌晨 2 时 59 分，位于石景山区苹果园南路的喜隆多商场开始着火，大火整整烧了 8 个多小时，直到上午 11 时才被扑灭，过火面积约 1500 平方米。北京市公安局指挥中心共计调派了 15 个消防中队的 63 辆消防车、300 余名官兵会同石景山分局相关部门赶赴现场处置。

此起火灾的直接原因为喜隆多购物广场一层麦当劳甜品操作间内电动自行车蓄电池充电过程中发生电气故障所致。

首先发现险情的女员工是值班店长。当时麦当劳餐厅有多个灭火器，这名店长如果能在第一时间组织扑救，很可能在明火没起来之前就可扑灭。但她第一个跑掉，旁边的另一名员工发现险情既不去处置，也不提醒顾客疏散。店长和员工的失职，失去了最佳的灭火时机。

与此同时，商场消防控制室也开始自动报警。但是值班人员玩忽职守，仅仅进行消音操作，并没启动任何自动灭火设施。只要发生大范围报警，值班人员就应该立即启动商场的自动喷水灭火系统，组成防火区间和隔断，保护还没有起火的区域和楼层。自动报警自动灭火的这套系统，能达到报警早损失小的效果。自动报警，一起烟就可以报警，然后在火灾没有变大的时候，楼宇里的消防水箱就可以提早通过喷淋系统把火灾控制在一个很小的范围内。

但是值班人员始终没有启动这个系统。从发现大面积火警开始，整整 4 分钟时间，他始终在翻看研究说明书。后来又跑进来的两个人据说也是值班人员，但他们同样手足无措，也没有人启动自动灭火系统。

据街头监控录像显示，由于起火初期现场没有采取任何灭火措施，大火很快从麦当劳烧到了商场的外面，并沿着整个外立面的广告牌迅速蔓延整座大楼。

3 点 13 分，当第一批消防车赶到的时候，整座楼已经形成从内到外、自下而上的立体燃烧。由于火灾发生在凌晨，大厦工作人员及商户无人员伤亡，但两名参与救火的消防官兵不幸牺牲。

思考与讨论

1. 为什么火灾初起是扑救火灾的最佳时机？
2. 这起火灾初起阶段，商场消防控制室值班人员有哪些不当之处？
3. 假设你是商场消防控制室值班人员，当时会采取什么措施？

天津爆炸：遇难者如何进行身份鉴别？

2015 年 8 月 12 日夜，天津滨海新区塘沽开发区东疆保税港区瑞海国际物流有限公司的危险品仓库发生爆炸。

天津港爆炸，截至目前共 114 人死亡，失联人数 65 人，那些被烧或者被炸的遇难者或者尸体残骸，早已面目全非，一周时间过去，有 101 人确认身份，其中公安消防人员 19 人，天津港消防人员 34 人，民警 7 人，其他人员 41 人；未确认身份 13 人。那这些人的身份是如何被有效鉴别的？

对灾难中的遇难者进行身份识别，方式有很多种，目前应用最广泛的包括：个体体貌特征、指纹、牙齿档案以及 DNA 鉴定。

1. 个体体貌特征检验：一般情况下，比如空难、海啸，遇难者身份识别的流程一般是：将尸体汇集在一个指定的地点，由法医病理学家（在我国统称法医）先进行一个大体的尸表检验，记录尸体的身长、体态（胖瘦）、衣着、饰品（耳环、戒指、手链、项链、脚链等）并拍照，身上有无文身也是一个十分特殊的标记，可以用于尸体的大体识别。尸表检验的时候，会有工作人员顺便提取尸体的指纹和掌纹，指纹和掌纹跟牙齿的 X 光片一样，都会存留以备比对，这样也可以进行一部分人的身份识别。

2. 欧美国家常用的牙齿检验比对：尸表检验完成后，会将尸体交于法牙医，由法牙医对尸体的下颌和颈部进行解剖，暴露整个下颌，然后用移动 X 光机对上下颌牙齿拍照并留存，等待后期跟失踪者的牙齿档案进行比对。

3. 尸体的 DNA 鉴定：法牙医的工作完成后，会将尸体交给下一个环节，即采集用于 DNA 鉴定的样本。法医生物学家（DNA 鉴定师）根据尸体的状况判断提取哪个部位的什么组织进行 DNA 鉴定，对于高度腐败的尸体，由于肌肉组织器官等都已经腐败，DNA 高度降解，只能提取尸体的骨骼进行 DNA 鉴定。

4. 本次爆炸事故中尸体身份识别的方式：在此次大爆炸中，遇难者的遗体被炸或者被烧，这其中的任何一种情况都属于极端状况。遇难者的遗体外表发黑，尸体挛缩，组织器官碳化、深部肌肉脱水，想要通过个体体貌特征进行身份辨识，难度很大，同样想要通过指纹或掌纹进行身份识别，也几乎没有可能。由于我们国家大多数人没有完备的牙齿档案，因此，通过对牙齿进行尸体的身份识别，并不适用于我国的现状。因此，对于那些被炸和被烧过的尸体，只能通过 DNA 鉴定进行身份识别。

5. 如何进行 DNA 身份识别：DNA 身份鉴定，需要两套数据，一套是遇难者家属的 DNA 数据，另外一套是遇难者的 DNA 数据。

如果遇难者有直系亲属，比如父母孩子，可以采集他们的几滴血液、口腔细胞等进行 DNA 检测，获得数据。

对此次大爆炸中的遇难者，常规的血液、口腔细胞、甚至肌肉组织都不能再用来进行 DNA 鉴定了，只能采集尸体的骨骼，用骨骼样本进行 DNA 检测，获得数据后，与直系亲属的 DNA 数据进行比对，即可确定遇难者身份。

★ 思考与讨论

1. 对灾难中的遇难者进行身份识别有哪些方式？
2. 请谈谈灾后处理过程中对遇难者个体识别有什么样的意义？

学习单元八

公共卫生事件处置

学习目标

1. 了解传染病疫情预防措施、保障机制等概念；理解传染病疫情应急保障机制；掌握传染病疫情的预防措施和处置措施。

2. 能够分析判断食品安全与中毒事件的毒源；能够分析判断是否属于食品安全与中毒事件；能够正确应对、处置突发食品安全与中毒事件；能够与其他队员有效协作、通力配合。

学习任务一　传染病疫情事件处置

案例引入

2019年12月，湖北省武汉市监测发现不明原因肺炎病例，中国第一时间报告疫情，迅速采取行动，开展病因学和流行病学调查，阻断疫情蔓延。及时主动向世界卫生组织以及美国等国家通报疫情信息，向世界公布新型冠状病毒基因组序列。后续，武汉地区出现局部社区传播和聚集性病例，其他地区开始出现武汉关联确诊病例，中国展开全面疫情防控。全国新增确诊病例快速增加，防控形势异常严峻。

2020年1月23日，中国采取阻断病毒传播的关键一招：坚决果断关闭离汉离鄂通道，武汉保卫战、湖北保卫战全面打响。中共中央成立应对疫情工作领导小组，并向湖北等疫情严重地区派出中央指导组。国务院先后建立联防联控机制、复工复产推进工作机制。全国集中资源和力量驰援湖北省和武汉市。各地启动重大突发公共卫生事件应急响应。最全面最严格最彻底的全国疫情防控正式展开，疫情蔓延势头初步遏制。

2020年4月29日以后，中国境内疫情总体呈零星散发状态，局部地区出现散发病例引起的聚集性疫情，境外输入病例基本得到控制，疫情积极向好，态势持续巩固，全国疫情防控进入常态化。

虽然自2020年4月份新冠病毒疫情在中国得到有效控制，新冠肺炎病毒仍然在全世界流行，各个国家政府采取了力度不等的防控措施，但也有西方国家对新冠病毒存在错误认识，认为可以通过群体免疫增加对病毒的抗体，导致新冠病毒在世界范围内大流行。截至欧洲中部时间2021年1月17日下午4时35分，全球24小时内新增新冠肺炎确诊病例683 378例，累计报告93 194 922例，累计死亡2 014 729例（数据来源于WHO网站）。

抗击新冠病毒疫情过程中，中国政府根据疫情发展阶段，分别采取围堵策略（阻击战）、积极压疫策略（防御战）和缓疫策略（缓疫战）。2020年1月下旬以来，我国实施围堵策略，在疫情突然爆发期采用阻击战阻断病毒传播，取得决定性胜利，达成预期目标。随着疫情的发展，实施积极压疫策略，即"外防输入、内防扩散"策略，及时发现和处置输入性病例和聚集性疫情，在社区层面精准划分"疫点"，采取局部围堵措施，防止疫情社区传播扩散，在疫点之外的地区保持正常的生产、生活秩序。当病毒出现全球大流行并一直持续时，境外输入防范难度剧增，国内多地出现持续的社区传播，此时又实施"压低疫情高峰、延缓流行速度"的缓疫策略，目标是防止医疗服务过载，降低重症死亡，保护关键设施人员、维持社会基本功能运行，保护脆弱人群、机构。

新型冠状病毒肺炎是近百年来人类遭遇的影响范围最广的全球性大流行病，对全世界是一次严峻考验，人类生命安全和健康面临重大威胁。这是一场全人类与病毒的战争。

结合引例思考：

1. 如何对传染病疫情进行预防和预警？
2. 如何对传染病疫情进行处置？

理论导航

一、传染病疫情的界定

（一）传染病的概念及特征

1. 传染病的概念。传染病是由各种病原体引起的，能在人与人、动物与动物或人与动物之间相互传播的一类疾病。通常这种疾病可借由直接接触已感染之个体、感染者之体液及排泄物、感染者所污染到的物体进行传播，还可以通过空气传播、水源传播、食物传播、接触传播、土壤传播、垂直传播等。有些传染病，防疫部门必须及时掌握其发病情况，及时采取对策，因此任何人一旦发现应按规定时间及时向当地防疫部门报告，这种传染病被称为法定传染病。

2. 传染病的特征。传染病疫情具有病原体、传染性、流行性、感染后常有免疫性四个特征。有些传染病还有季节性或地方性。

（1）病原体。每种传染病都由其特异的病原体引起，病原体可以是微生物或寄生虫。包括病毒、细菌、螺旋体、原虫等（不包括真菌）。

（2）传染性。传染性是传染病与其他类别疾病的主要区别，传染病意味着病原体能够通过各种途径传染给他人。传染病病人有传染性的时期被称为传染期。病原体从宿主排出体外，通过一定方式，到达新的易感染者体内，呈现出一定传染性，其传染强度与病原体种类、数量、毒力、易感人群的免疫状态等有关。

（3）流行性。按传染病流行病过程的强度和广度分为四个等级。散发：是指传染病在人群中分散发生；流行：是指某一地区或某一单位，在某一时期内，某种传染病的发病率，超过了历年同期的发病水平；大流行：指某种传染病在一个短时期内迅速传播、蔓延，超过了一般的流行强度；暴发：指某一局部地区或单位，在短期内突然出现众多患同一种疾病的病人。

（4）感染后免疫。传染病痊愈后，人体对同一种传染病病原体产生不感受性，称为免疫。不同的传染病、病后免疫状态有所不同，有的传染病患病一次后可终身免疫，有的还可感染。

传染病的传播和流行必须具备 3 个环节，即传染源（能排出病原体的人或动物）、传播途径（病原体传染他人的途径）及易感人群（对该种传染病无免疫力者）。若能完全切断其中的一个环节，即可防止该种传染病的发生和流行。各种传染病的薄弱环节各不相同，在预防中应充分利用传染病特点。传染病的预防应采取以切断主要传播环节为主导的综合措施，除主导环节外对其他环节也应采取措施，只有这样才能更好地预防各种传染病。

（二）传染病疫情的概念及分类

1. 传染病疫情的概念。因突然发生，造成或者可能造成社会公众健康严重损害的重大传染病疫情等严重影响公众健康的事件和由此事件引发的危害社会稳定和治安秩序的突发事件，统称为传染病疫情。

2. 传染病疫情的分类。有关部门根据传染病的危害程度和应采取的监督、监测、管理措施，参照国际上统一的分类标准，结合中国的实际情况，将全国发病率较高、流行面较大、危害严重的 37 种急性和慢性传染病列为法定管理的传染病，并根据其传播方式、速度及其对人类危害程度的不同，分为甲、乙、丙三类，实行分类管理。

甲类传染病也称为强制管理传染病，乙类传染病也称为严格管理传染病，丙类传染病也称为监测管理传染病。

（1）甲类传染病包含 2 种，是指鼠疫、霍乱；

（2）乙类传染病包含 27 种，是指新型冠状病毒肺炎、传染性非典型肺炎、艾滋病、病毒性肝炎、脊髓灰质炎、人感染高致病性禽流感、麻疹、流行性出血热、狂犬病、流行性乙型脑炎、登革热、炭疽、细菌性和阿米巴性痢疾、肺结核、伤寒和副伤寒、流行性脑脊髓膜炎、百日咳、白喉、新生儿破伤风、猩红热、布鲁氏菌病、淋病、梅毒、钩端螺旋体病、血吸虫病、疟疾；

（3）丙类传染病包含 11 种，是指流行性感冒、流行性腮腺炎、风疹、急性出血性结膜炎、麻风病、流行性和地方性斑疹伤寒、黑热病、包虫病、丝虫病、手足口病，除霍乱、细菌性和阿米巴性痢疾、伤寒和副伤寒以外的感染性腹泻病。

（4）法治传染病疫情分类的变化和沿革：

2008 年 5 月 2 日，卫生部将手足口病列入国家传染病防治法规定的丙类传染病进行管理。

2009 年 4 月 30 日，卫生部将甲型 H1N1 流感纳入国家传染病防治法规定的乙类传染病，并采取甲类传染病的预防、控制措施。

2013 年 10 月 28 日，国家卫生计生委将人感染 H7N9 禽流感纳入法定乙类传染病；将甲型 H1N1 流感从乙类调整为丙类，并纳入现有流行性感冒进行管理；解除对人感染高致病性禽流感采取的传染病防治法规定的甲类传染病预防、控制措施。

2020 年 1 月 20 日，国家卫生健康委员会发布公告，将新型冠状病毒感染的肺炎纳入《传染病防治法》规定的乙类传染病，但采取更严格的甲类传染病的预防、控制措施。

二、传染病疫情应急管理组织体系

根据我国《突发公共卫生事件应急条例》和《国家突发公共卫生事件应急预案》相关条款的规定，可以总结出，我国突发公共卫生事件应急管理的组织体系包含公共卫生应急管理组织机构体系及其功能、公共卫生应急管理运作机制和公共卫生应急管理支持系统三大部分。

公共卫生应急管理组织机构体系及其功能主要包括应急管理指挥机构及其功能，应急日常管理机构及其功能，卫生应急处置专业机构及其功能。

应急管理运作机制主要包括突发公共卫生事件应急启动及其原则，危机中应对措施，应急终止及其原则，善后处理的系统周期管理过程。

管理支持系统主要包括监测、预警及报告体系，物资经费保障体系以及技术保障体系等。

三、传染病疫情的预防机制

传染病疫情的预防机制包括制定突发传染病疫情应急预案、传染病疫情的监测与预警措施。

（一）传染病疫情预警工作原则

1. 预防为主，常备不懈。提高全社会对突发公共卫生事件的防范意识，落实各项防范措施，做好人员、技术、物资和设备的应急储备工作。对各类可能引发突发公共卫生事件的情况要及时进行分析、预警，做到早发现、早报告、早处理。

2. 统一领导，分级负责。根据突发公共卫生事件的范围、性质和危害程度，对突发公共卫生事件实行分级管理。各级人民政府负责突发公共卫生事件应急处理的统一领导和指挥，各有关部门按照预案规定，在各自的职责范围内做好突发公共卫生事件应急处理的有关工作。

3. 依法规范，措施果断。地方各级人民政府和卫生行政部门要按照相关法律、法规和规章的规定，完善突发公共卫生事件应急体系，建立健全系统、规范的突发公共卫生事件应急处理工作制度，对突发公共卫生事件和可能发生的公共卫生事件做出快速反应，及时、有效地开展监测、报告和处理工作。

4. 依靠科学，加强合作。突发公共卫生事件应急工作要充分尊重和依靠科学，要重视开展防范和处理突发公共卫生事件的科研和培训，为突发公共卫生事件应急处理提供科技保障。各有关部门和单位要通力合作、资源共享，有效应对突发公共卫生事件。要广泛组织、动员公众参与突发公共卫生事件的应急处理。

（二）制定传染病应急预案

传染病预防应急预案是为了保证能够迅速、有序、有效地针对已经发生或可能发生的突发传染病疫情，开展控制与救援行动，尽量避免事件的发生或降低事件造成的损害，依照相关的卫生法律法规而预先制定的应急工作方案。

地方人民政府和疾病预防控制机构接到国务院卫生行政部门或者省、自治区、直辖市人民政府发出的传染病预警后，应当按照传染病预防、控制预案，采取相应的预防、控制措施。

传染病应急预案的内容应当包含如下部分：

（1）传染病预防控制指挥部的组成和相关部门的职责；

（2）传染病的监测、信息收集、分析、报告、通报制度；

（3）疾病预防控制机构、医学教育网搜集、整理医疗机构在发生传染病疫情时的任务与职责；

（4）传染病暴发、流行情况的分级以及相应的应急工作方案；

（5）传染病预防、疫点疫区现场控制，应急设施、设备、救治药品和医疗器械以及其他物资和技术的储备与调用。

（三）传染病疫情预防措施

1. 组织协调。组织协调有关部门参与传染病疫情事件的处理。

2. 行政调令。根据传染病疫情事件处理需要，调集本行政区域内各类人员、物资、交通工具和相关设施、设备参加应急处理工作。涉及危险化学品管理和运输安全的，有关部门要严格执行相关规定，防止事故发生。

3. 划定控制区域。甲类、乙类传染病暴发、流行时，县级以上地方人民政府报经上一级地方人民政府决定，可以宣布疫区范围；经省、自治区、直辖市人民政府决定，可以对本行政区域内甲类传染病疫区实施封锁；封锁大、中城市的疫区或者封锁跨省（区、市）的疫区，以及封锁疫区导致中断干线交通或者封锁国境的，由国务院决定。对重大食物中毒和职业中毒事故，应根据污染食品扩散和职业危害因素波及的范围，划定控制区域。

4. 疫情控制措施。当地人民政府可以在本行政区域内采取限制或者停止集市、集会、影剧院演出，以及其他人群聚集的活动；停工、停业、停课；封闭或者封存被传染病病原体污染的公共饮用水源、食品以及相关物品等紧急措施；也可以临时征用房屋、交通工具以及相关设施和设备。

5. 流动人口管理。对流动人口采取预防工作，落实控制措施，对传染病病人、疑似病人采取就地隔离、就地观察、就地治疗的措施，对密切接触者根据情况采取集中或居家医学观察。

6. 交通卫生检疫。组织铁路、交通、民航、质检等部门在交通站点和出入境口岸设置临时交通卫生检疫站，对出入境、进出疫区和运行中的交通工具及其乘运人员和物资、宿主动物进行检疫查验，对病人、疑似病人及其密切接触者实施临时隔离、留验和向地方卫生行政部门指定的机构移交。

7. 信息发布。突发公共卫生事件发生后，有关部门要按照有关规定作好信息发布工作，信息发布要及时主动、准确把握，实事求是，正确引导舆论，注重社会效果。

8. 开展群防群治。街道、乡（镇）以及居委会、村委会协助卫生行政部门和其他部门、医疗机构，做好疫情信息的收集、报告、人员分散隔离及公共卫生措施的实施工作。

9. 维护社会稳定。组织有关部门保障商品供应，平抑物价，防止哄抢；严厉打击造谣传谣、哄抬物价、囤积居奇、制假售假等违法犯罪和扰乱社会治安的行为。

四、传染病疫情应急保障机制

传染病疫情应急保障机制包括传染病疫情应急组织保障和传染病应急处置措施。

（一）传染病疫情应急组织保障

1. 领导机构。主要包括各级政府以及卫生、经贸、财政、新闻宣传、公安、工商、交通、铁路、教育等部门。

2. 传染病疫情应急工作机构。主要包含应急指挥机构、日常管理机构、专家咨询委员会、应急处理专业技术机构。

（1）应急指挥机构：在各级政府统一领导下，负责组织、协调本级政府突发公共卫生事件应急处理工作，并根据突发公共卫生事件应急处理工作的实际需要，提出成立每一级行政单位突发公共卫生事件应急指挥部。

（2）日常管理机构：各级卫生行政部门设立卫生应急办公室（突发公共卫生事件应急指挥中心），负责本级突发公共卫生事件应急处理的日常管理工作。

（3）专家咨询委员会：根据需要，卫生行政部门可根据本行政区域内突发公共卫生事件应急工作的需要，组建突发公共卫生事件应急处理专家咨询委员会。

（4）应急处理专业技术机构：医疗机构、疾病预防控制机构、卫生监督机构、出入境检验检疫机构是突发公共卫生事件应急处理的专业技术机构。

（二）传染病疫情应急处置措施

1. 针对传染源的措施。

（1）病人。要做到早发现、早诊断、早报告、早隔离、早治疗。只有做到"五早"，才能控制传染源，防止传染病在人群中扩散、蔓延。

甲类传染病病人和乙类传染病中的艾滋病、肺炭疽病人必须实施隔离治疗，必要时可请公安部门协助。

乙类传染病病人，根据病情可在医院或家庭隔离，隔离通常应至临床或实验室证明病人已痊愈为止。

丙类传染病中的瘤型麻风病人必须经临床和微生物学检查证实痊愈才可恢复工作、学习。

（2）病原携带者。应做好登记并进行管理，指导他们养成良好的卫生习惯；定期随访，经2—3次病原检查为阴性时方可解除管理；将他们调离特殊工作岗位，如饮食行业、服务行业、托幼机构等；艾滋病、乙型肝炎和疟疾的病原携带者严禁做献血员。

（3）接触者。对曾经接触传染病而有可能受感染者，都应该接受检疫。检疫期限为从最后接触之日起到该病的最长潜伏期。对甲类传染病的接触者采取留验，对乙类和丙类传染病的接触者采取医学观察。必要时对接触者可进行应急接种、药物预防。

（4）动物传染源。对人类危害较大且无经济价值者予以消灭，如鼠类；对危害较大的病畜或野生动物予以捕杀、焚烧、深埋，如患狂犬病的狗、患疯牛病和炭疽的家畜；危害较小且有经济价值者予以隔离治疗。

2. 针对传播途径的措施。对被传染源污染的环境，必须采取有效的措施来去除和杀灭病原体；肠道传染病通过粪便污染环境，因此应加强被污染物品和周围环境的消毒；呼吸道传染病通过痰和呼出的空气污染环境，通风和空气消毒至关重要；艾滋病可通过注射器和性活动传播，因此应大力推荐使用避孕套，杜绝吸毒和共用注射器；杀虫是防止以虫为媒介的传染病传播的有效措施。消毒是用化学、物理、生物的方法杀灭或消除环境中致病性微生物的一种措施，包括预防性消毒和疫源地消毒两大类。

（1）预防性消毒。对可能受到病原微生物污染的场所和物品实施消毒，如乳制品消毒、饮水消毒等。

（2）疫源地消毒。对现有或曾经有传染源存在的场所进行消毒，其目的是消灭传染源排出的致病性微生物。疫源地消毒分为随时消毒和终末消毒。

3. 针对易感者的措施。

（1）免疫预防。传染病的免疫防护包括主动免疫和被动免疫。其中计划免疫是预防传染病流行的重要措施，通过有计划的预防接种，提高人群免疫力，保护易感人群。

当传染病流行时，被动免疫可以为易感者提供及时的保护抗体，如注射胎盘球蛋白和丙种球蛋白预防麻疹、流行性腮腺炎、甲型肝炎等。高危人群应急接种可以帮助通过提高群体免疫力来及时制止传染病大面积流行，如在感染麻疹三天后或潜伏期早期接种麻疹疫苗均可控制发病。

（2）药物预防。某些传染病流行时，可采取药物预防，如用碘胺类药预防流脑，用金刚烷胺预防流感。但药物预防作用时间短、效果不持久，易产生耐药性，因此应用有较大局限。

（3）个人防护。接触传染病的医务人员和实验室工作人员应严格遵守操作规程，配置和使用必要的个人防护用品。如戴口罩、手套、鞋套等都可起到个人保护作用；使用避孕套可以有效地预防艾滋病病毒的感染。

4. 传染病暴发、流行的紧急措施。根据《传染病防治法》规定，在传染病暴发、流行时，当地政府需立即组织力量防治，报经上级政府决定后，可采取以下措施：

（1）限制或停止集市、集会、影剧院演出或者其他人群聚集性活动。

（2）停工、停业、停课。

（3）临时征用房屋、交通工具。

（4）封闭被传染病病原体污染的公共饮用水源。

在采用紧急措施防止传染病传播的同时，政府卫生部门、科研院所的流行病学、传染病学和微生物学专家、各级卫生防疫机构的防疫检疫人员、各级医院的临床医务人员和社会各相关部门应立即组织开展传染病暴发调查并实施有效的措施控制疫情，包括隔离传染病、治疗病人尤其是抢救危重病人，检验和分离病原体，采取措施消除在暴发调查过程中发现的传播途径和危险因素，如封闭可疑水源，饮用水消毒，禁食可疑食物，捕杀动物传染源和应急接种等。

工作流程

一、制定传染病疫情应急预案

传染病疫情应急处理要采取边调查、边处理、边核实的方式，有效控制疫情发展。未发生突发性传染病的地方，采取必要的预防控制措施。同时，服从政府行政管理部门的统一指挥，支援突发性传染病疫情发生地的应急处理工作。

（一）指导思想

认真贯彻关于处置突发公共卫生事件的一系列指示精神，在各级党委、政府的统一领导下，把处置突发公共卫生事件作为头等大事，精心组织，严密部署，快速启动，积极配合，果断处置，全力维护社会政治稳定，保障人民生命财产安全。

（二）防控目标

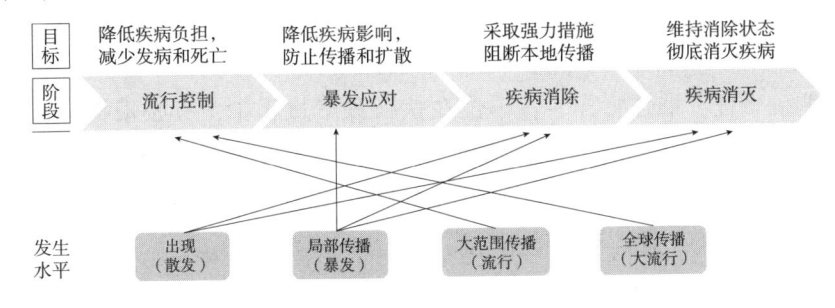

目标	降低疾病负担，减少发病和死亡	降低疾病影响，防止传播和扩散	采取强力措施阻断本地传播	维持消除状态彻底消灭疾病
阶段	流行控制	暴发应对	疾病消除	疾病消灭
发生水平	出现（散发）	局部传播（暴发）	大范围传播（流行）	全球传播（大流行）

（三）处置原则

1. 统一领导，协同作战。要在党委、政府的统一领导下，依照职责积极配合卫生部门等开展工作。处置突发传染病疫情事件，要服从命令，听从指挥；要积极配合卫生防疫部门开展工作；要互通情报，相互支持，维护大局。

2. 快速反应，妥善处置。在接到处置命令后，必须快速反应，启动预案，出动力量；要坚持早发现、早报告，做到信息畅通。在确保安全、责任明确的情况下，协助有关部门妥善处置各类突发公共卫生事件。

3. 区分性质，因情施策。在处置过程中及时准确了解事件原因和有关情况，属于突发公共卫生事件的，区分不同情况采取相应措施处置。协助卫生部门查证线索、执行强制隔离、警戒等任务时，既要严格执法办事，又要坚持文明值勤。坚决执行一线民警不得携带杀伤性武器处置人民内部矛盾等有关规定，严防因处置不当而激化矛盾，扩大事态。对实施打、砸、抢、烧的违法犯罪分子和别有用心、蓄意制造事端的幕后操纵者以及插手群体性事件的敌对分子，要坚决依法打击。

4. 加强防护，确保安全。公安民警参与处置突发公共卫生事件，是一项近距离接触的特殊任务，具有受感染的潜在危险。执勤中，既要勇敢果断、不惧危险，又要特别注意佩戴可靠的防护装备，搞好个人防护，确保自身安全；更要防止交叉感染。

（四）工作要求

1. 统一思想，提高认识。各单位要牢固树立防大疫、打大仗、打硬仗的思想准备，增强使命感、责任感和紧迫感，在区政府指挥部的统一指挥下，充分发挥公安机关职能作用，采取超常规的措施，保证预案落实。

2. 加强领导，抓好落实。各单位对处置突发公共卫生事件要高度重视，坚持党委统一领导，"一把手"亲自抓，分管领导协助抓；层层成立领导小组，实行统一指挥，协调行动；一级抓一级，层层抓落实。

3. 明确责任，加强督导。各单位在执行预案过程中，务必根据各单位承担的任务，落实到单位，落实到人。同时要加强对工作的检查和指导，要派出检查组，开展调查研究，进行督促检查，及时发现、解决问题。并适时召开工作座谈会，总结典型经验，有针对性地指导防治工作向纵深开展。

4. 统筹安排，保障到位。对应急力量防护、装备、值勤、值班生活补助等所需经费，各单位一定要高度重视，千方百计落实经费，加强后勤保障，确保工作顺利进行。

5. 服从命令，严肃纪律。各单位要坚定不移地贯彻落实上级处置突发公共卫生事件的指示精神，确保政令畅通、警令畅通，要发扬迎难而上、敢于胜利的优良作风，经受住突发公共卫生事件的严峻考验。对好的经验做法，要及时进行宣传报道，形成声势；对有令不行、有禁不止、玩忽职守者，要坚决从重、从严查处。

（五）预防策略

1. 预防策略的总体要求。明确坚持预防为主、防治结合、依法科学防治的原则；坚持常态化精准防控和局部应急处置有机结合；按照"及时发现、快速处置、精准管控、有效救治"的工作要求，落实"四早"措施，坚决防范疫情输入和疫情反弹，加强社区精准防控，及时发现散发病例和聚集性疫情。

2. 具体策略。采取以管理传染源、切断传播途径和保护易感人群为主要内容的综合防控措施。

（1）加强传染病疫情信息监测。医疗机构：提高对传染病的诊断和报告意识，对有发热、干咳等症状和严重急性呼吸道感染的病例等及时检测。

社区组织：对纳入社区管理的来自高风险地区人员、解除医学观察人员、出院新冠肺炎患者、入境人员等做好健康监测，督促出现发热、干咳、乏力、腹泻等症状者及时就医检测。

CDC：各县（区）出现首例传染病确诊病例、聚集性疫情，辖区疾控中心应当在2小时内按照突发公共卫生事件进行网络直报。

（2）隔离传染源。各级各类医疗机构要做到早发现、早报告、早诊断、早隔离、早治疗。在具备有效隔离条件和防护条件的定点医院，对确诊病例和疑似病例进行隔离诊治。无症状感染者不需要特殊治疗，但还是需要一定时间的隔离观察。

按病情分类，将危重、重症或肺炎病例收治入院治疗，由呼吸科和/或传染病专科医护人员进行救治。其他轻症患者关键在于隔离，不需特殊治疗或仅对症治疗即可。

可通过征用专门的病房楼、宾馆等地点进行隔离管理，配备医护人员，定期巡诊，尽量不占用有限的医院床位和专科治疗医护人员等医疗资源。

（3）加快疑似病例的诊断。调整实验室检测布局，加快病例诊断时间，简化病例诊断程序。缩短疑似病例的确诊时间，简化病例诊断程序，疑似病例的确诊或排除在48小时内完成。

（4）密切接触者管理。在发现密切接触者时即应进行采样检测，以尽早发现可能存在的传染性，并在医学观察解除时开展病原筛查，以防范无症状感染者处于排毒期。

（5）医院内感染防控。除大城市医院的急诊、发热门诊、呼吸科和传染病科医务人员防护较严外，其他大部分医院的门诊、住院等其他科室医务人员也要加强防护意识，防护措施要到位。

（6）社区防控。社区是疫情联防联控的第一线，也是外防输入、内防扩散最有效的防线。要充分发挥社区动员能力，实施网格化、地毯式管理。

（7）聚集性疫情防控。聚集性疫情：是指14天内在学校、居民小区、工厂、自然村、医疗机构等小范围内发现5例及以上病例的情况。

（8）返程人员防控。按复工政策要求，恢复全国机关和企事业单位正常工作秩序，但会面临因大量人员流动引起疫情传播的风险。加强返程人员防控尤为重要。

二、处置程序和措施

（一）卫生部门的应急处置程序和措施

1. 发现疫情。各地疾控机构通过卫生医疗部门的网络直报系统、媒体、公众举报、责任报告人、其他部门通报（教育、公安、环境、出入境检疫）等渠道监测或获取疫情信息报告。

2. 判断疫情。①各地疾控机构对获得的疫情信息进行核实，作出初步判断并形成疫情信息报告。②对疫情进行控制。主要进行流行病学调查、分析；密切接触者追踪调查；疫情资料分析；确定疫点疫区，开展消杀灭，提出交通检疫、封锁等强制性措施的检疫；保护易感人群等工作。③健康教育心理干预。对群众宣传防病知识、对患者进行心理干预。④进行实验室检测。对病例、密切接触者、食品、环境等标本采集，对病原分离与鉴定，进行药敏检测等。⑤进行报告。根据对疫情的跟踪过程，可以分为初始报告、进程报告和结案报告。

3. 处置疫情。医疗机构是承担处置传染病疫情的主阵地，一旦接收传染病患者，医疗结构应该进行如下程序的处置流程：

（1）传染病的确诊、治疗和汇报。就诊病人一旦确诊为传染病，应根据传染病的类型和《传染病防治法》的规定立即送其到相应医疗机构进行救治。同时对诊疗用品进行消毒、填写传染病报告卡，在规定时间内报预防保健科。传染病暴发和流行时，应立即报告当地卫生防疫机构，并积极采取相应的隔离和救治措施。

（2）传染病人的接收与治疗。病房办公室护士接待病人，应根据病程安排床位（同一病种住同一房间），随后立即通知责任护士，向病人介绍有关制度（如消毒隔离制度、限制人员探视制度、活动范围规定等），并通知医生。

（3）传染病房的设置要求。病房应布局简单、便于消毒，保持空气新鲜、阳光充足。

（4）传染病的隔离治疗。根据不同的病程执行不同的隔离措施，立即测量体温、脉搏、呼吸、血压、体重，病情危重时积极参加抢救，必要时由专人进行监护。

（5）严格消毒。遵医嘱执行各种治疗和护理，对用过的物品严格进行消毒、清洗、灭菌，必要时进行焚烧。

（6）密切检测病情。密切观察病情变化，发现病情变化时，立即通知医生，并协助处理。

（7）观测治疗效果。观察药物疗效和副作用，并遵医嘱进行相应的处理。

（8）严格食品管理。家属送来的食物经检查后方可食用。

（9）调适病人心理。做好心理护理，消除病人顾虑与急躁情绪，让其积极配合治疗。

（10）做好卫生宣教。按不同病种，向病人讲解预防传染病的卫生知识。

（11）传染病人愈后处置。传染病人治愈出院时，应对其衣物及生活用品进行消毒后方可让其带出病房。病人出院后应对其床单进行终末处理。

（12）传染病人死亡后处置。病人死亡后，应将尸体消毒后火化。甲类或乙类中的炭疽病人死亡后，必须将尸体立即消毒，就近火化。

（13）其他注意事项。认真及时地做好各种记录，做好个人防护，预防交叉感染，防止病菌扩散。

4. 保障措施。各地卫生行政部门在突发传染病疫情防控工作中起到领导、协调、保障的作用。

（1）成立突发传染病疫情处置工作组，制定疫情处置方案。

（2）后勤保障。要有经费、车辆、人员、消毒药械、治疗药品的准备和调度。

（3）风险沟通与信息发布。完善相应的风险沟通机制，运用合理的媒体平台发布疫情信息。

（4）社会动员。动员社会力量参与到传染病疫情防控工作中来，并监督相关单位落实疫情防控措施。

（5）控制效果评价。对各种突发的传染病疫情防控工作进行及时评价并进行工作总结。

5. 监督管理。卫生监督机构对突发传染病疫情的监督监控工作是做好疫情防控的重要组成部分。

（1）监督医疗机构的疫情报告、隔离、消毒等工作。

（2）开展食品卫生、饮水卫生和环境卫生监督、执法与评估。

（二）警察在传染病疫情中的辅助程序和措施

1. 封锁和隔离。当卫生部门需要公安机关协助强制执行时，公安机关应按照区委、区政府应急指挥部的指令出警。处置个别患者不配合隔离治疗故意闹事或逃跑的事件，由派出所组织力量出警；需对社区或医院实施大面积封锁或隔离时，由分局组织力量出警；当大批患者需要跨区转移治疗地点或疫情大面积扩散时，报请市局组织力量出警。

2. 强制隔离治疗。当患者拒绝隔离治疗时，民警应在做好自我防护的前提下迅速到达现场。在对患者进行说服教育仍无效的情况下，民警应配合卫生部门采取强制措施，对患者进行强制隔离治疗。

3. 约束性措施。民警协助进行强制隔离治疗时，应以使被强制人配合强制治疗为限度，主要用警绳、约束带等，必要时可使用约束性警械具，一旦被强制人表示配合，应立即解除约束措施。使用约束手段应当尽量避免伤害患者或疑似患者的身体。

4. 监督管理。公安机关将被强制人约束后，即交由治疗单位送往指定场所进行隔离治疗，不得将其带入警车或其他交通工具，亦不得带进公安机关或有关监管场所。

5. 搜查及布控。对在隔离期内擅自脱离或逃跑的患者，公安机关应积极协助卫生部门查找，找到后交卫生部门就地控制，就地隔离，观察治疗。

6. 封锁隔离管理。对隔离区进行封锁隔离时，应以医院内部保卫人员、医疗卫生工作者、保安为主要力量。民警主要作为外围保障力量负责维护现场外围治安和交通秩序。

7. 警戒。在封锁隔离期间，发生患者或家属冲闯封锁区时，公安机关应以说服教育为主，非法律规定的情形不得使用警械具，但可以使用警戒带。

8. 协助转移。公安机关应积极配合卫生部门做好患者转移治疗工作，迅速派出警力维持转出、转入地现场治安秩序，增派警力维护沿途交通秩序。

9. 行政处罚。违法犯罪嫌疑人系传染病患者的，应当先交由医疗部门隔离治疗。公安机关做好立案、外围调查取证等工作，待治愈或隔离期结束后再追究责任，执行处罚。

10. 处置。根据群众报警，发现了在非医疗机构死亡且疑似传染病患者的遗体，公安机关应立即赶赴现场维护秩序，在报告当地政府应急指挥部的同时，还要通报卫生防疫部门进行检疫消毒。

11. 隔离封闭管理。监管场所中被监管人员出现传染病症状或疑似传染病症状时，应立即隔离观察；一旦确诊，立即送押到专门收治被监管人员的定点医院治疗。所有公安监管场所突发公共卫生事件的地点，一律实行隔离封闭管理。

学以致用

一、实训案例

某中学 76 名学生出现不明原因腹泻、呕吐、腹痛和发热等传染病疫情症状。在接到疫情报告后，卫计、教育部门立即启动应急预案，成立了现场指挥部，建立了医疗救治、现场处置、信息宣传、后勤保障、监督检查、专家组等工作机构，迅速对疫情进行处置。

二、实训内容

传染病疫情处置预案制定与演练。

三、实训要求

1. 将学生按每组 5—8 人分成若干实训小组；
2. 各实训小组选定成员根据案例给定的情境分配角色，进行相应的模拟演练；演练重点考核学校应急处置，医疗卫生单位应急响应、疫情报告、流行病学调查、样品采集、疫点消毒、监督检查等方面内容。

拓展学习

某市看守所有三名结核病在押人员。在押人员何某因涉嫌故意杀人案于 2014

年1月27日被羁押在该看守所，入所即查出患有空洞性肺结核，无明显诱因咯血，传染性强。入所第2日，看守所即带领何某到该市第一医院查体，确诊后明确何某需专用药物打针治疗。自此，看守所由管教民警两名、狱医一名、联合办案单位组成押解小组每天带领何某到某医院打针治疗，历时2个月，保证了何某病情趋于稳定。其他两名病情较轻的在押人员被带领至该市某人民医院查体，按照医嘱每天按时服药，狱医每日巡诊询问病情，同时肺结核病患者每月保证出所复查一次，掌握病情。

看守所设立隔离监室，增设杀菌消毒设备，每天监室内紫外线灯消毒，每天监室外紫外线车消毒，每天用甲酚皂、84消毒液进行监室内外消毒、警用器械消毒。为民警配备一次性医疗手套、口罩，专用手铐脚镣，要求专门处理生活垃圾。每天保证在押人员放风时间，每天保证监室开窗通风，增强在押人员体质，提高抗病能力。督促三名在押人员搞好室内卫生和个人卫生，勤洗手，勤换衣物，不随地吐痰，不乱丢东西，养成良好的卫生习惯。同时进行经常性传染病预防知识教育，强化防疫意识，保证在押人员和民警不被传染。

思考与讨论

1. 该看守所对传染病的防护措施、处置措施是否恰当，说明理由。
2. 处置传染病疫情的措施有哪些？

学习任务二　食物安全防控与处置

案例引入

2020年10月5日黑龙江鸡东县发生一起因家庭聚餐食用酸汤子引发的食物中毒事件，9人食用后全部死亡，已查明致病食物是被致病菌污染的酸汤子。

北方酸汤子是用玉米水磨发酵后做的一种粗面条样的酵米面食品。夏秋季节制作发酵米面制品容易被椰毒假单胞菌污染，该菌能产生致命的米酵菌酸，高温煮沸不能破坏毒性，并且中毒后没有特效救治药物，病死率达50%以上。北方的臭碴子、酸汤子、格格豆，南方的发酵后制作的汤圆、吊浆粑、河粉等最容易致病。

2010年至今，全国已发生此类中毒14起，84人中毒，37人死亡。酵米面中毒的主要原因是使用了发霉变质的原料，虽然通过挑选新鲜无霉变原料，勤换水能够减少被致病菌污染的机会，但为保证生命安全，最好的预防措施是不制作、不食用酵米面类食品。

结合引例思考：
1. 分析案例中食物中毒事件的毒源是什么？
2. 如何来分析是否是食物中毒事件呢？
3. 怎么来预防食物中毒事件的发生？

理论导航

一、食物中毒的界定

民以食为天，食品安全问题关系到人的身体健康与生命安全，关系到社会的安全稳定。我国每年有上百甚至上千人因食物中毒而丧失性命。2020年5月19日，广东省东莞一女子食用了隔日黑木耳后出现恶心、干呕等症状，被送入重症ICU治疗，终因多功能衰竭抢救无效死亡。2019年11月14日，云南西双版纳一婚宴发生食物中毒事件，5人死亡……一次次食物中毒事件，给我们所有人都敲响了警钟。"以人为本"的执政理念要求我们要切实加强对食品安全的监督管理，防患于未然；对发生的食物中毒事件要及时妥善处置，亡羊补牢。

（一）食品安全与食物中毒毒源界定

1. 食品固有。自然界的动植物中，有的天然就含有有毒有害物质；畜禽自身存在病变，也让其肉制品携带有病原体。

2. 食品污染。食品在生产、加工、包装、储存、运输、销售等环节被有毒有害物质污染了。具体又包括生物性污染和化学性污染。

3. 食品变质。食品在正常、自然状态下，自身有关成分发生了腐化酸败。

4. 人工添加。食品生产经营者未遵守《食品添加剂使用卫生标准》规定的品种、用量和使用范围滥用食品添加剂、色素、防腐剂等；为牟取暴利，利欲熏心的不法之徒人为恶意掺杂，制假、售假。

5. 非法生产经营。无证企业、个体商贩及家庭作坊，未经卫生行政部门许可，躲避卫生监管，往往达不到食品生产经营的卫生条件。

6. 转基因食品。虽然至今尚未发现转基因食品对人体健康具有不良影响的直接证据，但由于转基因技术改变了食品本身的遗传信息，可能对生态系统和人体健康造成意想不到的危害。

7. 恐怖袭击和蓄意投毒。利用食品来从事恐怖袭击和蓄意投毒，会造成重大的公共卫生事件，引发社会恐慌情绪，造成社会不稳定的严重恶果。

（二）食物中毒的症状及判断

1. 食物中毒的症状。食物中毒以呕吐和腹泻为主要症状，中毒的人常在食后1小时到1天内出现恶心、剧烈呕吐、腹痛、腹泻等症状，继而可能出现脱水和血压下降而致休克。肉毒杆菌污染所致食物中毒病情最为严重，可出现吞咽困难、失语、复视等症状。

2. 集体食物中毒的判断。

（1）短时间内大量出现相同症状的病人；

（2）有相同的进食史，不吃这种食物不发病；

（3）停止供应该种食物后中毒症状不再出现；

（4）食物中毒一般在用餐后4—10小时发病，高峰期出现在用餐后6小时左右。

二、食物中毒的预防措施

（一）牢固树立以预防为主的理念，切实加强对食品安全的监管力度

严格监管责任的落实。明确细化政府有关监管部门的监管责任，严格市场准入，严格台账登记制度，严格质量检验。

加强监管制度的落实。落实食品和食品原料进货验收、索证索票制度，落实食品卫生管理制度和从业人员健康体检制度，落实餐饮加工企业不添加非食用物质和不滥用食品添加剂承诺的履约情况等。

（二）政府相关职能部门要各负其责，紧密配合，形成合力

经贸部门负责危险化学品生产、经营、储存、使用环节的资格管理和安全审查；经贸部门还要协调有关部门做好解毒药品的储备。

卫生部门要严格卫生许可证的发放，加强对食品生产经营企业、集贸市场以及从业人员的监督管理。

农业、林业、畜牧业部门负责农药购买、运输、保管和安全使用管理，严格鼠药登记；严格种子、农药、兽药、渔药、化肥、饲料以及饲料添加剂等农业生产资料的生产和经营准入条件；严格执行国家无公害农产品行业标准。

公安机关要建立健全剧毒性灭鼠药和农药的防控机制，清查非法生产、销售、储存、运输、邮寄、携带、使用剧毒性灭鼠药和农药的不法行为。

教育部门负责校内食堂的卫生管理，加强对师生食品卫生安全的宣传教育，加大对学校食品卫生安全检查的力度。

工商部门把好食品生产经营主体市场准入关，加强对饮食服务行业的监督管理，加大对食品违法生产经营的查处力度。

质监部门严厉打击制售假冒伪劣食品、药品的违法行为，加大对非法生产剧毒灭鼠药的查处力度。

药监部门负责对药品研究、生产、经营、使用单位的监督，打击制售和使用假劣药品的违法犯罪活动，对可能出现的疫情、灾情和中毒事件做好应急预案和药品储备。

工作流程

三、食物中毒处置程序

（一）报警

发生食物中毒事故后，现场人员要立即向本单位负责人报告，单位负责人接到报告后，要立即到达事故现场，视现场情况及时启动本单位事故应急预案并及时向公安机关报警，向卫生急救部门求救，并派人到路口接应。

报警时要说清以下主要内容：发生食物中毒的单位、地点、时间、中毒人数、主要临床症状、可疑中毒食物、危害范围、中毒原因的初步判定、危害范围及采取的主要措施，需要解决的问题和要求等。

（二）现场救护

现场指挥人员及时通知医务救护人员，到达事故现场抢救中毒人员。在救护人员尚未到达现场前，可先期采取以下紧急救护措施：

1. 停。对可疑的食物停止再进食。

2. 排。

（1）催吐。用人工刺激法，用手指或钝物刺激中毒者咽弓及咽后壁，引起呕吐，同时注意，避免呕吐误吸而发生窒息。

（2）导泻。可服用泻药，使有毒食物尽快排出休外。可用硫酸镁15—30克加水200毫升来给中毒者导泻；也可用大黄30克或番泻叶15克，一次性煎服。

(3) 利尿。大量饮水，稀释血中毒素浓度，并服用利尿药。

3. 解。解毒。如果是吃了变质的鱼、虾、蟹等引起的食物中毒，可取食醋100毫升，加水200毫升，稀释后一次服下。还可采用紫苏30克、生甘草10克，一次性煎服。若是误食了变质的饮料或防腐剂，最好的急救方法是用牛奶或其他含蛋白质的饮料灌服。

对于催吐无效或神志不清者，可让其喝牛奶或蛋清等润滑剂来洗胃，通过结合毒物来防止毒物的吸收并保护胃粘膜。

4. 补。及时补水，防止脱水。轻症中毒者应多饮盐开水、茶水或姜糖水、稀米汤等。重症中毒者要禁食8—12小时，可静脉输液，待病情好转后，再进些米汤、稀粥、面条等易消化食品。

(三) 现场警戒、保护、疏散

事故现场指挥人员应以最快速度通知安全保卫组等应急小组到达事故现场，履行各小组的职责，快速划定现场警戒范围，有效进行现场保护，及时疏散无关人员。

(四) 现场调查、取证

保护事件现场后应及时进行调查、取证和控制工作。对剩余食品、食品原料及可疑中毒食品、食品添加剂予以封存。对熟食间操作台面，存放熟食品的冰柜及熟食，常用工具、刀具、容器，熟食操作人员的手、肛拭、使用的抹布、可疑昆虫等视情况采样检测。对已售出的可疑食品，设法追回。对被污染的工具及用具，彻底清洗消毒。

采集中毒患者呕吐物、排泄物、洗胃液等样品送交有关部门检验。

对中毒餐次的食品加工场所进行卫生勘验，了解中毒餐次的菜谱、食物来源、原料质量、加工方法、储存条件、存放方式与时间、操作场所的卫生与消毒情况，并做好现场笔录。

检查从业人员的健康情况，特别是在中毒发生前3天内人员变动、患病情况，有无不卫生习惯及操作过程的不卫生行为。

(五) 恢复秩序

调查取证结束后，对中毒现场采取消毒措施。对引起食物中毒的中毒食品、原料采取深埋销毁的措施，并严禁将其作为食品工业原料或动物饲料使用。对所有餐具、容器、设备进行彻底清洗消毒，必要时予以销毁。

解除现场警戒，恢复正常秩序。

学以致用

一、实训案例

2020年6月6日12时30分左右，邓州市腰店镇五龙小学发生一起疑似食物中毒事件，涉事学生第一时间全部送至医院进行诊断治疗。截至18时，除7名症状轻微学生留观外，其余学生经医学检查后全部返家。

二、实训内容

食物中毒现场调查与取证演练。

三、实训要求

1. 将学生按每组5—8人分成若干实训小组；
2. 各实训小组选定成员根据案例给定的情境分配角色，进行相应的模拟演练；
3. 各实训小组模拟演练结束后写出实训总结，进行交流。

拓展学习

2020年10月11日，山西康杰中学发生了一起疑似食物中毒事件，陆续有多名学生出现腹泻、发烧等症状。经过排查发现，这些学生几乎都吃过该校超市内的一款名为"嫩牛五方"的食物。随后校方针对学校三个年级所有学生进行排查，将吃过该食物的学生送到医院排查诊治，最终有39名学生出现相关症状。

讨论与思考：

1. 一旦发生食物中毒事件应该如何有效地进行自救？
2. 在接到食物中毒事件的报警之后，应该如何进行现场处置？

学习单元九

自然灾害处置

学习目标

1. 掌握暴雨、暴雪检测预警措施；掌握暴雨、暴雪应急保障、应急处置及社会力量动员参与措施。

2. 能够判断暴雨、暴雪灾害的形成标准及原因，并对暴雨、暴雪灾害做出相关预警；能够做好暴雨、暴雪灾害灾前准备及应急保障，能够现场抢灾救灾并组织群众开展自救。

3. 能够掌握临震避震的主要方式和不同环境的避震方法；能够掌握震后自救的主要措施；能够掌握震后互救的原则、方法和救助的注意事项；能够掌握防余震灾害的主要措施。

学习任务一　暴雨灾害应急处置

案例引入

2013年6月26日0时—4时，受副高亚北抬影响，宣恩县境内普降暴雨，局部地区大暴雨（达到149.8毫米以上），部分乡镇受灾严重。主要降水区域在恩施州宣恩县珠山、椒园、长潭河、万寨、椿木营等乡镇大部，其中县城严重积水，主城区积水超过80厘米，部分区域积水超过150厘米。暴雨致使5个乡镇32 500人遭受暴雨灾害，紧急转移安置6520人；倒损农房222户659间，（倒塌农房27户75间，严重损房183户549间，一般损房12户35间）；受灾农作物1200公顷，成灾480公顷，绝收350公顷；公路损毁25处12公里；供水管网损毁2000米；商铺损坏23间、水淹253间，仓库损毁12个，水淹32个，住房水淹3286间；损坏车辆213台；高压线路损毁2500米，导致城区部分片区停电。居民及商户财产损失主要有百货、电器设备、药品、家具、车辆、通讯器材等。因灾造成直接经济损失1.45 754亿元，其中农业经济损失465万元，市政设施损失 700 万元，个体工商户损失 1600 万元，行政单位办公用品损失 350 万元，车辆损失 600 万元，国省道损失 1412.4 万元，农村公路损失 3800 万元，通讯设施损失 448 万元，农村房屋损失 1200 万元，行政单位办公用房损失 1800 万元，电力设施损失 200 万元，地质灾害造成损失 2000 万元。

结合引例思考：

1. 如何做好暴雨洪灾预警及应急保障？
2. 如何做好抗灾救灾及灾后重建工作？

理论导航

一、暴雨洪涝灾害的诱因

暴雨是指大气中降落到地面的水量每日达到和超过 50 毫米的降雨。暴雨经常夹杂着大风。降雨量每日超过 100 毫米的为大暴雨，超过 250 毫米的为特大暴雨。暴雨来得快，雨势猛，尤其是大范围持续性暴雨和集中的特大暴雨，它不仅影响工农业生产，而且可能危害人民的生命，造成严重的经济损失。暴雨的危害主要有两种：

一是渍涝危害；二是洪涝灾害。洪灾形成的原因表现为：

（一）自然原因

1. 气象因素，表现为强降雨、冰雪融化等。
2. 河湖因素，表现为冰凌堵塞河道，滑坡、泥石流堵塞河道，堤坝溃决等。
3. 流域汇水速度，表现为地面坡度越大，土壤含水率越高，植被覆盖率越低，流域汇水速度越快。
4. 河道排水速度，表现为河谷越顺直、越通畅，纵向坡度越大，河道排水的速度越大。

（二）人为因素

1. 破坏植被，导致流域汇水速度加快，加剧水土流失和河道的淤积，使河流水位升高、河床坡度减小。
2. 围湖造田，使湖泊对洪水的调节作用减弱。
3. 建筑物占据河道，降低河道排水的速度。

二、暴雨洪涝灾害监测预警机制

（一）暴雨预警

国务院气象主管机构负责全国预警信号发布、解除与传播的管理工作。地方各级气象主管机构负责本行政区域内预警信号发布、解除与传播的管理工作。其他有关部门按照职责，配合气象主管机构做好预警信号发布与传播的有关工作。发布暴雨预警信号有助于提高预警，减少人们生命财产损失。

暴雨预警信号分四级，分别以蓝色、黄色、橙色、红色表示。

暴雨预警信号表

图 例	含 义	防 御 指 南
暴雨蓝	12小时内降雨量将达50毫米以上，或者已达50毫米以上且降雨可能持续。	1. 政府及相关部门按照职责做好防暴雨准备工作； 2. 学校、幼儿园采取适当措施，保证学生和幼儿安全； 3. 驾驶人员应当注意道路积水和交通阻塞，确保安全； 4. 检查城市、农田、鱼塘排水系统，做好排涝准备。
暴雨黄	6小时内降雨量将达50毫米以上，或者已达50毫米以上且降雨可能持续。	1. 政府及相关部门按照职责做好防暴雨工作； 2. 交通管理部门应当根据路况在强降雨路段采取交通管制措施，在积水路段实行交通引导； 3. 切断低洼地带有危险的室外电源，暂停在空旷地方的户外作业，转移危险地带人员和危房居民到安全场所避雨； 4. 检查城市、农田、鱼塘排水系统，采取必要的排涝措施。
暴雨橙	3小时内降雨量将达50毫米以上，或者已达50毫米以上且降雨可能持续。	1. 政府及相关部门按照职责做好防暴雨应急工作； 2. 切断有危险的室外电源，暂停户外作业； 3. 处于危险地带的单位应当停课、停业，采取专门措施保护已到校学生、幼儿和其他上班人员的安全； 4. 做好城市、农田的排涝，注意防范可能引发的山洪、滑坡、泥石流等灾害。

续表

图例	含义	防御指南
暴雨 红 RAIN STORM	3小时内降雨量将达100毫米以上，或者已达100毫米以上且降雨可能持续。	1. 政府及相关部门按照职责做好防暴雨应急和抢险工作； 2. 停止集会、停课、停业（除特殊行业外）； 3. 做好山洪、滑坡、泥石流等灾害的防御和抢险工作。

（二）洪灾预警

针对洪涝灾害频发的现状，国内多采用监测—预报一体的预警方法，实时监测水文情势，一有异常立刻采取相应措施；通过水文模型模拟流域各水文特征量，提早发现洪涝灾害，发布应急预案防灾减灾。

根据防汛特征水位，对应划分预警级别，通常由重到轻分为一、二、三、四共4个等级，分别用红、橙、黄、蓝色表示。

（三）暴雨洪涝灾害预警机制

1. 根据有关部门提供的灾害预警预报信息，结合预警地区的自然条件、人口和社会经济背景数据库，进行分析评估，及时对可能受到自然灾害威胁的相关地区和人口数量做出灾情预警。

2. 减灾委办公室、全国抗灾救灾综合协调办公室及时汇总各类灾害预警预报信息，向成员单位和有关地方通报信息。

3. 灾情信息报告内容：包括灾害发生的时间、地点、背景，灾害造成的损失（包括人员受灾情况、人员伤亡数量、农作物受灾情况、房屋倒塌、损坏情况及造成的直接经济损失），已采取的救灾措施和灾区的需求。

4. 建立气象、洪涝灾害和地质灾害预警联动机制，加强监测、预报、预警和联动响应，进一步确保灾害预警信息能在第一时间传递给基层政府和基层干部群众，以便第一线能提前做好防范应对工作。要协同联动，努力提高气象、洪涝、地质灾害监测预警联动机制的有效性。

三、暴雨灾害应急保障措施

(一) 应急保障制度

1. 各级职能部门内部要经常召开协调会议，建立完善防汛制度，各负其责；

2. 加强宣传防汛的基础知识，使人们提高对自然灾害危害性的认识，组织人们疏通河道，严惩对林业乱砍滥伐、矿产乱开乱挖的个别人，进一步使山林植被得到保护；

3. 启动防汛预警机制，预报汛期进展情况，随时提高预警等级，提前对下级下发防汛文件，召开防汛会议部署；

4. 检查容易发生泥石流或山体滑坡等危险地带，帮助人群、牲畜与财产的紧急撤离，确保人畜疏散到安全地带；

5. 检查汛期救灾队伍、救灾器材、灾民所用的部分住、吃、用、穿是否到位；

6. 及时向上级汇报汛期部署和灾情发生情况，确保上级领导掌握灾情实情，以便指挥全局。

(二) 应急保障措施

1. 在雨季要多收听洪水警报，多了解水面可能上涨到的高度和可能影响的区域。

2. 发生洪水时，通常有充分的警戒时间。与暴雨之后的激流相比，洪水流动是比较缓慢的。面对可能的汛情，首先应在门槛外（如预料洪水会涨得很高，还应在底层窗槛外）垒起一道防水墙，最好的材料是沙袋，也就是用麻袋、塑料编织袋或米袋、面袋装入沙石、碎石、泥土、煤渣等，然后再用旧地毯、旧毛毯、旧棉絮等塞堵门窗的缝隙。

3. 洪水即将来临时，要做必要的物资准备，这样可以大大提高避险的成功率。准备一台无线电收音机，随时收听、了解各种相关信息。

4. 平时要学会自制简易木筏的技能，用身边任何入水可浮的东西，如床板、木梁、箱子、圆木、衣柜等绑扎而成。

5. 暴雨洪涝灾害预防准备：①资金准备。②物资准备。③通信和信息准备。④救灾装备准备。⑤人力资源准备。⑥社会动员准备。⑦宣传、培训和演习。

四、社会力量动员与参与措施

（一）灾害现场应急处置原则

1. 以人为本，最大程度地保护人民群众的生命和财产安全。
2. 政府统一领导，分级管理，条块结合，以块为主。
3. 部门密切配合，分工协作，各司其职，各尽其责。
4. 依靠群众，充分发挥基层群众自治组织和公益性社会团体的作用。

（二）灾害现场应急处置措施

1. 及时派出灾情调查组，深入灾区核查灾情，帮助灾民开展自救。
2. 各级职能部门，各负其责，在最短的时间内，安顿好灾民的吃、住、行和通电及通讯工作。
3. 按照"条块结合，以块为主"的原则，灾害救助工作以地方政府为主。灾害发生后，乡级、县级、地级、省级人民政府和相关部门要根据灾情，按照分级管理、各司其职的原则，启动相关层级和相关部门应急预案，做好灾民紧急转移安置和生活安排工作，做好抗灾救灾工作，做好灾害监测、灾情调查、评估和报告工作，最大程度地减少人民群众生命和财产损失。
4. 信息发布坚持实事求是、及时准确的原则。要在第一时间向社会发布简要信息，并根据灾情发展情况做好后续信息发布工作。信息发布的内容主要包括：受灾的基本情况、抗灾救灾的动态及成效、下一步安排、需要说明的问题。

（三）灾后重建

灾后恢复重建工作坚持"依靠群众，依靠集体，生产自救，互助互济，辅之以国家必要的救济和扶持"的救灾工作方针，灾民倒房重建应由县（市、区）负责组织实施，采取自建、援建和帮建相结合的方式，以受灾户自建为主。建房资金应通过政府救济、社会互助、邻里帮工帮料、以工代赈、自行借贷、政策优惠等多种途径解决。房屋规划和设计要因地制宜，合理布局，科学规划，充分考虑灾害因素。

工作流程

一、领导重视，闻灾快动

灾情发生后，各级党委、政府要高度重视，发生灾情的当地党委、政府要亲自指挥抢险救灾工作。上级政府要在第一时间派出工作组抵达受灾一线，检查指导受灾群众转移安置和基本生活保障等情况，实地查看房屋倒损、基础设施损毁、农作物受灾等情况，协助地方解决当前救灾工作面临的困难。

二、同心协力，抗灾救灾

面对持续强降雨引发的险情，当地党委、政府要及时调集农业、公安、消防、住建、水利、电力等部门前往灾区，组织护堤抢险，逐村逐户逐人落实安全避险措施，按需撤离群众，确保重要设施和附近村庄安全，尽可能降低损失。

三、以人为本，转移安置

发生灾情要把救人作为第一要求。当地党委、政府要调集公安民警、消防官兵开展交通秩序维护、抢险救援等工作，要求居民撤离到安全地带，并协助搬运贵重物品、转移老人。

四、调拨救灾物资，保障基本生活

发生灾情的地区要及时向市级政府、省级政府上报核查后的灾情数据，为上级作出科学的决策提供数据依据。政府部门根据灾害情况下拨雨涝灾害救灾资金，用于受灾群众紧急转移安置、过渡期生活救助、倒损住房恢复重建、向因灾死亡人员家属发放抚慰金等工作。

五、排查隐患、防患未然

灾情稳定后，当地党委、政府迅速做出安排部署，各部门紧急行动，继续做好洪涝、地质灾害等防御以及河堤、库坝等巡查工作，并防范强降雨对救灾各项工作的不利影响，提前做好卫生防疫工作。采取全面排查、全力处置、全速抢修、全天候应急值守等举措，积极应对强降雨造成的灾情隐患，严格执行24小时防汛值班和领导带班制度，确保雨情、水情、险情、灾情以及调度命令及时上传下达，掌握工作主动权，防止失防失控。

学以致用

一、训练案例

2007年7月18日17时左右，济南市区遭遇超强特大暴雨，这次降水过程历时短、强度大。降水从 18 日 17：00 开始到 20：30 前后减弱，市区 1 小时最大降水量达 151mm，2 小时最大降水量达 167.5mm，3 小时最大降水量达 180mm，均是有气象记录以来历史最大值。市区主要排洪河道小清河最大行洪流量是 1987 年"8·26"特大暴雨行洪流量的 1.6 倍。突如其来的暴雨造成了济南市区低洼地区严重积水，部分地区受灾，大部分路段交通瘫痪，造成人员财产严重损失。据统计，这次特大暴雨造成 30 多人死亡，170 多人受伤，约 33 万群众受灾，倒塌房屋约 1800 间，市区内受损车辆约 800 辆，损坏市区道路约 1.4 万平方米，冲失井盖 500 余套，20 多条线路停电，140 多家企业进水受淹，市内交通一度处于瘫痪状态。全市直接经济损失约 13.2 亿元。

二、训练内容

暴雨洪涝灾害应急预案制定与演练。

三、训练要求

1. 将学生按 5—8 人分成若干实训小组；
2. 各实训小组选定成员根据案例给定的情境分配角色，进行相应的模拟演练；
3. 各实训小组模拟演练结束后写出实训总结，进行交流。

📝 **拓展学习**

遭遇洪水时的紧急自救：

1. 有组织地向山坡、高地等处转移；在已经受到洪水包围的情况下，要尽可能地利用船只、木排门板木床等，做水上转移。
2. 来不及转移时，要立即爬上屋顶、楼房高屋、大树、高墙，做暂时避险，等待援救。不要单身游水转移。
3. 发现高压线铁塔倾倒、电线低垂或断折，要远离避险，不可触摸或接近，防止触电。

⭐ **思考与讨论**

1. 遭遇洪水紧急自救时应注意哪些问题？
2. 如何有效地组织群众开展自救？

学习任务二　暴雪灾害应急处置

案例引入

2011年1月17日开始，湖南省普降大到暴雪。此次降雪强度大、范围广、持续时间长，且冰冻与暴雪交织，对该省生产生活特别是交通运输、能源供应带来了较大挑战。截至21日8时，共80县市先后出现积雪，38县市先后出现冰冻，其中通道县电线覆冰厚度达13mm。怀化市累积降雪量最大为47.3mm。全省共有132条35千伏及以上线路轻微覆冰，平均覆冰厚度2至4mm，最大覆冰厚度14.6mm。全省14市州98县区992万人受灾，此轮低温暴雪导致农作物受灾面积515.6千公顷、绝收面积52.4千公顷，倒塌房屋8565间。直接经济损失35.68亿元，其中农业损失21.14亿元。

结合引例思考：

1. 暴雪对城市基础建设的正常运行带来了哪些影响？
2. 如何做好暴雪冰灾预警及应急保障工作？
3. 如何组织群众开展清雪抗灾行动？

理论导航

一、暴雪形成及标准

暴雪指自然天气现象的一种降雪过程，它给人们的生活、出行带来了极大不便；对降雪的观测是气象观测的常规项目，包括降雪量、积雪深度和雪压。降雪量，实际上是雪融化成水的降水量。发生降雪时，须将雨量器的承雨器换成承雪口，取走储水器（直接用雨量器外筒接收降雪）。观测时将接收的固体降水取回室内，待融化后量取，或用称重法测量。当气象站四周视野地面被雪覆盖超过一半时要观测雪深，观测地段一般选择在观测场附近平坦、开阔的地方，或较有代表性的、比较平坦的雪面。测量取间隔10米以上的3个测点求取平均；积雪深度以厘米为单位。在规定的观测日，当雪深达到或超过5厘米时需要测定雪压。雪压以克/平方厘米为单位。

二、暴雪冰灾对城市基建的影响

冰灾，又称冰雪灾害，是指因长时间大量降冻雨或降雪造成大范围积雪结冰成灾的自然现象。暴雪灾害具有十分严重的危害。

1. 对供电网的危害。由于天上落下冻雨，冻雨掉在电线上（当然还有其它）马上就结成坚实的冰，这样下来，结的冰柱会越来越大，越来越重，供电网就承受不了，造成破坏。导致电力中断，生产停顿。对于那些连续性的生产，比如石化、化工、造纸等连续生产行业，带来巨量损失。

2. 对于交通运输的危害。由于路面结冰，易出现交通事故。当地交通中断，产品、原材料运输受阻，生产处于停滞状态，大大影响经济发展与社会稳定。煤电运输受阻，导致电厂停产、半停产，又使电力输送的地方生产受直接影响。

各种风险要素因基础设施的相互依赖，彼此关联、耦合、叠加。一条条灾害链相互交织，使基础设施突发事件呈现出网状群发的特征。以供电中断结果为例，导致这个结果的原因可以用不同的灾害链表示：

1. 持续的暴雪、冻雨——输电线路覆冰、电塔倒塌——电能供应中断；
2. 持续的暴雪、冻雨——交通运输中断——电煤输入困难——发电厂停产——电能供应中断；
3. 电煤供给不足——发电厂因缺少电煤停产——电能供应中断等。

当然，电能供应中断带来的后果也可以用不同的灾害链表示：

1. 电力供应中断——电力牵引机车停运——旅客滞留——社会冲突；
2. 电力供应中断——交通信号失灵——交通事故；
3. 电力供应中断——自动柜员机不能交易——银行业务受到影响等。

所以，雪灾对城市基建的影响表现为：一个原生灾害衍生出一个或多个次生灾害；每个次生灾害又衍生出一个或更多的次生灾害，使得多个灾害链条得以形成。各个灾害链条相互交织、错综复杂，又形成一个灾害网络，造成城市运行中断，形成城市应急管理者难以驾驭的复杂局面。

三、暴雪预警信号及预警机制

（一）暴雪预警信号

暴雪预警信号表

图　例	含　义	防　御　指　南
暴雪蓝 SNOW STORM	12小时内降雪量将达4毫米以上，或者已达4毫米以上且降雪持续，可能对交通或者农牧业有影响。	1. 政府及有关部门按照职责做好防雪灾和防冻害准备工作； 2. 交通、铁路、电力、通信等部门应当进行道路、铁路、线路巡查维护，做好道路清扫和积雪融化工作； 3. 行人注意防寒防滑，驾驶人员小心驾驶，车辆应当采取防滑措施； 4. 农牧区和种养殖业要储备饲料，做好防雪灾和防冻害准备；5. 加固棚架等易被雪压的临时搭建物。
暴雪黄 SNOW STORM	12小时内降雪量将达6毫米以上，或者已达6毫米以上且降雪持续，可能对交通或者农牧业有影响。	1. 政府及相关部门按照职责做好防雪灾和防冻害的应急工作； 2. 交通、铁路、电力、通信等部门应当加强道路、铁路、线路巡查维护，做好道路清扫和积雪融化工作； 3. 减少不必要的户外活动； 4. 加固棚架等易被雪压的临时搭建物，将户外牲畜赶入棚圈喂养。
暴雪橙 SNOW STORM	6小时内降雪量将达10毫米以上，或者已达10毫米以上且降雪持续，可能或者已经对交通或者农牧业有较大影响。	1. 政府及相关部门按照职责做好防雪灾和防冻害的应急工作； 2. 交通、铁路、电力、通信等部门应当加强道路、铁路、线路巡查维护，做好道路清扫和积雪融化工作； 3. 减少不必要的户外活动； 4. 加固棚架等易被雪压的临时搭建物，将户外牲畜赶入棚圈喂养。

续表

图 例	含 义	防 御 指 南
暴雪 红 SNOW STORM	6小时内降雪量将达15毫米以上，或者已达15毫米以上且降雪持续，可能或者已经对交通或者农牧业有较大影响。	1. 政府及相关部门按照职责做好防雪灾和防冻害的应急和抢险工作； 2. 必要时停课、停业（除特殊行业外）； 3. 必要时飞机暂停起降，火车暂停运行，高速公路暂时封闭； 4. 做好牧区等救灾救济工作。

（二）暴雪冰灾预警机制

1. 建立和完善重大气象灾害应急响应机制。要完善重大气象灾害应急预案，并变为省政府和各级政府的专项应急预案（行动计划）；构建气象灾害应急响应社会联动机制；充分利用和整合社会公共媒体、有关部门和行业内部信息发布渠道，建立重大气象灾害各部门信息共享机制；加快公共突发事件应急预警信息平台建设。

2. 加强重大气象预警信息的发布和传播。要强化广电、通信等部门及各新闻媒体开展重大气象预警信息发布和传播的责任。解决气象预警信息最后一公里的问题需要各级通信、广电等部门及各类新闻媒体的大力支持和协助，只有这样才能真正做到把气象预警预报及时发布出去，以最快的速度传递给广大社会公众；要抓住关键环节，加快发展以手机短信为重点的气象信息服务；要建立和发展电子显示屏等新的气象信息发布渠道，从而使社会大众能在第一时间快速、方便地接收到预警信息；要加强气象科普知识的宣传，科学认识自然。要充分利用各种媒体和手段加强防灾减灾宣传教育，增强社会公众的灾害意识和忧患意识，提高大众对气象灾害的科学认识和防灾减灾意识，进一步提升防灾避灾和自救互救水平。

3. 加强气象灾害综合监测能力建设。促进部门合作，建立跨部门联合监测机制，开展特种观测和专业专项服务；促进落实气象监测预警工程建设项目；各级政府要完善中小尺度自动气象监测站的建设和维护，为防汛和防山洪地质灾害提供有效的技术支撑。

4. 依法开展城市规划编制、重大基础设施和大型工程建设的气候可行性论证。气候可行性论证的目的在于避免建设开发项目决策失误、预防气候灾害，减少由于气候资源破坏而导致的环境恶化，确保项目建设与生态、环境保护相协调。

四、清雪抗灾应急保障措施

（一）应急保障制度

1. 以能力建设为重点，构建灵活的应急响应体系。灵活、有效地应对自然灾害诱因引发的基础设施突发事件；应对从小灾到巨灾不同级别的基础设施突发事件；可以根据基础设施突发事件的规模、影响范围、复杂程度等因素，在短时间内模块化式地组合各种应急资源，形成强大的应急处置能力。

2. 加强各行业、部门、地区之间的协调联动。统一调动铁路、民航、路政、电力、水务等多个基础设施相关行业、部门的力量，合成应急，协同应对。

3. 完善社会动员机制，提高全社会参与的程度。政府要发挥主导作用，开展社会动员，将企业、社会的力量调动起来，形成一个强大的合力，减轻政府应急的负担。完善应急社会动员机制，明确政府、企业、社会力量在应急管理中的角色和职责定位；政府、企业、社会力量之间形成稳固的应急合作伙伴关系，按照统一的目标，配置各自的应急资源，并联合制定应急预案、开展应急演练、处置突发事件。

（二）应急保障措施

确定重点，抓好"四保"："保电力、保交通、保供应、保民生。"

电力部门加强对电力设施的抢修、维护和电网统一调度，确保全省电网安全运行；通信部门加强巡查，及时对受损的用户电缆、光缆、电杆、用户皮线等进行抢修，保障通信畅通。

交通、公安交警、民航、铁路部门强化应急措施，加大巡查和管控力度，保障交通安全畅通。

商务、经信部门积极组织货源，保障蔬菜、粮、油、肉、蛋、奶等生活必需品和煤、油、气等重要物资的生产供应。

民政部门加强对城乡低保户、困难户等弱势群体的帮扶救助。

（三）社会力量动员与参与措施

1. 完善社会动员机制，提高全社会参与的程度。在抗击暴风雪的行动中，社会动员发挥重要的作用。为了完善社会动员应急机制，应采取以下措施：一是明确政府、企业、社会力量在应急管理中的角色和职责定位；二是政府、企业、社会力量之间形成稳固的应急合作伙伴关系，按照统一的目标，配置各自的应急资源，并联合制定应急预案、进行公共安全形势会商、开展应急演练、处置突发事件；三是引导公民自治组织、社会团体、行业协会在应急管理中发挥更大的作用；四是发展应急产业，鼓励企业开发应急技术与产品，培育按照市场模式运行的专业救援公司。

2. 开展公共安全教育，塑造公共安全文化。由于自然灾害不可避免，必须开展行之有效的公共安全教育，塑造"人人重视公共安全"的良好文化氛围，增强社会公众防灾、减灾的意识、技能，引导社会公众在巨灾面前遵守秩序、相互合作、文明礼让、关爱弱者。

五、灾后重建

灾后恢复重建工作坚持"依靠群众，依靠集体，生产自救，互助互济，辅之以国家必要的救济和扶持"的救灾工作方针。灾民倒房重建应由县（市、区）负责组织实施，采取自建、援建和帮建相结合的方式，以受灾户自建为主。建房资金应通过政府救济、社会互助、邻里帮工帮料、以工代赈、自行借贷、政策优惠等多种途径解决。房屋规划和设计要因地制宜，合理布局，科学规划，充分考虑灾害因素。

工作流程

一、加强领导，做好暴雪灾害预防应对工作

各级党委、政府要高度重视暴雪灾害应对工作，密切关注天气变化，积极采取有效措施，适时启动相关应急预案，严格落实防灾减灾责任制，全面做好各项救援和抢险工作，严密防范各类次生事故和灾害发生。做好暴雪、寒潮、大风等气象实时监测，提高预报、预警精确度，及时发布暴雪冰冻灾害预警信息，提醒社会公众防灾避险。及时分析研判灾害发展趋势，研究制定防范应对措施，确保灾情发生后，应急处置及时高效、有力有序。

二、除雪除冰，加强交通安全管理

面对突如其来的暴雪天气，各级各部门各单位要高度重视道路结冰对公路、铁路等交通安全造成的影响，明确清雪责任、清雪标准、清雪时限，迅速开展除雪除冰工作。城管、环卫等相关部门单位要采用机械扫雪、人工清扫、喷洒除雪剂等方式，立即清除城市道路积雪。交通运输部门做好高速公路等道路的除雪工作，确保公路畅通有序。城镇沿街各单位要实行门前"三包"，及时主动清扫门前积雪。

公安交管部门增加上岗警力，加大路面巡逻监控疏导力度，特别是对积雪、结冰和事故多发、危险路段，要增设警示标志，严查超速、超载等违章行为，努力减少事故隐患。铁路部门要加强运输设备设施的检修维护，做好应急运力的储备和配置，确保旅客出行安全，避免旅客滞留现象发生。对已经发生的车辆拥堵和交通安全事故，全力开展救援，作好驾乘人员保暖、饮食等各项保障工作。通过增加公共交通运力，延长营运时间等举措，有效缓解城市交通压力，并疏散和安置好长途客运滞留旅客。同时引导广大群众减少出行，作好防寒措施，预防气候原因造成的流感发生。

三、关注民生，保障正常社会秩序

切实做好供暖、供气、供水、供电等保障工作，加强各类管道、线路和设备的巡查检修，密切监测线路覆冰情况，及时采取应对措施，防止大面积停电、停水、停暖或通信终端事故的发生。要严格危险化学品和剧毒品的生产、仓储和运输管理，落实各项安全管理措施，防止因冰冻造成装置和管线破裂引发危化品泄漏事故。建筑施工企业要根据实际情况及时停止室外作业，及时清扫建筑屋顶积雪，严防因雪出现设施倒塌、高处坠落等事故的发生。

各地价格主管部门要采取多种措施稳定居民生活必需品和交通运输价格，确保生活必需品市场供应，切实做好保供稳价工作。通过建立生活必需品供应监测机制，加强对粮油市场的销量监测，定期开展市场供应情况巡查，抓好蔬菜、肉类等生活必需品的货源组织，保障"米袋子""菜篮子"供应充足，做到调度有序，价格稳定、品类齐全。

四、压实责任，强化应急值守

各级各部门要按照"谁主管、谁负责"和属地原则，迅速到岗到位，严格执行 24 小时值班和领导带班制度，提前做好人员避险转移、滞留人员救助、开放避灾场所及各项应急救助准备工作，科学有序调度，加强沟通协调，发现灾情及时处置并迅速上报，确保措施有力、处置到位。坚持"人民至上、生命至上"的理念，做到思想到位、预案到位、责任到位、行动到位、措施到位，全力保民生、保供应、保重点、保畅通、保安全、保稳定，最大限度减少灾害损失，最大限度确保人民群众生命财产安全与社会大局稳定。

学以致用

一、训练案例

2006 年 12 月 3 日至 13 日，连续三场的暴雪袭击了位于山东半岛东端的威海。市区降水量达 84.8 毫米，有些地方积雪厚度达 1.1 米。据预报，整个降雪将持续到 16 日。这是一场罕见的大雪。威海市气象台发布了寒潮蓝色警报和雪灾红色预警，并及时召开新闻发布会。但暴雪强度还是超出预估。气象台预测 6 日夜间到 7 日，威海北部有中雪，南部有阵雪。但 7 日早 6 点，监测到的数字是：6 日晚上 8 点到 7 日早上 6 点，市区积雪深度是 42 厘米，化成水的降雪量是 16.3 毫米，远远超过暴雪的 10 毫米标准。因公交车辆停运，数万威海人不得不徒步出行。许多住文登、乳山等郊县，在威海上班的人被迫乘坐火车上下班。

二、训练内容

暴雪冰灾应急预案制定与演练。

三、训练要求

1. 将学生按每组 5—8 人分成若干实训小组；
2. 各实训小组选定成员根据案例给定的情境分配角色，进行相应的模拟演练；
3. 各实训小组模拟演练结束后写出实训总结，进行交流。

📖 拓展学习

12月18日清晨，一夜的大雪给校园安全带来严重隐患，学校在第一时间启动暴雪天气应急预案。要求全院各有关处室按照暴雪蓝色应急响应的有关要求，全力做好各项防范应对工作，并随时关注省气象台最新预警信息。

一是通过校讯通向每位师生发送信息，提醒大家注意安全；

二是迅速排查学校安全隐患，在楼梯道等易滑地方采取摆放防滑垫等防滑措施；

三是立即召开雨雪天安全主题班会，让每位学生都知晓雨雪天安全知识；

四是针对学校道路湿滑状况，安排专人扫雪清理道路，值班教师加强校园巡视力度，确保安全；

五是关好门窗，加固围板、棚架、广告牌等易被风吹动的搭建物，妥善安置易受大风影响的室外物品，遮盖建筑物资。

学校安全应急预案的启动将有效预防校园安全事故的发生，提高师生的安全意识，确保学生上学、在校、离校全程无缝隙衔接。

✨ 思考与讨论

1. 暴雪天气应注意哪些安全问题？
2. 应如何有效地组织师生进行校园暴雪应急处置？

学习任务三　地震灾害应急处置

📢 案例引入

2006年3月31日20时23分，松原市发生了5.0级地震，震中位于前郭县与乾安县的交界处查干花镇一带（北纬44°36′，东经124°03′），震源深度为15km，地震烈度Ⅵ度和Ⅵ度强。这次地震是松原市继1119年发生6.75级地震后的又一次破坏性地震，也是吉林省近40年来最大的一次地震。据统计，震灾面积约1565平方公里，受灾人口约8.5万，受影响人口约30万。地震造成大量民房严重损坏，整体倾斜或墙体倒塌6204户，共2.2万间，一般性受损需要维修1.9万户，共5.7万间，还有15个村部、场部203间办公室，9所敬老院共720

间房，造成直接经济损失 1.1 亿元。

结合引例思考：

遭遇地震时如何开展救援与自救？

理论导航

一、临震应急准备

地震是地壳的一种运动形式。当地壳板块间相互位移发生摩擦时，地层便发生变形。当这种变形超过了地层的承受极限时，就发生了地层的断裂或塌陷，同时会把地壳变形积蓄的能量以地震波的形式释放出来，使地表的建筑物被摧毁。大地震给社会带来的是突然的、致命的灾害。2008 年 5 月我国四川汶川发生的里氏 8 级地震，导致 8.7 万人死亡和失踪，直接经济损失 600 多亿元，对整个社会的影响巨大。如果了解和掌握地震灾害的现场处置措施，就可以最大限度地减少伤亡和损失。

当今科技对临震预报还不能做到及时、准确。但对于部分地震，尤其是余震可以做出短期预报。在已发布破坏性地震临震预报的地区，应做好以下几个方面的应急工作：

（一）备好临震急用物品

地震发生之后，食品、医药等日常生活用品的生产和供应都会受到影响；水塔、水管往往被震坏，造成供水中断。为能度过震后初期的生活难关，临震前社会和家庭都应准备一定数量的食品、水和日用品，以解燃眉之急。

（二）建立临震避难场所

地震之后房舍被破坏，需要有安身之处；余震不断发生，要有一个躲藏处，这就需要临时搭建防震、防水、防寒、防雨的防震棚，各种帐篷都可以利用，农村储粮的小圆仓也是很好的抗震房。

（三）划定疏散场所，转运危险物品

城市人口密集，人员避震和疏散比较困难，为确保震时人员安全，震前要按街、区分布，就近划定群众避震疏散路线和场所，震前要把易燃、易爆和有毒物资及时转运到城外存放。

（四）建立伤员急救中心

伤员急救中心要设置在城内抗震能力强的场所，或在城外设置急救中心，备好床位、医疗器械、照明设备和药品等。

二、严防次生灾害

强烈破坏性地震发生后，短时期内很可能还会有较强的余震，使已受到不同程度破坏的建筑物再次坍塌。因此，地震后不能麻痹大意，要积极预防强余震灾害。搭建防震棚，既可以解决住宿问题，又可以预防余震灾害。清理环境主要是指清除人畜尸体。尸体腐烂很快，散发尸臭，污染环境。腐烂的尸体不但是各种疾病流行的根源，而且会对人民群众的身心健康构成威胁。对于死亡人数较少的情况，应尽量安排迅速火葬；有较多人死亡的，应该在距居住地5公里以外，远离水源地，深度距地面1米以下埋葬。清理尸体时，消毒人员与挖掘人员要分工协作，首先要喷药物除臭，将尸体用塑料袋包严并扎紧袋口；运送尸体的车辆要在车厢垫一层砂土或者塑料布，防止尸源污染车厢；自身也要做好尸体挖掘、搬运和掩埋人员的卫生防护工作：要穿防护服，轮换作业，事后要做好消毒工作；要把饮用水送到以上人员的口中，食堂要单独设置。此外，震区要大力杀灭蚊蝇，加强垃圾管理以及尽快恢复供水，做好防疫工作。

工作流程

一、临震避震

（一）敏感地震信号，珍惜12秒自救机会，瞬时躲避

1. 珍惜12秒自救机会。地震发生时，人们能感觉到并受其害的主要有两种地震波，即专业人员常说的P波（纵波）和S波（横波）。每种类型以不同的传播方式和速度运动。P波运动速度最快，传播速度每秒钟8公里—9公里，最先到达地面。在震中区，P波使人感到的是上、下颠簸，造成的破坏不大，是给人们地震发生了的信号。S波的运动速度比P波慢，通常每秒钟4公里—5公里，是继P波后到达地表的破坏性极大的波。它使人感觉到的是前后左右的摇晃以及造成建筑物等的倒塌，是直接危害人们生命安全的波。因此，自我救助主要是在P波到达地面后的数秒钟之内的事。当P波到达时，应立即反应，是地震发生了。若能在横波到达并造成破坏之前的十几秒内迅速躲避到安全处，就给人们提

供了最后一次自救机会,一般称为 12 秒自救机会。

2. 感知地声地光,预判地震预警信号。许多地声出现在震前十分钟内,到临震 10 余秒时声响最大。临震时先听到"呼呼"风声,接着是"轰轰"声,再就是"咚咚"声,之后地面开始震动。地光是地壳内溢出的气体,强化了地空静电场所致。其形状有带状、片状、球状、柱状,颜色以蓝、白、红、黄居多。地面微动可能是临震前震源区断层预滑造成应力波所致。历次大震的幸存者中,很多人就是因为观察到这些临震异常现象,判断有大震来临,迅速采取措施避险,而躲过了灾难。

3. 了解自己所处环境,果断采取措施。要迅速远离易爆和易燃及有毒气体存储的地域。避险时要远离高楼、大烟筒、高门脸、女儿墙、高压线以及峭壁、陡坡或海边,不要在狭窄的巷道中停留。震时是跑还是躲,我国多数专家认为:震时就近躲避,震后迅速撤离到安全地方,是应急避震较好的办法。避震应选择室内结实、能掩护身体的物体下(旁)、易于形成三角空间的地方;开间小、有支撑的地方;室外开阔、安全的地方。身体应采取的姿势:伏而待定,蹲下或坐下,尽量蜷曲身体,降低身体重心;抓住桌腿等牢固的物体;保护头颈、眼睛,掩住口鼻;避开人流,不要乱挤乱拥,不要随便点明火,因为空气中可能有易燃易爆气体。

(二)不同环境的避震方法

1. 学校人员避震。在学校中,地震时最需要的是学校领导和老师的冷静与果断。有中长期地震预报的地区,平时要结合教学活动,向学生们讲述地震预防、避震知识。震前要安排好学生转移、撤离的路线和场地;震后沉着地指挥学生有秩序撤离。在比较坚固、安全的房屋里,师生可以躲避在课桌下、讲台旁。教学楼内的学生可以到开间小、有管道支撑的房间里,决不可让学生们乱跑或跳楼。正在上课时,要在老师指挥下迅速抱头、闭眼、躲在各自的课桌下;在操场或室外时,可原地不动蹲下,双手保护头部,注意避开高大建筑物或危险物,不要回到教室去;震后应当有组织地撤离。千万要注意:不要跳楼!不要站在窗外!不要到阳台上去!必要时应在室外上课。

2. 在街上行走的人员避震。地震发生时,高层建筑物的玻璃碎片和大楼外侧的混凝土碎块,以及广告招牌、马口铁板、霓虹灯架等,可能掉下伤人,因此在街上行走时,最好将身边的皮包或柔软的东西顶在头上,无物品时也可用手护在头上，尽可能做好自我防御的准备，要镇静，应该迅速离开电线杆和围墙，跑向比较开阔的地区躲避。

3. 车间工人避震。车间工人可以躲在车、机床及较高大设备下，不可惊慌乱跑，特殊岗位上的工人要首先关闭易燃易爆、有毒气体阀门，及时降低高温、高压管道的温度和压力，关闭运转设备。大部分人员可撤离工作现场，在有安全防护的前提下，少部分人员留在现场随时监视险情，及时处理可能发生的意外事件，防止次生灾害的发生。

4. 公共场所人员避震。听从现场工作人员的指挥，不要慌乱，不要涌向出口，要避免拥挤，要避开人流，避免被挤到墙壁或栅栏处。在影剧院、体育馆等处，就地蹲下或趴在排椅下，注意避开吊灯、电扇等悬挂物，用书包等保护头部；等地震过去后，听从工作人员指挥，有组织地撤离。在商场、书店、展览馆、地铁等处，选择结实的柜台、商品（如低矮家具等）或柱子边，以及内墙角等处就地蹲下，用手或其他东西护头；避开玻璃门窗、玻璃橱窗或柜台；避开大而不稳或摆放重物、易碎品的货架；避开广告牌、吊灯等高耸物或悬挂物。在行驶的电（汽）车内，抓住扶手，以免摔倒或碰伤；降低重心，躲在座位附近，地震过去后再下车。

5. 行驶的车辆避震。司机应尽快减速，逐步刹闸；乘客（特别在火车上）应牢牢抓住拉手、柱子或座席等，并注意防止行李从架上掉下伤人，面朝行车方向的人，要将胳膊靠在前座的椅垫上，护住面部，身体倾向通道，两手护在头部；背朝行车方向的人，要两手护住后脑，并抬膝护腹，紧缩身体，做好防御姿势。

6. 楼房内人员避震。地震一旦发生，首先，要保持头脑清醒、冷静，及时判别震动状况，千万不可在慌乱中跳楼，这一点极为重要。其次，可躲避在坚实的家具下面，或墙角处，亦可转移到承重墙较多、开间小的厨房、厕所暂避。因为这些地方结合力强，尤其是管道经过处理，具有较好的支撑力，抗震系数较大。总之，震时可根据建筑物布局和室内状况，审时度势，寻找安全空间和通道进行躲避，减少人员伤亡。

7. 在商店人员避震。在百货公司遇到地震时，要保持镇静。由于人员慌乱，商品下落，可能使避难通道阻塞。此时，应躲在近处的大柱子或大商品旁边（避开商品陈列橱），或朝着没有障碍的通道躲避，然后屈身蹲下，等待地震平息。处于楼上位置，原则上向底层转移为好。但楼梯往往是建筑物抗震的薄弱部位，因此，要看准脱险的合适时机。服务员要组织群众就近躲避，震后安全撤离。

二、震后自救

自救是指被压埋人员尽可能地利用自己所处环境，创造条件及时排除险情，保护生命，等待救援。地震时如被埋压在废墟下，周围又是一片漆黑，只有极小的空间，一定不要惊慌，要树立生存的信心，相信会有人来救你，要千方百计保护自己。地震后，往往还有多次余震发生，处境可能继续恶化，为了免遭新的伤害，要尽量改善自己所处环境，此时，如果应急包在旁边，将会为脱险起很大作用。

（一）要保护呼吸畅通

临震时首先要保持呼吸畅通，挪开头部、胸部的杂物，闻到煤气、毒气时，用湿衣服等捂住口、鼻；避开身体上方不结实的倒塌物和其他容易引起掉落的物体；扩大和稳定生存空间，用砖块、木棍等支撑残垣断壁，以防余震发生后，生存环境进一步恶化。

（二）要设法脱离险境

如果找不到脱离险境的通道，尽量保存体力，用石块敲击能发出声响的物体，向外发出呼救信号；不要哭喊、急躁和盲目行动，这样会大量消耗精力和体力，尽可能控制自己的情绪或闭目休息，等待救援人员到来；如果受伤，要想办法包扎，避免流血过多。

（三）要设法维持生命

如果被埋在废墟下的时间比较长，救援人员未到，或者没有听到呼救信号，就要想办法维持自己的生命，尽量寻找食品和饮用水，必要时自己的尿液也能起到解渴作用。

三、震后互救

互救是指灾区幸免于难的人员对亲人、邻里和一切被埋压人员的救助。震后，专业救灾队伍不可能立即赶到救灾现场，在这种情况下，为使更多被埋压在废墟下的人员获得宝贵的生命，灾区群众可以积极投入互救，同时，这也是减轻人员伤亡最及时、最有效的办法。抢救越及时，获救的希望就越大。据有关资料显示，震后20分钟获救的救活率达98%以上，震后1小时获救的救活率下降到

63%，震后 2 小时还无法获救的人员中，有 58%的人窒息死亡，如能及时救助，是完全可以幸存下来的。灾区群众参与的互救行动，在整个抗震救灾中起到了无可替代的作用。

（一）震后互救的原则

震后救人力求时间要快、目标准确和方法恰当。具体做法是：先救近处的，不论是家人、邻居，还是陌生人，不要舍近求远；先救容易救的人，这样可以迅速壮大互救队伍；先救青壮年和医务人员，可使他们在救灾中充分发挥作用；先救"生"，后救"人"。唐山地震中一农村妇女，每救一个人，只把其头部露出，避免窒息，接着再去救另一个人，在很短时间内使几十个人获救。

（二）现场施救的方法

应根据震后环境和条件的实际情况，采取行之有效的施救方法，目的就是将被埋压人员，安全地从废墟中救出来。通过搜寻，确定废墟中有人员被埋压后，判断其被埋压的位置，通过向废墟中喊话或敲击等方法传递营救信号。

1. 现场施救的组织与准备。在进行营救行动之前，要有计划、有步骤，哪里该挖，哪里不该挖，都要有所考虑。曾发生过救援人员盲目行动，踩塌被埋压者头上的房盖，砸死被埋压人员的情况，因此在营救过程中要有科学的分析和行动，才能收到好的营救效果，盲目行动，往往会给营救对象造成二次伤害。所以救助人员应用一些简单工具，分工包片地进行抢救。先挖后救，挖救结合，按照抢挖、急救、运送的程序合理分工，提高抢救工作效率。

2. 确定被埋压人员的位置。抢救时，应避免盲目图快而增加不应有的伤亡。可在得到被埋压人员的亲属的帮助从而迅速判断、查明被埋压者的位置后进行抢救，或根据被埋压人员的呼喊、呻吟、敲击器物的声音及露在瓦砾堆处的肢体留下的血迹初步判断被埋压的位置；依房屋结构类型、布置及其倒塌破坏的形式、地震发生时刻（昼夜），判断门窗、床、坚实家具等的位置，以判断室内被埋压人员的地点，进而可通过问讯和侦听反馈信号来确定被埋压者的位置。

3. 采取正确的施救方法。救人时应先确定伤员的头部，以准确、轻巧、快捷的动作，使头部、胸腹部暴露，并清除口鼻内的灰尘和异物，使其自行呼吸、自行脱险；如有窒息应及时实施人工呼吸。凡伤员不能自行挣脱出来的，不应强拉硬拽，而应强扒使其全身露出，在查明伤情，采取止血、包扎、固定等急救措施后，迅速将其以适宜方式运送至医疗站，交由医护人员处理。对饥渴、受伤、窒息较严重、埋压时间又较长的人员，救出后要用深色布料蒙上眼睛，避免强光刺激。

4. 施救中应注意的事项。①使用的工具（如铁棒、锄头、棍棒等）不要伤及埋压人员；②不要破坏埋压人员所处空间周围的支撑条件，引起新的垮塌，使埋压人员再次遇险；③应尽快与埋压人员的封闭空间连通，使新鲜空气流入，挖扒中如灰尘太大应喷水降尘，以免埋压者窒息；④埋压时间较长，一时又难以救出，应设法向埋压者输送饮用水、食品和药品，以维持其生命。

学以致用

一、实训案例

据国家地震台网测定，2012年5月28日10点22分在河北省唐山市市辖区滦县交界处，也就是北纬39.7度，东经118.5度发生了4.8级地震。某学院正常上课，在地震发生一瞬间，学生们出现了短暂的骚动，但随后按照老师的要求全部双手抱头蹲在了桌子下面，震动一停止所有学生马上按照顺序开始从前后门撤离，并在操场集合。

二、实训内容

（一）启动程序

各位老师，同学们，××学院地震应急疏散演练马上就要开始，请大家做好准备，各就各位。

请辅导员重申演练程序和演练要求。（5分钟）

（二）教室内应急避震演练

1. 信号员发出"地震警报"信号（连续报警声）。

2. 上课教师（演练时为辅导员）立即停止授课，转而成为教室演练负责人，立即告知学生"地震来了，不要慌"，并指挥学生迅速抱头、闭眼，躲在各自的课桌下，尽量蜷曲身体，降低身体重心，并尽可能用书包保护头部，最后一排的同学可面向墙，抱头蹲在墙角处。演练时间为1分钟。

3. 1分钟后，信号员发出解除"地震警报"信号（口令）。

4. 学生复位，老师告知学生，地震已过，现在撤离教室，进入紧急疏散演练环节。

(三) 紧急疏散演练

1. 学生在老师带领下有秩序从楼梯向下撤离,并按照预定的疏散路线,迅速撤离到事先指定的地点整队。具体办法:各班两路纵队,班主任在前带队。

2. 演练各班撤离方法:

各班在老师的带领下直接上操场。

各班必须按照疏散顺序严格执行。

全部疏散到操场(成出操队形)后蹲下。

3. 各中队长向领导小组组长汇报班级情况及人数。

4. 结束演练。

三、实训要求

1. 分工明确,责任到人;

2. 不要惊慌,听从指挥,服从安排;

3. 保持安静,动作敏捷、规范,严禁推拉、冲撞、拥挤;

4. 按规定线路疏散,不得串线。

拓展学习

为做好应对重特大灾害事故应急救援准备工作,检验消防救援队伍实战救援能力,2021年3月17日,海口市消防救援支队组织开展无预案地震救援实战拉动演练。

演练假设17日6时,海口某地发生地震,导致大量房屋倒塌,部分道路损毁、公网瘫痪,大量人员被困,急需救援。

灾情发生后,海口市消防救援支队第一时间启动地震救援应急处置预案,迅速调派1支重型救援队、1支轻型救援队、1支救援机动队和1支消防前突力量等携带72小时自我保障物资,以及探测、破拆、起重、顶撑、救生、防护和照明类等相应器材装备2万余件套,赶赴地震模拟点进行集结。

海口市消防救援支队各部门成立演练导调组、政治鼓动组、后勤保障组、秩序管理组、宣传报道组等一同前往。同时,调集三一重工、民间救援队和120急救等社会联动单位进行拉动。7时许,全部力量50车220人5犬到达指定集结地点,现场导调员立即组织对各救援队人员装备进行逐一点验。随后,全员全装徒步行军,挺进"灾区",并组织开展指挥部搭建、营地搭建、现场通信组网、无人机绘图等科目内容。

此次演练着眼实战，设置了生命迹象搜索、牵引支撑救援、安全向上破拆、安全向下破拆、米字支撑救援、横向破拆、T型支撑救援、狭小空间救援、孤岛救援、急救包扎、起重救援、重型机械清障、应急通信和后勤保障等十余个实训科目。

在生命迹象搜索操作过程中，搜索组与营救组配合默契，分别利用搜救犬、雷达生命探测仪和音视频生命探测仪等对现场废墟、垮塌建筑进行全方位搜索，成功营救出活体目标。在垮塌现场综合救援过程中，营救组和破拆组人员各司其职，合理分析建筑承重，按照救援要求对现场废墟下方进行固定支撑，防止二次垮塌，对废墟空间进行破拆撑顶、重物平移，同时做好被困人员的急救处理、固定保护，齐心协力将目标假人救出。消防指战员日常训练成果在演练过程中得到了充分检验。

经过参加演练全体消防指战员 12 小时的共同努力，此次地震应急救援拉动演练所有演练科目全部完成，演练达到了预期效果，取得了圆满成功。

思考与讨论

1. 结合材料，讨论如何组织无预案、随机拉动的全要素、全流程模拟重特大地震灾害救援演练，检验队伍快速集结、装备携行、实战行业、通讯保障、战勤保障等能力？

2. 按照"平战结合、突出实战、快速反应、保障有力"的要求，牢固树立"保障就是战斗力"的思想，着眼"全灾种、大应急"保障任务需要，完善后勤保障编组建设，如何完善成建制、跨区域遂行战勤保障体系建设？

附　录

1. 《中华人民共和国国家安全法》
2. 《中华人民共和国突发事件应对法》
3. 《中华人民共和国安全生产法》
4. 《中华人民共和国消防法》
5. 《中华人民共和国道路交通安全法》
6. 《中华人民共和国防震减灾法》
7. 《中华人民共和国传染病防治法》
8. 《国家突发公共事件总体应急预案》
9. 《突发事件应急预案管理办法》

内容详见二维码

参考文献

一、著作类：

1. 岑鸿雁主编：《接处警规范化工作实务》，中国政法大学出版社2017年版。
2. 朱益军主编：《安检与排爆》，群众出版社2004年版。
3. 孙梅：《危机管理——突发公共卫生事件应急处置问题与策略》，复旦大学出版社2016年版。
4. 黄国伟、姜凡晓主编：《突发公共卫生事件应对与处置》，北京大学医学出版社有限公司2016年版。
5. 张晓玲主编：《突发公共卫生事件的应对及管理》，四川大学出版社2017年版。
6. 中国消防协会编：《建（构）筑物消防员（基础知识、初级技能）》，中国科学技术出版社2010年版。
7. 李建华、黄郑华主编：《火灾扑救》，化学工业出版社2012年版。
8. 张绪梁、郭锦艳编著：《现场处置》，中国政法大学出版社2009年版。
9. 华敬峰编著：《大型活动安全保卫工作的理论与实务》，中国人民公安大学出版社2006年版。
10. 刘宏斌、王树民编著：《公安民警现场执法处置规范》，中国市场出版社2009年版。
11. 曾庆香、李蔚：《群体性事件：信息传播与政府应对》，中国书籍出版社2010年版。
12. 殷建华：《基层维稳与综治工作探索实践》，时事出版社2008年版。
13. 杨正鸣、苗伟明主编：《突发事件处置前沿问题研究》，上海人民出版社2015年版。
14. 张爱军：《公共安全应急管理教程》，中国矿业大学出版社2016年版。
15. 李尧远主编：《应急预案管理》，北京大学出版社2013年版。
16. 李涛、孙刚、陈登国主编：《突发事件应急救援手册》，军事医学科学出版社2010年版。
17. 孙承业主编：《突发事件卫生应急培训教材——中毒事件处置》，人民卫生出版社 2013 年版。
18. 贾群林、刘鹏飞编著：《突发公共事件的应急指挥与协调》，当代世界出版社 2010 年版。
19. 周慧：《我国枪支管理制度研究》，法律出版社 2014 年版。
20. 李斌杰、谷福生编著：《公安基层民警接处警情规范与技能 300 问》，中国法制出版社 2009 年版。

二、论文类：

1. 贾永生："论公共场所爆炸现场的快速处置与勘验"，载《政法学刊》2014 年第 5 期。
2. 王畅："危化品爆炸事故现场处置及预防浅谈"，载《法制与社会》2014 年第 5 期。
3. 朱益军："匿名威胁爆炸案的新特点及其现场处置对策"，载《北京人民警察学院学报》2005 年第 6 期。
4. 李欣庭："论爆炸类恐怖案件的现场处置与勘查"，载《铁道警察学院学报》2016 年第 5 期。
5. 王铭珍："新疆独山子石化公司在建储油罐爆炸火灾的教训"，载《消防技术与产品信息》2007 年第 8 期。
6. 李秒："消防监督检查中存在的问题及对策"，载《科技创新与应用》2015 年第 22 期。
7. 苏波："城市公共场所人群拥挤踩踏事故分析"，载《商》2013 年第 10 期。
8. 黄凤林、陈丽丽："大型集会性活动危机临战处置对策"，载《湖北警官学院学报》2006 年第 2 期。
9. 臧建国："公共场所挤压踩伤事故的处置对策"，载《吉林公安高等专科学校学报》2005 年第 2 期。
10. 徐乃龙："处置足球骚乱事件刍议"，载《山东公安专科学校学报》2004 年第 3 期。
11. 姜乐军："试论当前农村群众集体上访的成因及对策"，载《云南行政学院学报》2007 年第 4 期。
12. 田雨加："突发事件下的人群疏散行为分析与策略研究"，哈尔滨工业大学 2012 年硕士论文。
13. 章云龙、李景："构建应急管理法制体系"，载《劳动保护》2015 年第 12 期。

14. 安全监管总局人事司《山东省青岛市"11·22"中石化东黄输油管道泄漏爆炸特别重大事故调查报告》，载 http：//www.mem.gov.cn/gk/sgcc/tbzdsgd-cbg/2013/201401/t20140110_ 245228.shtml.
15. 《龙陵县突发事件应急演练让市民信以为真》，载微信公众号"保山警方"，2016年9月2日。

声　明　1. 版权所有，侵权必究。
　　　　2. 如有缺页、倒装问题，由出版社负责退换。

图书在版编目（CIP）数据

突发事件处置/丛淑萍主编．—2版．—北京：中国政法大学出版社，2022.11（2025.7重印）
ISBN 978-7-5764-0469-2

Ⅰ.①突…　Ⅱ.①丛…　Ⅲ.①突发事件－公共管理－教材　Ⅳ.①D035

中国版本图书馆CIP数据核字(2022)第100443号

出版者	中国政法大学出版社
地　址	北京市海淀区西土城路25号
邮　箱	fadapress@163.com
网　址	http://www.cuplpress.com（网络实名：中国政法大学出版社）
电　话	010-58908435(第一编辑部) 58908334(邮购部)
承　印	北京鑫海金澳胶印有限公司
开　本	720mm×960mm　1/16
印　张	21.5
字　数	382千字
版　次	2022年11月第2版
印　次	2025年7月第3次印刷
印　数	11001~17000 册
定　价	59.00元